Inhaltsverzeichnis

Einführung

1. Das Erfolgsbuch für den klugen Gangster

2. Es reicht nicht, clever zu sein

3. Eigene Ziele für das eigene Leben

4. Stehlen oder küssen – was paßt zu mir?

5. Lernen und trainieren

6. Ein guter Plan ist die halbe Tat

7. Schwachstellen gibt es überall

8. Profis am Werk

Einführung

Viele Menschen bekommen ihre Vorhaben nicht so in den Griff, wie sie es möchten. Man übernimmt sich beim Hausbau, sucht sich den falschen Job, fällt auf die Versprechen anderer herein, verplant sich bei der Urlaubsfinanzierung . . . Meines Erachtens sollten Grundlagen des Projektmanagements und der Psychologie heute zum Lehrplan in den Schulen gehören. Das ist sicher nützlicher als lateinische Vokabeln und zusammenhanglos eingepaukte Geschichtszahlen.

Für Manager, Vertriebsmitarbeiter, Politiker und Führungskräfte werden mittlerweile zahlreiche Seminare zum Projektmanagement und zur Psychologie gehalten. Vielfach gliedern sich die Angebote in: Problemlösungstechniken, Führungsverhalten, Rhetorik, Zeitmanagement, Motivationstechniken, Kommunikation, Selbstmanagement, Konflikttraining etc. Im Grunde geht es immer um die Fragen: Wie kann ich meine Vorhaben zum Erfolg führen? Wie kann ich andere Menschen verstehen und in meinem Sinne steuern und manipulieren?

Wenn man es genau betrachtet, dann brauchen Gauner und Manager genau die gleichen Trainings. Wenn man die Sache noch genauer betrachtet, dann fällt einem schließlich auf, daß sich zunehmend die Manager großer Unternehmen als erfolgreiche Gauner profilieren. Kann es sein, daß sie die Kenntnisse und Fertigkeiten aus ihren Managementseminaren auch für ihre kriminellen Machenschaften nutzen?

Denn wer braucht diese Trainings dringender als Menschen, die mit kriminellen Handlungen möglichst viel Geld erwerben möchten? Ein verpatzter Bankraub ist nicht nur der Verlust der Beute, sondern zieht leicht auch noch eine Haftstrafe nach sich. Wenn nach einem gelungenen Kunstraub die Täter schließlich untereinander um die Beute streiten, dann ist das Scheitern sicher. Die Geschichte der Kriminalität lebt von Berichten über mißlungene Projekte.

Zu den Grundvoraussetzungen für erfolgreiche Kriminelle gehören:

- Psychologie zur Selbsterkenntnis (Welche Tat paßt zu mir, und was sollte ich lieber anderen überlassen?)
- Psychologie zur Fremderkenntnis (Womit muß ich bei Mittätern, Opfern und Zeugen rechnen?)

- Projektmanagement (Wie plant man seine Vorhaben richtig? Woran muß ich denken? Wie sollte ich vorgehen?)

Wenn Sie, liebe Leserin und lieber Leser, die Absicht haben, Ihre kriminellen Energien nutzbringend einzusetzen, und durch einen bürgerlichen Beruf nicht die Möglichkeit zum Besuch von Managementseminaren haben, dann ist dieses Buch genau richtig für Sie. Hier lernen Sie das, was man als erfolgreicher Gauner einfach wissen muß. Lesen und durchdenken Sie es. Sie werden verstehen, warum letztlich auch solche »Erfolgsgangster« wie Dagobert oder Schneider oder die Berliner Tunnelgräber scheitern mußten. Sie können sich in Zukunft besser auf Ihre Taten und auf die Zeit danach vorbereiten.

Sollten Sie bereits im Knast sitzen, dann gehört dieses Buch unbedingt zu Ihrer Weiterbildung. Analysieren Sie Ihre Fehlplanungen und Fehleinschätzungen, und lernen Sie daraus. Schlimm ist es, mit einem Projekt zu scheitern, unverzeihlich, dadurch nicht klüger zu werden.

1 Das Erfolgsbuch für den klugen Gangster

1. Von der guten Idee zur mißlungenen Tat

Viele Gauner halten sich für bestaunenswert clever und schwärmen noch im Knast von ihren Heldentaten. Ich behaupte: Wenn einer schon mal im Knast gelandet ist, kann er unmöglich ein toller Held sein.

Denken Sie nicht, daß ich in schlechter Gesellschaft verkehre, aber ich kenne einen Mann, der ist sechsmal wegen Banküberfalls vorbestraft. Einmal ist er gleich bei der Flucht geschappt worden, als sein Auto in einen Stau geriet. Einmal wurde er identifiziert, weil jemand seine auffällig geflickte Jacke erkannte . . .

Immer wieder scheitert dieser Mann bei vergeblichen Versuchen, ein guter Bankräuber zu werden.

Wie ist das möglich?!

Zur Zeit sitzt er wieder auf Halde, und ich gehe jede Wette ein, daß er nach seiner Entlassung noch einen Bankraub probieren und erneut scheitern wird. Das nächste Mal passiert ihm vielleicht das, was einem seiner Kollegen widerfahren ist. Was halten Sie von der folgenden Dummheit?

Im süddeutschen Raum gab es einen oberschlauen Bankräuber. Der wollte ganz auf Nummer Sicher gehen. Er hat sich eine abgelegene Sparkassenfiliale ausgesucht und tagelang beobachtet, wann der Filialleiter und die Angestellten rein- und rausgingen. Er hat Pläne von allen Straßen und Fußwegen der Nachbarschaft angefertigt. Er hat notiert, wann der Linienbus, die Müllabfuhr und die Zeitungsfrau vorbeikamen. Als er schließlich alles über seinen zukünftigen Tatort und den Fluchtweg an Informationen zusammen hatte, zog er sich in sein Kämmerlein zurück und heckte sorgfältigst einen 150%-Top-Turbo-Intelligenz-Plan aus. Auf die Minute genau war festgelegt, wann er vor der Bank erscheinen, die Tür aufreißen, den Raum stürmen, das Geld grapschen und mit dem Fluchtauto davonbrausen mußte. Jeder Meter des Fluchtweges war bedacht. Ein perfektes Alibi, ein unfindbares Versteck für die Geldsäcke und eine Strategie zur Nutzung der Beute rundeten das Meisterwerk an Planung ab. Soviel Sorgfalt braucht Zeit, viel Zeit.

Der beste Plan ist jedoch hinfällig, wenn die Realität nicht mitspielt. Unser Stratege erlebte eine böse Überraschung. Als er am Tage X zum Tatort eilte, gab es an der Stelle keine Sparkasse mehr. Dort waren eine Baustelle und ein großes Schild: »Wir bauen um.« Darunter stand beschrieben, wo sich die Kunden während der Bauzeit in einer anderen Filiale betreuen lassen konnten, und: »Wir danken für Ihr Verständnis.«

Das passiert, wenn ein Eierkopf sich überplant.

Ein anderer Gauner scheiterte an seinem Geiz, kombiniert mit mangelndem Fachwissen. Der Mann war Besitzer einer sehr hochversicherten und gleichzeitig sehr hochverschuldeten Diskothek. Nun kam es ihm in den Sinn, daß es seiner finanziellen Lage guttäte, würde die Disko abbrennen und die Brandversicherung als Geldregen über ihm niedergehen.

So schlau, sich ein Alibi zu besorgen, war der Mann noch. Er kam jedoch nicht auf die Idee, sich fachlich zu informieren: Wie funktioniert ein Großfeuer?

Naiv wie Klein-Fritzchen schüttete er während der Nacht einen Benzinkanister in der Disko aus, warf ein brennendes Papierknäuel in die Pfütze und rannte davon. Seine gute Erziehung spielte ihm jedoch einen Streich. Ohne darüber nachzudenken, schloß er hinter sich ordentlich die Tür.

Nun ist es so, daß Feuer ausreichend Sauerstoff braucht. Wider Erwarten ging die Disko nicht in einem tosenden Flammenmeer unter. Statt dessen flackerte das Feuerchen hinter verschlossenen Türen und Fenstern lustlos vor sich hin. Eine Autofahrerin bemerkte schließlich von der Straße aus den ungewöhnlichen Lichtschein und rief per Autotelefon die Feuerwehr.

Der Brand war gelöscht, noch bevor der Benzinkanister zu einem Klumpen schmelzen konnte. Als die Fachleute der Polizei dann entdeckten, daß kein Schrank und keine Vitrine aufgebrochen war, jemand aber sämtliche CDs, das ganze Wechselgeld und alle Schnapsflaschen ausgeräumt hatte, da sagten sie sich: Das hat der Wirt getan. So war es auch.

Mangelnder Sachverstand wurde auch dem Gauner zum Verhängnis, der mal eben schnell einen Leihwagen mieten wollte und nicht wußte, daß die Leihfirma mit Scheck oder Kreditkarte bezahlt werden wollte und nicht wie ein afrikanischer Kamelhändler mit Geldbündeln.

Es tut mir weh, das zuzugeben: Gaunernde Frauen sind nicht besser. Da verkleidet sich eine mühselig als Mann, übt breitbeiniges Machogehen und Spucken auf den Bürgersteig und bringt es dann fertig, sich mitten im Straßenraub bei einem angerempelten Passanten mit fraulicher Sanftheit zu entschuldigen.

Vielleicht lesen Sie dieses Buch im Knast. Tun Sie das. Nutzen Sie die Zeit für eine gründliche Manöverkritik an Ihrem bisherigen Gaunerleben. Und beherzigen Sie die Vorschläge. Sie haben die Chance, sich gezielt weiterzubilden und von nun an erfolgreicher Ihre Karriere zu gestalten.

Dieses Buch wird Ihnen helfen, Antworten zu finden, die zu Ihnen passen. Sie werden keine 08/15-Lösung bekommen, sondern eine Hilfe zur Entwicklung Ihrer persönlichen Gaunerstrategie. Diese Fragen sollten Sie sich stellen:

- Welche Gaunerei paßt zu mir?
- Wozu habe ich Lust?
- Was kann ich besonders gut?
- Was will ich eigentlich erreichen?
- Wie muß ich vorgehen, um erfolgreich zu sein?

Behandelt werden Themen wie:

- Selbsterkenntnis
- Menschenkenntnis
- Verhaltensstrategien
- Projektmanagement
- Erfolgsmanagement

Dieses Buch basiert auf Seminaren, die ich seit Jahren für Manager, Projektleiter, Karrieristen, Verkäufer und Politiker halte. Diese Menschen brauchen – wenn sie erfolgreich sein wollen – genau die gleichen Qualifikationen wie Sie. Und umgekehrt. Es geht letztlich immer um die Frage: Wie kann ich das erreichen, was ich erreichen will?

Es geht um das Schmieden von Plänen, das Beeinflussen oder Einschüchtern oder Betrügen von anderen Menschen, um die rechte Selbsterkenntnis und um das Training des eigenen Verstandes.

Ich wünsche Ihnen viel Spaß beim Lesen und viel Erfolg beim Gaunern.

2. Sind intelligente Menschen auch kriminell erfolgreich?

Nein. Das ist, kurz und präzise, meine Antwort. Im Zusammenhang von Intelligenz und Erfolg fällt mir immer wieder Dagobert ein. Sie wissen doch noch, wer Dagobert ist (oder war)? Unter dem Pseudonym »Dagobert« hat ein Kaufhauserpresser über lange Zeit die Polizei genarrt. Er hat pfiffige Pläne zur Geldübergabe ausgeheckt und Maschinchen gebastelt, die uns alle nur staunen lassen können. Eines kann man mit Sicherheit sagen: Der Mann »hatte etwas auf dem Kasten«. Immer wieder, wenn die Sprache auf Dagobert kommt, sagen die Leute: »Der muß wahnsinnig intelligent sein.«

Intelligent vielleicht. Erfolgreich war er nicht.

Erfolgreich nenne ich Menschen, die ihre Ziele erreichen. Es war nicht Dagoberts Ziel, sich einen Spaß mit der Polizei zu machen und schließlich im Kittchen zu landen. Er wollte Geld haben, viel Geld. Und das hat er heute nicht.

Nun mögen manche Dagobert-Bewunderer einwenden: »Aber er bekommt doch jetzt viel Geld von den Zeitungen!«

Das stimmt vielleicht. Ich weiß nicht, ob er viel oder wenig oder gar kein Geld von Zeitungen für seine Lebensgeschichte bekommt. Aber das weiß ich genau: Wo immer in unserem Lande (bei den Nachbarn wird es nicht anders sein) ein Gangster für seine Story Geld von Zeitungen bekommen hat, waren die prominenten Anwälte auch schon da, die sich immer um Geld und TV-Kameras scharen, wenn sie die Chance sehen, noch reicher und berühmter zu werden. Diese Anwälte, die in unserem Land nun wirklich jeder aus der Presse kennt, heften sich mit Vorliebe geschnappten Tätern an die Fersen, die Geld von Zeitungen bekommen haben. Dann wird prozessiert. Berufung wird eingelegt. Befangenheitsanträge werden gestellt, Verfahrensfehler entdeckt . . . Das geht so lange, bis das Geld komplett beim Anwalt angekommen ist. Der Täter sitzt dann verarmt im Knast, und die Bevölkerung glaubt, er habe sich an den Zeitungsberichten saniert.

Mein Tip deshalb: Wenn Sie mit Ihren Schandtaten doch einmal erwischt werden, dann lassen Sie keinen der prominenten Anwälte an sich heran. Nicht nur sind die darauf aus, Ihr Geld zu ergattern, sie lieben es auch, aus dem Prozeß einen Presserummel zu gestalten. Darüber nun wieder ärgern die Richter sich so sehr, daß sie dazu neigen, die Strafe extra hoch zu setzen.

Aber um Knast und Strafen soll es hier nicht gehen. Hier geht es um Erfolg.

Wann ist ein Krimineller – oder überhaupt ein Mensch – erfolgreich? Der eine mag Erfolg messen an: viel Geld, einem großen Auto, einem schönen Haus. Der andere setzt Erfolg mit Macht über Menschen gleich. Wieder ein anderer betrachtet sich als erfolgreich, wenn er es geschafft hat, berühmt zu werden.

Geld, Macht, Siegerpokale, Ruhm oder was auch immer der einzelne für sich als Erfolg wertet, im Grunde gilt diese Regel: Erfolgreich ist, wer seine Ziele erreicht hat.

Natürlich gibt es Leute, die noch im Knast stolz auf ihren Erfolg sind. Das sind vielleicht solche, denen es nicht gelungen ist, eine Wohnung zu finden, und die nur deshalb etwas ausgefressen haben, weil sie dann Kost und Logis und ein bequemes Leben in geheizter Zelle vom Staat erhalten. Wer jedoch unfreiwillig im Knast sitzt, war erfolglos.

Ebenso ist einer erfolglos, der Kopf und Kragen bei einem Überfall auf einen Spielsalon riskiert und dann mit einer Beute von sechshundert Mark dasteht. Wenn Sie einmal die Zeit ausrechnen, die zum Planschmieden, Belauern, Anschleichen, Überfallen, Wegrennen, Verstecken . . . draufgeht, dann kommen Sie auf einen Stundenlohn, der von jedem Paketsortierer bei der Post übertroffen wird. Und so ein Paketsortierer hat Anspruch auf Urlaub, Lohnfortzahlung im Krankheitsfall etc.

Erfolgreich wäre zum Beispiel ein Profi, der sich das Ziel setzt, mit zwei Millionen für ein paar Jahre in Mittelamerika abzutauchen, und ein so gutes Ding dreht, daß er das auch schafft.

Erfolg funktioniert so:

1. Man setzt sich ein Ziel.
2. Man informiert sich, welche Möglichkeiten es gibt, das Ziel zu erreichen.
3. Man entwickelt einen Plan, wie man vorgehen will.
4. Man überdenkt die möglichen Risiken und Gefahren, die das Vorhaben scheitern lassen könnten.
5. Man überarbeitet die Pläne und baut vorbeugende Maßnahmen gegen die Risiken ein.
6. Man setzt den Plan konsequent in die Tat um.
7. Nach der Tat stellt man fest, ob man das Ziel wie geplant erreicht hat. Wenn ja: Man kann sich ein neues Ziel setzen oder auf den Lorbeeren ausruhen. Wenn nein: Man analysiert den Mißerfolg und lernt für die Zukunft daraus. Man fragt sich zum Beispiel:

- War das Ziel überhaupt realistisch?
- Gab es Risiken, mit denen ich nicht gerechnet habe?
- War mein Plan unvollständig?
- Habe ich mich während der Tat unklug verhalten?
- Haben andere Menschen sich anders verhalten, als ich vermutet hatte? Dann kann man sich – klüger geworden – wieder ein neues Ziel setzen.

Solche Analysen nach Projekten sind in Firmen üblich. Auch den Managern geht immer mal wieder etwas daneben. Wichtig ist, daß man aus jeder Panne etwas lernt und mit jeder Aktion klüger und somit erfolgreicher wird. Parteien machen das nach jedem Wahlkampf. Sie gehen der Frage nach, wer sie gewählt hat oder nicht und warum. Daran sollten Sie sich ein Beispiel nehmen.

Das hört sich jetzt vielleicht zu theoretisch an. Es ist aber nicht so kompliziert. Sie werden es mit Hilfe dieses Buches lernen. Im Moment ist wichtig, daß Sie sich bewußt machen, daß Sie kein toller Erfolgstyp sind, wenn sie pausenlos im Knast landen und nach vielen Gaunerjahren noch immer ärmer sind als jeder durchschnittliche Arbeitnehmer. Dann haben Sie nämlich ganz sicher etwas falsch gemacht.

Zur Übung sollten Sie sich nun einen Zettel nehmen und aufschreiben:

1. Meine letzte Tat: (Hier schreiben Sie hin, was Sie ausgefressen haben.)
2. Das hatte ich mir von der Tat erhofft: (Hier schreiben Sie auf, was das Vorhaben bringen sollte. Das kann zum Beispiel die Summe der erhofften Beute sein.)
3. Das habe ich wirklich bekommen: (Das ist die Summe der tatsächlichen Beute oder die Strafe, die Sie nun absitzen oder was Sie sonst an Vor- oder Nachteilen durch die Tat hatten.)
4. Das habe ich nicht bedacht oder falsch gemacht: (Hier schreiben Sie alle Ihre Versäumnisse oder Fehler auf.)

Wichtig ist, daß Sie Ihre Fehler tatsächlich als Ihre eigenen Fehler erkennen. Wenn Sie zum Beispiel mit einem Komplizen gearbeitet haben, der sich während der Tat falsch verhalten hat, dann ist es sinnlos, wenn Sie aufschreiben, was dessen Schuld ist. Den Fehler haben trotzdem Sie gemacht. Man geht nicht mit einem Trottel oder Versager auf Gaunertour.

Hören Sie auf, über Fehler und Schwächen anderer Menschen nachzudenken. Andere Menschen ändern sich nie. Sie selbst müssen aus Pannen etwas lernen.

Aber auch zum Umgang mit anderen Menschen folgt später noch ein Kapitel. Von jetzt an sollten Sie grundsätzlich für sich den Entschluß fassen: Nie wieder ohne Ziel!

Wie Sie Ihre Ziele formulieren können, lesen Sie später.

In Management-Seminaren lernen Führungskräfte von Unternehmen eine Formel für Erfolg:

$$E = \frac{W}{2} \times V^2$$

Das heißt: Erfolg = Wissen geteilt durch zwei, mal Verhalten im Quadrat.

An dieser Stelle möchte ich noch einmal auf Dagobert zurückkommen: All sein tolles Wissen über technische Zusammenhänge hat ihm nichts genutzt. Sein Verhalten war nicht pfiffig genug, um den erhofften Erfolg zu erreichen.

Das wissen Sie sicher noch aus der Schule, daß die Kinder, die immer alles wußten, nicht unbedingt diejenigen waren, die später auch im Leben erfolgreich geworden sind.

Daß viel Wissen allein nicht reicht, können Sie auch am Beispiel dieses Baulöwen erkennen. Der Kerl war im Finanz- und Immobiliengeschäft ein Eierkopf. Er war sogar schlau genug, unter anderen auch der Altherrenriege der Deutschen Bank bergeweise Peanuts aus der Tasche zu holen. Mit seiner Intelligenz hat er es geschafft, so viel Kohle zu ergaunern, daß ich nicht einmal auf Anhieb wüßte, wie man die Zahl schreiben müßte.

Und ist der Mann nun als erfolgreich zu betrachten?

Mir kommt er nicht so vor. Todunglücklich telefonierte er ständig mit deutschen Behörden und jaulte um eine Chance, möglichst ungeschoren wieder nach Hause zu dürfen. Und dann wurde er ohne Toupet und mit bunten Shorts festgenommen. Welch ein Ende für einen Topwirtschaftsboß!

Was ist mit dem cleveren jungen Mann, der die altehrwürdige englische Bank gekippt hat? Intelligent war er ohne Zweifel. Aber: Wo sitzt er jetzt? Auf jeden Fall da, wo ich nicht sein möchte.

Ich persönlich halte den berühmten englischen Posträuber für erfolgreich. Von dem hat man nach der Tat immer nur gehört, wie gut es ihm am Strand in Südamerika ging. Ich nehme an, daß es sein Ziel war, mit viel Geld an einem schönen Fleckchen der Erde in netter Gesellschaft zu leben. Gut gemacht.

An dem sollten Sie sich ein Beispiel nehmen und nicht an bastelnden Dagoberts oder Baulöwen mit Heimweh.

Wenn Wissen allein nicht reicht, um erfolgreich zu sein, dann fragt man sich: Welches Verhalten muß ich üben, um meine Ziele zu erreichen?

Auch darüber lesen Sie in diesem Buch. Ich werde nämlich Teile aus Verhaltenstrainings für Manager übernehmen. Deren Erfolgsverhalten ist identisch mit dem, was Sie brauchen. Sie werden es selber merken.

3. Beute verstecken und Mund halten

Leider muß man immer wieder feststellen, daß bei vielen Menschen, die ein krummes Ding drehen wollen, die Planung nur bis zur Tat reicht. Sie überlegen, wie sie Sicherheitssysteme umgehen müssen, wie sie sich Zugang zum Tatort verschaffen wollen, wie sie Wachpersonal austricksen und bissige Hunde besänftigen können. Bis sie schließlich die Beute haben. Und dann?

Erinnern Sie sich an den Juwelenraub bei Tiffany? Die Alarmanlage wurde sauber kaltgestellt. Da einer der Wachleute an der Tat beteiligt war, konnte kaum etwas schiefgehen. Leider standen die Täter am Ende mit einer Beute da, die sie nicht verkaufen konnten. Beim Versuch, die Juwelen zu Geld zu machen, sind sie gescheitert. Sie kannten die richtigen Hehler nicht und auch nicht die Gepflogenheiten im Handel mit gestohlener Ware. Sich überhaupt auf die Zeit nach dem Raub vorzubereiten, war den Gangstern gar nicht eingefallen. Sie hatten ihre Tat nur bis zum Raub durchgeplant.

Ähnlich ging es einer Clique von Räubern, die mit List und Tücke den Fahrtenplan eines Geldtransportunternehmens auskundschaftete und dann erfolgreich einen der Wagen überfiel. Sie erbeutete mehr als zwei Millionen Mark. Der Überfall lief wie am Schnürchen. Niemand wurde verletzt, es blieben keine Spuren am Tatort zurück. Hocherfreut wollten die sechs Leute sich die Beute teilen. Da fing der Streit an. Wer sollte wieviel bekommen? Als Außenstehende würde ich gesagt haben: Zwei Millionen geteilt durch sechs ist der Anteil pro Person.

So funktionierte es jedoch nicht. Wo Geld zu verteilen ist, gibt es immer mindestens einen, der glaubt, einen höheren Anteil verdient zu haben als die anderen. Das kann sein Anspruch auf den Chef-Status der Bande sein, oder er steht auf dem Standpunkt, daß er die Idee hatte oder mehr getan hat oder ein höheres Risiko getragen hat oder was auch immer.

Auf jeden Fall verstritten sich die sechs Räuber untereinander so sehr, daß es zu einer Prügelei kam, bei der einer schwer verletzt wurde. Dick verbunden im Krankenhausbett sah der Patient gar keine Chance mehr, seinen Anteil vor den anderen zu verteidigen. Aus Wut und Rache ließ er die ganze Bande hochgehen.

Sehr vielen Gangstern wird nach der Tat die eigene Disziplinlosigkeit zum Verhängnis. Ihnen scheint das erbeutete Geld so in der Tasche zu brennen, daß sie nicht anders können, als sich sofort ihrem Kaufrausch hinzugeben. Sie leisten sich tolle Autos, schmeißen Runden im Stammlokal und feiern Orgien mit Frauen, die man nicht lieben, sondern bezahlen muß. Am Ende sind sie fassungslos, wenn sie eingelocht werden, weil sich jemand gefragt hat: »Wo hat denn der das Geld her?«

Eitelkeit ist für einen Kriminellen das gefährlichste Laster. Nur wenige Menschen schaffen es, sich still, bescheiden und allein über ihre gelungene Gaunerei zu freuen. Die meisten brauchen Bewunderung für ihre Heldentaten. Sie brauchen es einfach, daß jemand zu ihnen aufschaut und sagt: »Toll!«

Wer in finsterer Nacht klammheimlich in eine Bank einsteigen will, weiß natürlich, daß er nicht applaudierendes Publikum dabei gebrauchen kann. Aber danach den Mund zu halten, das ist schwer. Viele können das nicht. Der eine erzählt es seinem besten Freund, der andere prahlt im Suff an der Theke. Oft sagt so ein Mensch nicht etwa: »Ich habe gestern eine Bank ausgeraubt.« Nein, er sagt zum Beispiel: »Ich könnte den perfekten Bankraub durchziehen.« Dann sagt ein anderer vielleicht: »Ach was, Willi, du doch nicht.« Darauf antwortet der Räuber: »Doch!« Und erzählt ausführlich, wie schlau er es anstellen würde. Kein Wunder, daß sich allmählich bei dem einen oder anderen Zuhörer der Gedanke bildet: »Der spricht von seiner eigenen Tat.«

So kommt es, daß viele Gaunerstückchen zunächst ganz wunderbar über die Bühne gehen, im nachhinein aber die Täter geschnappt werden, weil sie sich nicht auf die Zeit nach der Tat vorbereitet haben.

Vier Merksätze sollten Sie sich ab sofort zu Herzen nehmen:

1. Ich werde nie wieder einen Coup landen, wenn ich nicht bis weit über die Tat hinaus einen sauber entwickelten Plan habe.
2. Ich werde nie wieder mit anderen Menschen gemeinsame Sache machen, wenn ich nicht genau weiß, daß ich mich auf sie als Kollegen und Schweiger verlassen kann.
3. Ich werde nie wieder erbeutetes Geld so offen ausgeben, daß anderen meine Finanzkraft auffallen könnte.
4. Ich werde nie wieder – auch nicht mit Verwandten oder guten

Freunden – über Dinge sprechen, die ich nicht auch einem Polizisten erzählen könnte.

Speziell zum vierten Merksatz: Wenn es Ihnen sehr schwer fällt, über Ihre Heldentaten den Mund zu halten, dann sollten Sie sich ein Tagebuch anschaffen und dort (verschlüsselt!) Ihre Erlebnisse festhalten. Aus diesen Unterlagen können Sie später, wenn Sie als reicher Mann oder reiche Frau in Miami am Strand oder als Versager im Knast sitzen, Ihre Memoiren anfertigen.

Wenn Sie jedoch unbedingt reden müssen, dann sollten Sie lieber umschulen auf einen ehrlichen Beruf.

4. Kriminalität – Beruf, Berufung oder Schwachsinn?

Man sagt, daß Menschen die Dinge besonders gut machen, die sie gerne tun. Das gilt für jeden Beruf. Wo man nur mißmutig Dienst schiebt und eigentlich ständig auf Feierabend, Wochenende und Urlaub wartet, da kann man keine hervorragenden Leistungen erbringen. Das gilt auch für Menschen, die ihren Lebensunterhalt mit weniger anständigen Taten verdienen wollen.

Auf den folgenden Seiten soll es nicht um irgendwelche verbotenen Dinge gehen, die jemand aus Übermut, Langeweile oder Bosheit begeht. Von mir aus können Sie hauptberuflich Scheckfälscher sein oder Beamter, der nebenberuflich Einkünfte durch Bestechungsgelder bezieht. Was ich nicht meine, sind zum Beispiel Hirnlose, die Telefonzellen demolieren, in Cabrios pinkeln oder anonym Schmutzbriefe schreiben. Wenn das Ihre Beschäftigung ist, sollten Sie dieses Buch weglegen und statt dessen einen Facharzt aufsuchen.

hier zu behandeln

Vor jeder beruflichen Laufbahn und bei jedem Jobwechsel sind reifliche Überlegungen erforderlich:

- Was will ich eigentlich mit meinem Leben anfangen?
- Welche Arbeiten machen mir Spaß?
- Was kann ich besonders gut?
- Welche Schwierigkeiten und Anforderungen werden mit den neuen Aufgaben auf mich zukommen?
- Wieviel kann ich verdienen?
- Wie anstrengend und aufwendig sind die Arbeiten in dem neuen Job?
- Muß ich mich schmutzig machen? Will ich das?
- Gibt es Aufstiegsmöglichkeiten?

Wenn man dann eine Auswahl an Berufen oder Jobs vor Augen hat, muß man für jeden die Vor- und die Nachteile aufschreiben und vergleichen. Es reicht nicht, einfach nur zu schauen, wo am meisten Geld zu verdienen ist, wenn einem später die Arbeit nicht liegt. Wer zum Beispiel nicht im Freien arbeiten und mit einem eigenen Geschäft gut verdienen will, könnte auf die Idee kommen, ein Beerdigungsinstitut zu gründen. Das geht aber nur, wenn man sich vor Toten nicht gruselt. So erinnere ich mich an einen Mann, der vor Jahren in eine Leichenhalle eingebrochen ist, weil er wußte, daß sein Bruder die verstorbene Ehefrau mit ihrem Hochzeitsschmuck beerdigen lassen wollte. Als der Mann so im Dunkeln neben der toten Schwägerin stand, bekam er einen Schreianfall, wollte schließlich flüchten, stolperte über irgendwelche Blumenvasen, verstauchte sich den Fuß und mußte später den Schaden bezahlen, den er angerichtet hatte. Das war ein typischer Fall von mangelnder Überlegung.

Genau wie bei einem bürgerlichen Beruf muß man auch als Krimineller stets bedenken: Kann ich das? Will ich das?

Wer seinen geregelten Schlaf braucht, der sollte nicht nachts als Einbrecher herumstreichen. Wer nicht schwindelfrei ist, sollte nicht über Dächer klettern, wer zittrige Finger hat, sollte nicht Unterschriften fälschen, wer ein maulfauler Typ ist, sollte nicht als Haustürbetrüger losgehen.

Man sollte sich auch über die allgemeinen Bedingungen des Arbeitsplatzes informieren. Als Krimineller kann man viel Geld verdienen. Man ist nicht an tarifliche Bestimmungen gebunden, sondern kann sich voll nach der Regel engagieren, daß Leistung sich lohnt. Man braucht keine Urlaubsanträge auszufüllen, hat kein schlechtes Zeugnis vom Chef zu befürchten und kann krankfeiern, ohne ein Attest vom Arzt abgeben zu müssen. Auf der anderen Seite hat das Arbeiten in der Unterwelt auch erhebliche Nachteile:

- keine soziale Sicherheit
- keine Rentenansprüche
- kein Urlaubs- oder Weihnachtsgeld
- unregelmäßige Arbeitszeiten
- bei Arbeit unter dem Kommando eines Chefs ist auch mit Prügelstrafe zu rechnen
- bei Arbeit im Team ist fast immer mit schlechtem Betriebsklima zu rechnen
- ständige Bedrohung durch Strafverfolgung

Wollen Sie das wirklich? Haben Sie die Nerven, das auszuhalten? Falls Sie sich nicht sicher sind, sollten Sie bei einem bürgerlichen Beruf bleiben und die kriminellen Aktivitäten in den Freizeitbereich verlegen oder im Rahmen Ihrer bürgerlichen Arbeit stehlen und betrügen. Köche können halbe Schweine wegschleppen und schwarz verkaufen, Angestellte von Kaufhäusern lassen Ware mitgehen, Polizisten kassieren Schutzgelder, Unternehmensberater spionieren für Konkurrenten . . .

Wenn Sie nur deshalb kriminell sind, weil Sie zu dumm oder zu faul sind, bürgerlich erfolgreich zu arbeiten, dann ist die Gaunerei nicht das geeignete Berufsfeld für Sie. Dann steht zu befürchten, daß Sie das nur notgedrungen betreiben. Ob Sie damit erfolgreich sein können, bezweifle ich.

5. Rauben, stehlen, erpressen – darf man das?

Vielleicht haben Sie, liebe Leserin, lieber Leser, sich diese Frage inzwischen gestellt. Vielleicht fragen Sie sich: Glaubt denn die Autorin, daß man das darf? Nein. Ich glaube es nicht.

Gaunereien zeugen von schlechter Moral. Sie sind verboten und sollten verboten bleiben. Ein anständiger Mensch tut so etwas nicht. Ein anständiger Mensch geht arbeiten, verdient sein Geld, nimmt niemandem etwas weg und bereichert sich nicht auf Kosten anderer. So ist das, und so sollte das auch bleiben.

Aber.

Ich lese überall, wie Politiker sich unrechtmäßig bereichern, wie sie mit fiesen Tricks ihre Machtpositionen erkämpfen und verteidigen. Sie erhöhen ihre Diäten, verschleudern unsere Steuergelder, reisen auf unsere Kosten mit Kind und Kegel in der Welt herum und predigen uns gleichzeitig das Maßhalten. Ich höre und sehe die Politiker, wenn man sie mal wieder erwischt hat, mit Dackelaugen Ehrenwörter abgeben oder Blackouts beteuern, bis ihnen die nachgewiesene Wahrheit wie nasse Lappen ins Gesicht geklatscht wird. Das betrifft Politiker aller Parteien, auch diejenigen, die sich sogar laut Parteiprogramm oder Parteinamen den »höheren Werten« verschrieben haben.

Nicht nur die Politiker. Ich arbeite seit Jahren als Unternehmensberaterin. Sie haben keine Ahnung, in welchem Sumpf von Bestechung, Betrug, Diebstahl, Steuerhinterziehung, Menschenverachtung, Waffenschieberei, Erpressung ... wir Berater uns bewegen. Im Kampf um gute Geschäftsabschlüsse, um Karriere, Macht und Einfluß ist fast jedes Mittel recht. Die Gaunereien werden begangen von uns Unternehmensberatern, von unseren Chefs, von den Managern der Unternehmen, in denen wir arbeiten, von den Fürsten der Behörden und Ministerien, in denen wir tätig werden, und von den Funktionären der Betriebs- und Personalräte. Ehrlichkeit, korrekte Auftragsanbahnung und Auftragsabwicklung gelten als Naivität und führten ins finanzielle Abseits. Wir betrügen und belügen die eigene Firma, die Kollegen, die Kunden, die Konkurrenten, alle.

Wer ist denn noch anständig? Schauen wir uns die Menschen an, deren Beruf es ist, für das Gute auf Erden zu sorgen. In den Kirchen können Sie sich jeden Sonntagmorgen – für Langschläfer schon am Samstagabend – eine Predigt anhören über die Nichtigkeit des Diesseits, über das Gewissen, über die Sünde und über den Lohn im Jenseits, wenn wir hier auf Erden einen sittlichen Lebenswandel pflegen.

Ich sage nicht, daß jeder Pfarrer lügt und in Wirklichkeit ein Schuft ist.

Aber.

Wieder ein Aber.

Landauf, landab leben Frauen mit unehelichen Kindern, deren Väter – amtierende katholische Priester – nur heimlich vorbeischleichen und konsequent ein Doppelleben führen. Bischöfe und Pfarrer schwängern Mädchen und knutschen Ministranten. Das passiert nicht nur im trinkfreudigen Irland oder hinter den Bergen bei den Österreichern. Auch in unserem Land gibt es das reichlich.

Auch wenn der Papst gern und viel über Sex redet, so ist das nicht das einzige Interesse »der Kirche«. Geld wird dort ebenfalls gern gesehen. Man predigt vom Scherflein der armen Witwe, vom Segen der Opferbereitschaft und hält den Menschen ständig den Klingelbeutel vor die Nase oder schickt Bettelbriefe ins Haus. Dabei leben die Funktionäre in Saus und Braus. Ich persönlich kann mich darüber allerdings nicht beklagen. Ich habe bereits gut davon profitiert, daß man in heiligen Kreisen mit Honoraren und Spesen nicht kleinlich ist.

Was ich damit sagen will, ist: Böse Taten bleiben böse Taten. Man darf nicht lügen, betrügen, andere Menschen unter Druck setzen und ausbeuten . . .

Wenn Sie es trotzdem tun, befinden Sie sich jedoch in bester Gesellschaft.

Ich halte es einfach für ungerecht, daß Manager und Funktionäre von Unternehmen, Parteien, Religionsgemeinschaften, Gewerkschaften etc. mit guten Gehältern herumlaufen, tun und lassen, was sie wollen, während Sie – als armer Gauner – sich bei Wind und Nebel mit mühsam geklauter Beute abschleppen und immer in Angst und Schrecken vor den Handschellen leben. Während die Manager und Funktionäre über tolle Gehälter und atemberaubende Spesenbudgets verfügen, haben Sie vielleicht nicht einmal ein Sparbuch.

Ist das gerecht?

Nein. Und deshalb schreibe ich für Sie nun das auf, was ich ansonsten Managern in teuren Seminaren beibringe.

6. Die vier Säulen des Erfolgs

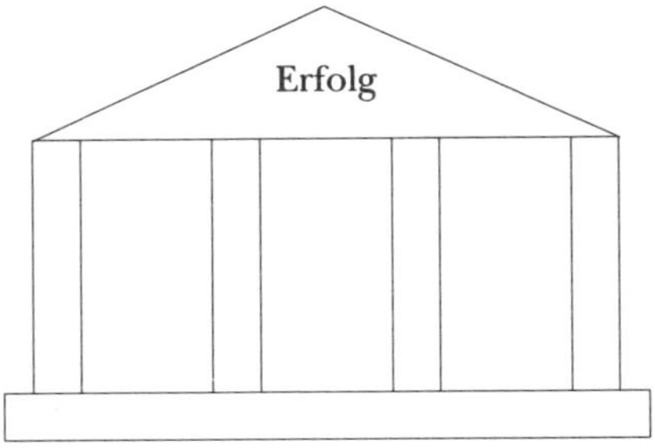

In Management-Seminaren und in Trainings für Führungskräfte wird gern vor Erläuterung des Lehrstoffs der »Tempel des Erfolgs« vorgestellt.

Dieser Tempel ruht auf einem soliden Fundament und hat vier Säulen. Wenn das Gebäude nicht ordentlich gebaut ist, kracht es zusammen, und der Erfolg wird nicht erreicht.

In den Trainings wird es den Teilnehmern so erklärt:

Wer erfolgreich sein will – zum Beispiel als Manager, als Unternehmensgründer, als Vertriebsbeauftragter, als Politiker etc. –, muß sich das solide Fundament einer positiven Einstellung zu der Sache zulegen. Wenn man schon gar keine Lust zu den Aufgaben hat, dann macht man sie auch nicht gut. Übertragen auf Ihre Situation, bedeutet das: Sie brauchen eine positive Grundeinstellung zur Kriminalität.

Fragen Sie sich selbst: Wenn man Sie einen »Dieb« oder »Verbrecher« oder »Gauner« oder »Betrüger« nennen würde, wären Sie dann beleidigt? Natürlich sollten Sie eine solche Bezeichnung stets sofort empört zurückweisen. Aber tief in Ihrem Herzen sollten Sie bewußt Ja dazu sagen: »Ja, es stimmt. Ich bin ein Dieb, Verbrecher, Gauner, Betrüger. Ich bin das, und ich will das auch sein.«

Wenn Sie zum Beispiel als Angestellter in einem Büro arbeiten und immer wieder Kugelschreiber, Papier, Briefumschläge, Klebestifte etc. für Ihren privaten Gebrauch nach Hause schleppen, dann sind Sie ein Dieb. Wenn Sie vom Diensttelefon aus heimlich Privatgespräche führen, wenn Sie für Ihre eigenen Papiere den Firmenkopierer benutzen, wenn Sie Ihre Post durch die Frankiermaschine Ihres Arbeitgebers laufen lassen, dann sind Sie ein Betrüger. Wenn Sie für eine kleine Gage den Konkurrenten Ihres Arbeitgebers Tips geben, wenn Sie im Interesse eines Geschäftsabschlusses Mitarbeiter von Kunden schmieren, dann sind Sie ein Gauner. Wenn Sie angeblich im Urlaub um Ihre Kamera bestohlen wurden und von der Versicherung Geld verlangen, wenn Sie der Haftpflichtversicherung Tricks spielen, dann sind Sie ebenfalls ein Gauner. Sie müssen es über sich bringen, eine positive Einstellung zu der Tatsache Ihrer Kriminalität zu entwickeln, dann haben Sie für den Tempel Ihres Erfolgs schon einmal ein solides Fundament. Wenn Sie jedoch vor Ihrem eigenen Gewissen Ausflüchte suchen: »Das tun doch alle«, »Die Firma beutet mich schließlich auch aus«, dann haben Sie sich innerlich noch nicht zu Ihrer Kriminalität bekannt. Sie glauben immer noch, Sie könnten einerseits ein »anständiger Bürger« sein und andererseits fremdes Eigentum wegschleppen. Das ist falsch.

Wenn Sie jedoch ein solides Fundament für Ihren »Tempel des Erfolgs« haben, dann sollten Sie die Säulen bauen. Die erste Säule ist die des Wissens.

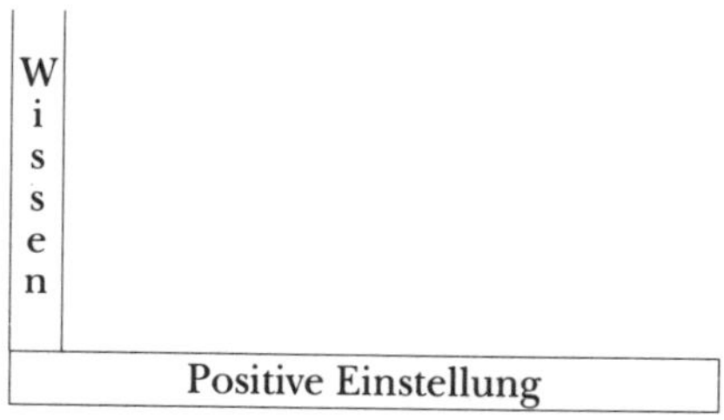

In Führungsseminaren bringt man den Teilnehmern zum Beispiel bei, wie man Mitarbeiter motiviert, wie man Teams leitet, wie man Personal richtig aussucht, wie man Menschen so führt, daß sie hochbegeistert das tun, was sie tun sollen. In Vertriebstrainings wird das Wissen um die Psychologie des Verkaufens vermittelt. Was läßt Menschen das eine Produkt kaufen und das andere nicht? Wie argumentiert man mit Kunden? Wie präsentiert man die eigene Ware? Wie weckt man Bedürfnisse, und wie sorgt man dafür, daß der Kunde sie durch bestimmte Produkte befriedigen will?

Für Sie bedeutet das, daß Sie das notwendige Wissen für Ihre kriminellen Aktivitäten brauchen. Genau wie bei Vertriebs- und bei Führungsseminaren müssen auch Sie zwischen »Fachwissen« und »Methodenwissen« unterscheiden.

Beispiel für Vertriebsleute:

Fachwissen ist das Wissen, das der Verkäufer über die eigenen Produkte hat. Er weiß, wie sie funktionieren, woraus sie sich zusammensetzen etc. Wer Autos verkaufen will, sollte einiges (aber nicht alles) über Autos wissen. Er sollte die Unterschiede zwischen der eigenen Marke und den Modellen der Konkurrenten kennen. Wer PCs verkaufen will, sollte so viel über PCs wissen, daß er Fragen der Kunden beantworten kann. Gerade bei PC-Verkäufern kann man als Kunde oft erleben, wie sich das auswirkt, wenn jemand zu viel Wert auf Fachwissen gelegt hat. So ein »Freak« kann zwar wunderbar mit seinen Geräten umgehen, aber er kann nicht verkaufen. Er kann nicht so erklären, daß der Kunde das versteht. Er verhält sich womöglich dem »doofen« Kunden gegenüber blasiert. Kein Wunder, daß der Kunde sich eingeschüchtert fühlt und zur Konkurrenz flüchtet. Dort trifft er – wenn er Glück hat – auf einen Verkäufer, der das Methodenwissen des Verkaufens hat. Dieser Verkäufer kann mit Menschen umgehen. Er kann sich in deren Gedanken, Befürchtungen, Wünsche einfühlen, zeigt dem Kunden seine persönliche Wertschätzung und führt ihn konsequent vom »Ich wollte mich nur mal umsehen« zum »Den kaufe ich«. Zum Glück erkennen die PC-Hersteller inzwischen, daß man freundliche Menschen in den Laden läßt und technische Fummelfreaks in Labors und Werkstätten beschäftigt.

Wenn ein Verkäufer einmal die Methodik des Verkaufens kennt, kann er vergleichsweise leicht vom Autohandel in den PC- oder Gemüse- oder Textilhandel wechseln. Das jeweils notwendige Fachwissen kann man sich leichter »in den Kopf klopfen« als das verkäuferische Methodenwissen. Ein fachlich begnadeter, aber maulfauler Kfz-Mechaniker kann weder erfolgreicher Verkäufer noch erfolgreiche Führungskraft sein. Er wird immer mit Schmuddelanzug unter Autos herumkrabbeln müssen.

Merke: Ein gewisses Fachwissen muß sein. Methodenwissen ist jedoch die Grundlage wahren Erfolges.

Wenn Sie zum Beispiel Diamentenräuber werden wollen, dann sollten Sie ausreichend Fachwissen über Diamanten haben, um nicht versehentlich mit geklauten Glasknöpfen davonzurennen. Sie brauchen jedoch unbedingt Methodenwissen: Wie komme ich an den Tatort heran? Wie vermeide ich Spuren? Wie sorge ich dafür, daß mich meine eigenen Kollegen nicht übers Ohr hauen? Wie hole ich aus dem Hehler das meiste heraus? Wie mache ich im Falle einer Festnahme plausibel, daß ich nicht der Haupttäter war?

Wenn Sie zum Beispiel als Betrüger in der Vermögensberatung reich werden wollen, dann brauchen Sie so viel Fachwissen zu dem Thema, daß Sie auch intelligente Menschen (nur die haben das notwendige Vermögen, sich von Ihnen betrügen zu lassen) mit Ihren Argumenten überzeugen können. Sie brauchen jedoch das Methodenwissen, um die Gewinngier Ihrer Opfer zu wecken und dann scheinbar zu befriedigen. Sie müssen wissen, wie man auftreten muß, um glaubhaft und seriös zu wirken. Sie müssen wissen, wann und wie man sich rechtzeitig mit seiner Scheinfirma in Luft auflöst. Oder Sie legen sich das Methodenwissen zu, das es Ihnen ermöglicht, einen namhaften Politiker so einzuwickeln, daß er (oder sie) sich an Ihrem Geschäft beteiligt und seinen Namen zwecks Werbung zur Verfügung stellt.

Methodenwissen ist letztlich das Wissen, das Fachkenntnisse brauchbar macht. Ein typischer Fall von viel Fach- und wenig Methodenwissen war Dagobert. Technisch hatte er eine Menge drauf, aber erfolgreich hat ihn das Fachwissen nicht gemacht. Wer Methodenwissen unterschätzt, hat gute Chancen, als Fachidiot zu versagen.

Wissen kann man sich bei durchschnittlicher Intelligenz und gewissem Fleiß relativ leicht in den Kopf stopfen. Dazu geht man in Seminare oder liest Bücher oder läßt sich die Zusammenhänge von Profis erklären.

Leider reicht es nicht aus, nur kluges Wissen zu haben. Man muß das Wissen auch anwenden können. Das Können ist die zweite Säule des Erfolgs-Tempels.

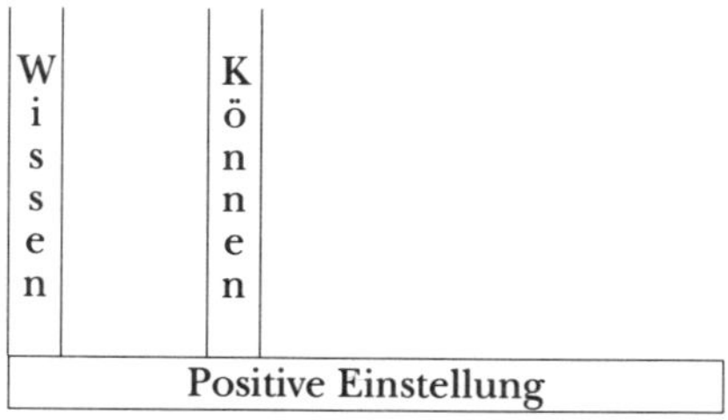

Können ist eine Frage des Trainierens und des Übens. Man nehme als Beispiel einen Tennisspieler. Es reicht nicht, daß er die Spielregeln kennt und die verschiedenen Schlagtechniken begriffen hat, er muß üben, üben, üben.

Wenn Sie zum Beispiel Heiratsschwindler werden wollen, dann geht es ja darum, daß Sie es schaffen, einen Menschen dazu zu bringen, Ihnen freiwillig sein Geld zu geben. Das Abschwatzen von Eigentum sollten Sie üben. Trainieren Sie es durch Schnorren von Zigaretten oder durch Ausleihen von CDs. Wenn Sie es schaffen, sich für mehrere Tage ein Auto zu leihen und dieses leicht ramponiert zurückgeben, ohne die Sympathie des Besitzers zu verlieren, dann können Sie davon ausgehen, daß Sie den notwendigen Charme zum Heiratsschwindler haben.

Die dritte Säule des Tempels ist die des Wollens. Diese Säule fußt fester als die anderen im Fundament der positiven Einstellung.

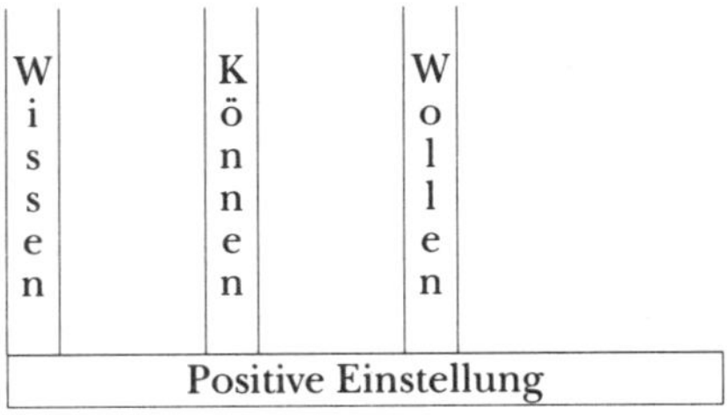

Man kann immer wieder erleben, daß Menschen im Grunde sehr wohl eine positive Einstellung zu ihren Aufgaben haben, daß sie auch wissen, wie es geht, daß sie ihr Wissen auch anwenden können, daß sie jedoch tief in ihrem Herzen keine Lust dazu haben. Es ist ihnen zu anstrengend, zu lästig, zu kompliziert ...

Ich habe das einmal bei einer Gruppe von Verkäuferinnen erlebt, die aus dem Koffer heraus Kosmetikartikel an der Haustür verkaufen sollten. Im Grunde wollten die Damen viel Geld als »Schönheitsberaterinnen« verdienen. Die positive Einstellung war vorhanden. In einem Seminar haben sie auch das notwendige Wissen zur Verkaufstechnik erworben und trainiert. Aber einigen der Damen war es dann doch peinlich, als »Klinkenputzer« von Tür zu Tür zu gehen. Daran sind sie gescheitert.

Das bedeutet für Sie, daß Sie sich in aller Ruhe durch den Kopf gehen lassen sollten: Will ich wirklich ein Dieb, Betrüger, Gauner, Schuft, Schurke sein? Will ich es wirklich auf mich nehmen, ständig Angst vor der Verhaftung zu haben? Kann ich wirklich damit leben, niemals mit meinen beruflichen Erfolgen prahlen zu dürfen?

Wenn ja, dann brauchen Sie noch die vierte Säule des Tempels: Setzen Sie das Begriffene, Gekonnte und Gewollte in die Tat um.

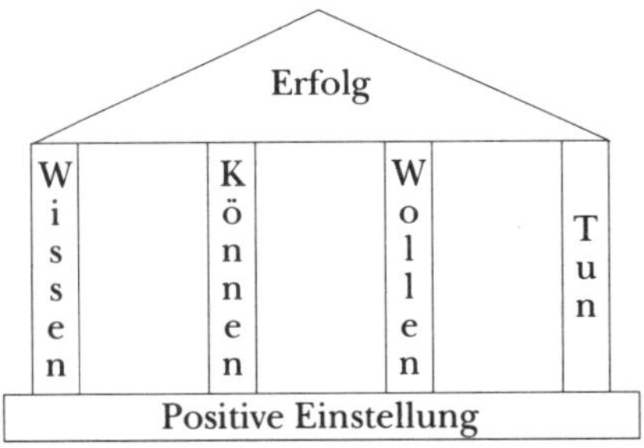

Überwinden Sie Ihre Trägheit oder Ihre Hemmungen. Werden Sie aktiv. Merke: »Ohne Fleiß kein Preis.«

Fangen Sie jetzt an, dieses Buch als das zu lesen, was es ist: ein Lehrbuch. Lernen Sie, wie man erfolgreich sein kann. Üben Sie die Trainingsanleitungen durch. Und dann tun Sie, was ein Gauner tun muß: Gaunern Sie.

2 Es reicht nicht, clever zu sein

1. Menschen, Macht, Moneten

Im landläufigen Sinne gelten Menschen als erfolgreich, denen es gelingt, sich eine Machtposition zu verschaffen, und die viel Geld verdienen. Macht und Geld sind genau die Dinge, die von Politikern, Managern, Kirchenfürsten und vielleicht auch von uns allen angestrebt werden.

Wie kommt man zu Macht und Geld?

Denken Sie zurück an den »Tempel des Erfolgs«. Die erste Säule war die des Wissens. Welches Wissen muß man sich aneignen, wenn man erfolgreich (im Sinne von: mächtig und reich) werden will?

Nehmen Sie das Beispiel der Autobranche. Wer weiß besser über Motoren Bescheid: der Kfz-Mechaniker oder der Boß von z. B. Mercedes oder BMW? Der Kfz-Mechaniker mag vielleicht stolz darauf sein, daß er mehr Ahnung hat über das, was sich unter der Motorhaube tut. Reich und mächtig ist der »ahnungslose« Boß.

In anderen Branchen verhält es sich ebenso. Der Chef eines Software-Unternehmens weiß meist viel weniger über die DV-technischen Zusammenhänge als die Programmierer an den Bildschirmen. Aber der Chef ist die Person mit Macht und Moneten.

Über welches Wissen verfügen die Menschen, die es geschafft haben, erfolgreicher zu sein als andere?

In Führungs- und Management-Seminaren geht es nie um Detailwissen in bestimmten Sachgebieten (wie z. B. Kfz- oder DV-Technik), sondern um Wissen in den drei folgenden Bereichen:

1. Problemlösungsverhalten
   Wie packt man Probleme an?

Wie plant man seine Vorhaben?
Wie setzt man Ideen und Vorhaben in die Tat um?
Thema: Projektmanagement

2. Menschenführung
Wie geht man mit Menschen um?
Wie kann man Menschen verstehen und ihr Verhalten richtig deuten?
Wie kann man Menschen in ihrem Verhalten beeinflussen (motivieren oder manipulieren)?
Thema: Menschenkenntnis (Psychologie)

3. Selbstdarstellung und Selbstmanagement
Wie muß ich mich selbst verhalten, um von anderen akzeptiert und als Führungsperson respektiert zu werden?
Wie gebe ich Machtsignale, die andere dazu veranlassen, sich mir unterzuordnen?
Wie organisiere ich meine Arbeit, damit ich nicht in Details untergehe, sondern mich auf das Wesentliche konzentriere?
Wie kann ich meine eigenen Stärken und Schwächen erkennen und richtig nutzen?
Wie läßt man andere für sich arbeiten?
Themen: Selbsterkenntnis, Arbeitstechniken, Benehmen und Auftreten, Rhetorik, Körpersprache.

Wenn Sie den Wunsch haben, Macht und Moneten zu ergattern, dann müssen Sie lernen, mit Menschen umzugehen. Deshalb werde ich nun die Grundlagen der Menschenkenntnis darstellen, wie sie auch in Führungs- und Management-Seminaren gelehrt werden. Außerdem werde ich hier die Grundlagen des Projektmanagements darstellen. Wenn Sie für Ihre Vorhaben zusätzlich Spezialwissen (z. B. Geldwäsche, Autosicherungssysteme, Tresortechniken) brauchen, müssen Sie sich aus geeigneter Fachliteratur bedienen oder sich eine entsprechende Ausbildung verschaffen. Für den »Tempel des Erfolgs« sind Menschenkenntnis und Projektmanagement die Bausteine, mit denen die Säulen gebaut werden. Fangen wir mit der Psychologie an.

2. Sympathie, Energie, Strategie

In der Gaunerei, im Geschäftsleben wie in allen anderen Lebensbereichen wird das Verhalten von Menschen durch drei Komponenten gesteuert:

- Sympathie
- Energie
- Strategie.

Ich will hier nicht endlose Erklärungen aus der Psychologie anführen. Ich will nur kurz darstellen, was mit den drei genannten Komponenten gemeint ist und wie sie unser Verhalten beeinflussen. Wer diese drei Komponenten kennt und bei sich selbst und bei anderen richtig einschätzen kann, hat einen großen Schritt in Richtung Erfolg getan.

zu: Sympathie

Diese Komponente in uns hilft bei der Entwicklung von harmonischen, freundlichen und netten Beziehungen zu anderen Menschen. Wir schaffen es, andere für uns zu gewinnen. Wir bauen Freundschaftsbeziehungen auf und können uns auch selbst in die Gefühle anderer hineinversetzen.

zu: Energie

Diese Komponente hilft uns dabei, unser Recht zu behaupten. Wir lassen es nicht zu, daß andere Menschen uns auf der Nase herumtanzen oder uns unser Eigentum wegnehmen. Die Komponente der Energie sorgt auch dafür, daß wir mit der notwendigen Tatkraft und Willensstärke ausgestattet sind, unsere Ziele auch dann zu erreichen, wenn andere Menschen oder widrige Umstände sich uns in den Weg stellen. Wir sind bereit, zu kämpfen und anzugreifen, wenn wir etwas durchsetzen wollen.

zu: Strategie

Wir können denken, Pläne schmieden, die Zukunft vorausahnen. Anders als die Tiere können wir Handlungen lange vorausplanen und heute überdenken, welche Konsequenzen unser Verhalten auf die Zukunft haben wird. Wir Menschen denken über Zusammenhänge nach. Wir überlegen, welche Phänomene in unserer Umwelt was zu bedeuten haben. Wir können uns ganz bewußt anders verhalten, als unsere Instinkte es uns eingeben, wenn wir das für die Durchsetzung unserer Ziele brauchen.

Wir Menschen haben alle jede dieser drei Komponenten in uns. Wir alle können harmonisch mit anderen auskommen, können kämpfen, können Pläne schmieden und Strategien entwickeln.

Aber wir können nicht alle alles gleich gut.

Manche Menschen sind wunderbar in der Lage, kniffeligste Pläne auszutüfteln, aber es fehlt ihnen an der Power, »das Ding« dann auch »gewuppt« zu kriegen. Man fragt sich bei solchen Leuten oft: »Mit der Intelligenz! Warum ist der nicht längst Millionär?«

Andere Menschen spucken lieber gleich in die Hände und schreiten zur Tat, ohne sich lange mit Überlegungen aufzuhalten. Sie packen die Probleme an, aber machen dabei oft mehr kaputt als heil, weil sie nicht genug überlegt haben. Nicht selten wirken diese »Anpacker-Typen« bedrohlich, auch wenn sie keiner Fliege etwas antun könnten.

Und dann gibt es Menschen, die es immer wieder schaffen, andere zu umschmeicheln und um den Finger zu wickeln. Sie haben überall viele Freunde und sind oft sehr beliebt. Manchmal wundert man sich darüber, weil sie weder gut aussehen noch besondere Fähigkeiten aufweisen oder besonders nett zu ihren Wohltätern sind.

Wie oben schon gesagt, jeder von uns hat von jeder der drei Komponenten. Bei den meisten Menschen ist es jedoch so, daß eine der drei Komponenten das Verhalten stark beeinflußt. Die zweite Komponente beeinflußt das Verhalten ein wenig, die dritte ist eher unwichtig.

Bezogen auf Sie als Gauner, kann das bedeuten: Wenn Sie eher durch Sympathie geprägt sind, dann kann es für Sie ideal sein, als Heiratsschwindler oder freundlicher Trickbetrüger zu arbeiten. Sie brauchen nicht gewalttätig zu werden, müssen niemandem drohen und auch keine komplizierten Pläne aushecken. Mit Ihrer freundlichen Art und Ihrer sympathischen Ausstrahlung gewinnen Sie die Herzen Ihrer Opfer.

Wenn Sie durch Energie geprägt sind, sollten Sie sich auf keinen Fall als Heiratsschwindler versuchen. Mit Ihrer kampfeslustigen und oft auch aggressiven Art schlagen Sie Ihre Opfer eher in die Flucht, als daß es Ihnen gelingt, das Ersparte zu erschmeicheln. Für Sie sind Taten günstig, die darauf beruhen, daß man Angst vor Ihnen hat. Wenn Sie plötzlich hinter dem Gebüsch hervorkommen und »Geld oder Leben!« rufen, dann läßt wohl jeder die Brieftasche fallen und rennt weg. Auch brauchen Sie kaum Gewalt anzuwenden, weil Sie ausreichend bedrohlich wirken, als daß jemand Lust hätte, sich mit Ihnen körperlich anzulegen. Selbst, wenn Sie eher kleinwüchsig sind, hat man Angst vor Ihnen.

Wenn Ihre Stärke die Komponente der Strategie ist, dann sollten Sie auf alle Taten verzichten, die mit Menschen zu tun haben. Sie können weder Angst erzeugen noch Sympathie finden. Sie wirken eher kalt und intelligent. Auch, wenn Sie geistig sehr einfach gestrickt sind, wird man bei Ihnen Logik vermuten. Bauen Sie diese Stärke aus. Suchen Sie sich ein Fachgebiet und werden Sie dort Topprofi. Das könnte sein: Geldfälscherei, Dekodierung von Verschlüsselungen aller Art, Austricksen von Wegfahrsperren in Autos, Devisenbetrug etc. Menschen wie Sie sind meist sehr geduldig und ausdauernd. Sie können immer und immer wieder an ihren Ideen herumfeilen und einen Trick perfektionieren.

Natürlich sollten Sie bei der Auswahl Ihrer Gaunerei stets die zweite ausgeprägte Verhaltenskomponente mit berücksichtigen. Vielleicht fragen Sie sich nun: Und woran erkenne ich, welches meine Stärke ist?

Das können Sie in Kapitel 2.6. durch den psychologischen Test selbst herausfinden. Zuvor möchte ich jedoch noch ein paar Ausführungen zu den Ursachen für die unterschiedlichen Ausprägungen anbringen. Das wird es Ihnen erleichtern, die Zusammenhänge zwischen Verhalten und Erfolg zu verstehen. Außerdem möchte ich darstellen, daß nicht nur Gauner, sondern auch Manager, Werbespezialisten und Polizisten nach den Erkenntnissen des Drei-Komponenten-Modells arbeiten. Sie benutzen dieses Modell aus dem gleichen Grund wie Sie: Sie wollen erfolgreich sein.

Wenn Sie das Prinzip einmal verstanden haben und immer wieder versuchen, bei sich selbst und bei anderen die Haupt- und die Zweit-Komponente zu erkennen, dann werden Sie mit der Zeit bemerken, wie oft Sie das Verhalten anderer voraussagen können, wie oft es Ihnen gelingt, andere Menschen zu manipulieren und in Ihrem Sinne zu steuern. Und Sie werden sehen, wie es Ihnen immer leichter fällt, die Wirkung Ihres Verhaltens auf andere richtig zu beurteilen. Sie können dann ganz gezielt: überzeugen, einschüchtern, umgarnen, erschrecken ... Sie werden schließlich mit mir einer Meinung sein: Gauner brauchen Menschenkenntnis.

3. Saugen, zanken, tüfteln – jeder kann das

Die gebräuchlichste Lehre über das menschliche Verhalten und über die Möglichkeiten der Manipulation von Menschen geht auf einen Psychologen namens MacLean zurück.

Ich will hier nicht behaupten, daß diese Lehre völlig richtig ist. Ich kann jedoch aus eigener Erfahrung sagen, daß ich selbst sehr erfolgreich danach gearbeitet habe, nachdem ich die Theorie einmal begriffen hatte. Ich selbst habe es in einem Training für Verkäufer gelernt. Die Teilnehmer des Seminars sollten lernen, potentielle Kunden zu durchschauen, um dann entsprechend die Produkte darzustellen. Ich muß sagen, nach dem Seminar hat sich mein Verkaufserfolg rasant gesteigert.

Später wurde ich Trainerin für Manager. Meinen Teilnehmern habe ich ebenfalls die Lehre von MacLean nahegebracht. Und siehe, auch mir wurde anschließend immer wieder erklärt, wie sehr es ihnen geholfen hat, Mitarbeiter zu durchschauen und entsprechend zu motivieren oder zu manipulieren.

Es gibt auch andere Theorien zur Menschenkenntnis. Welche letztlich die richtige ist, kann man kaum sagen. Psychologie ist (noch?) keine beweisbare Wissenschaft wie zum Beispiel Mathematik.

Ich persönlich glaube nicht an den Einfluß der Sterne, andere schwören darauf. Ich persönlich glaube nicht, daß alle Dicken gemütlich und alle Rothaarigen leidenschaftlich sind. Andere Menschen jedoch nehmen körperliche Merkmale als Erklärungen für seelische Eigenschaften. Ich kenne einen Mann, der fest glaubt, daß braunäugige Menschen sanfter sind als blauäugige. Wenn ihm das hilft, soll mir das recht sein.

Ich persönlich kann sehr gut mit der Lehre nach MacLean arbeiten und will Ihnen diese nun so darstellen, wie sie heute trainiert wird.

Menschen haben nicht nur ein Gehirn, sondern drei. Das älteste ist unser Stammhirn. Es regelt das Überleben. Hier sitzen unsere Urinstinkte, unsere Begierden, die inneren Programme, die uns am Leben erhalten: essen, vermehren, in der Umwelt zurechtkommen.

Nach MacLean ist das Stammhirn das Gehirn, das eher vergangenheitsorientiert ist. Es beruft sich auf Erfahrungen, die weit vor unser eigenes Leben zurückgehen. Das Stammhirn läßt uns an Traditionen und Werten festhalten, die wir von anderen übernommen haben.

Beispiel:

Wenn jemand sich auf den Standpunkt stellt, daß eine Frau in der Öffentlichkeit nicht rauchen darf, dann ist diese Meinung nicht das Resultat logischer Überlegungen. Es ist nicht so, daß Wissenschaftler erforscht haben, daß es für Frauen gesünder ist, in geschlossenen Räumen zu rauchen, während es für Männer egal ist, ob sie beim Spazierengehen oder im Sessel sitzend rauchen. Es handelt sich schlicht um Tradition. Diese kann von Menschen sehr heftig als »gesundes Volksempfinden« verteidigt werden.

Wenn Sie nun zum Beispiel die Absicht haben, Heiratsschwindler zu werden, dann müssen Sie unbedingt herausfinden, welche Stammhirn-Programme die von Ihnen auszubeutenden Opfer haben. Ich denke an eine Frau, die alte, einsame Männer ausnehmen wollte. Leider ist sie immer wieder daran gescheitert, daß sie die traditionellen Werte der Herren nicht berücksichtigte. Sie trug sonntags Jeans, kaute Kaugummi, fluchte und rauchte auf der Straße. Hätte sie es darauf angelegt, linke Studenten auszurauben, dann wäre das in Ordnung gewesen. Aber die haben natürlich kein Geld.

Menschen-Typen, weiblich

Neben der Orientierung an überkommenen Werten ist unser Stammhirn auch dafür zuständig, daß wir friedlich mit anderen Menschen existieren. Unser Stammhirn hilft uns, harmonisch und freundlich mit anderen zu leben, Familien zu gründen, Kinder aufzuziehen, Vereinen beizutreten und den Schwachen zu helfen.

Das Gehirn, das sich als nächstes entwickelt hat, ist das Zwischenhirn. Es wird auch »Raubtiergehirn« genannt, weil es speziell bei Raubtieren für die Steuerung des Verhaltens zuständig ist. Das Zwischenhirn ist nicht an der Vergangenheit orientiert, sondern an der Gegenwart. Blitzschnell läßt es uns erkennen, was in der aktuellen Situation zu tun ist: flüchten oder angreifen, kämpfen oder rennen.

In jedem von uns steckt ein Raubtier. Wir werden böse, wenn man uns die Wurst vom Brot klaut. Wir reagieren aggressiv auf Menschen, von denen wir uns bedrängt, geärgert oder angegriffen fühlen. Wir verteidigen unser Revier gegen Eindringlinge. Kinder lassen niemanden gegen ihren Willen in ihr Zimmer kommen. Büromenschen hassen es, wenn Kollegen sich an ihren Schubladen zu schaffen machen. Der Familienvater beansprucht stets den gleichen Sessel vor dem Fernseher.

Das Zwischenhirn läßt uns um unsere Rechte kämpfen, läßt uns nach dem Eigentum anderer schielen und verlockt uns, anderen Menschen das abzujagen, was wir ihnen gerne wegnehmen möchten. Das können materielle Werte sein, Positionen im Beruf oder der Ehepartner.

Das Zwischenhirn läßt uns kämpfen.

Das dritte und jüngste Hirn ist das Großhirn. Nur Menschen haben ein wirklich gut entwickeltes Großhirn. Mit seiner Hilfe können wir uns an der Zukunft orientieren. Wir denken – anders als die Tiere – darüber nach, wie unsere Zukunft sein soll, ob es nach dem Tod irgendwie weitergeht. Wir tüfteln heute Pläne aus, die uns später einmal reich und mächtig machen sollen. Mit dem Großhirn entwickeln wir Strategien und Zukunftsperspektiven.

Das bedeutet: Wir alle haben drei Hirne, die je für sich eigene Funktionen erfüllen. Das Stammhirn orientiert sich an der Vergangenheit und läßt uns an bewährten Werten festhalten. Das Zwischenhirn orientiert sich an der Gegenwart und läßt uns im Hier und Jetzt kämpfen. Das Großhirn orientiert sich an der Zukunft und hilft uns dabei, Dinge zu durchdenken und spätere Konsequenzen unseres Verhaltens zu berücksichtigen.

An dieser Stelle merken Sie wahrscheinlich schon, daß nicht jeder Mensch auf gleiche Weise von seinen Gehirnen gesteuert wird. Es gibt Leute, die extrem an Traditionen festhalten. Es gibt Menschen, die sehr aggressiv im Hier und Jetzt um alles und gegen jeden kämpfen. Und es gibt Menschen, die viel grübeln, herumtüfteln und keinen Tauchsieder kaufen können, ohne erst drei Hefte von Stiftung Warentest gelesen zu haben. Auf die verschiedenen Ausprägungen der Verhaltenssteuerung möchte ich später eingehen. Lassen Sie mich zunächst noch ausführen, woran Psychologen erkennen, wie sich die Hirne in uns entwickeln.

Wenn ein Baby zur Welt kommt, ist sein erstes Bestreben, überhaupt am Leben zu bleiben. Es brüllt nach Luft und fängt an allem an zu saugen, was die Lippen berührt. Das Stammhirn ist aktiv. Zwei bis drei Jahre später meldet sich das Zwischenhirn. Nun kommt das Kind in die Trotzphase. Es fängt an, gegen die Eltern oder gegen andere Kinder im Sandkasten zu kämpfen. »Nein, will ich nicht«, heißt es, wenn das Kind die Hände waschen soll. »Ich will aber«, wird gebrüllt, wenn die Mutter sich weigert, ihm ein Eis zu kaufen. Wieder ein paar Jahre später fängt das Großhirn an, die Eltern zu nerven. Nun kommt das Kind ins Fragealter. Es will alles wissen und allem auf den Grund gehen. Wo geht die

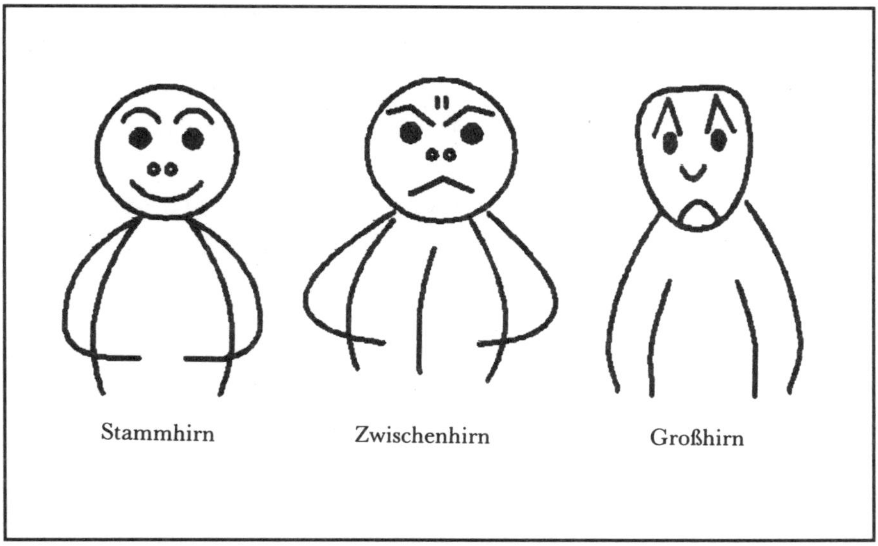

Menschen-Typen, männlich

Oma hin, wenn sie tot ist? Wie hoch über den Wolken fängt der Himmel an? Warum legen Kühe keine Eier? Was ist unter der Tapete? Fragen, Fragen, Fragen. Das Kind kann vor lauter Wißbegierde keine Ruhe geben.

Bis zu diesem Alter hat jedes der drei Hirne seine erste Trainingsphase gehabt. Jetzt kommt jeweils die zweite Phase. Das Kind wird noch einmal sehr anschmiegsam und träumerisch. Es möchte in die Welt hinauswandern, gegen Drachen kämpfen, Raubritter besiegen, die Chinesen besuchen. Das Kind möchte stundenlang mit den Eltern spielen oder mit anderen Kindern zusammen etwas unternehmen. Abends muß der Teddy mit ins Bett, und es ist sehr wichtig, daß der auch richtig bequem liegt. Dieses charmante Alter ist stark vom Stammhirn geprägt. Eltern sollten ihre Kinder da genießen. Danach kommt nämlich die zweite Trainingsphase für das Zwischenhirn: die Pubertät. Jetzt hat man einen Rebellen im Haus, eine ewig schlecht gelaunte und aggressive Quelle für Ärger und Sorgen. Das Kind entdeckt, daß die Alten bescheuert sind, und teilt diese Erkenntnis offen und ehrlich mit. Mit den Lehrern gibt es Ärger, mit den Geschwistern wird gezankt, mit feindlichen anderen Jugendlichen kommt es zu Schlägereien. Gleichzeitig entwickelt der junge Mensch eine Protzerei und Großschnäuzigkeit, die nervt. Zum Glück ist diese Zwischenhirn-Trainingsphase begrenzt. Danach folgt eine Phase, in der die Eltern aufatmen, weil sie glauben, der Nachwuchs sei nun zur Vernunft gekommen. Jetzt fängt das Planen der Zukunft an. Was soll ich werden? Wieviel verdient man in welchem Job? Wie bekommt man ein Stipendium für Amerika? Welche Partei ist die beste? Wie komme ich durch meine Prüfungen? Das Großhirn tüftelt über das eigene Lebenskonzept und über Möglichkeiten der Weltverbesserung nach.

Damit ist die zweite Runde durch die Hirne abgeschlossen. Der Mensch ist erwachsen.

Wie ich oben schon sagte, wird unser Verhalten von allen drei Hirnen gesteuert. Man kann jedoch – laut MacLean – beobachten, daß manche Menschen mehr durch ihr Stammhirn gesteuert werden. Sie sind stärker traditionell orientiert oder passen sich den gesellschaftlichen Normen an. Sie haben oft den Vorteil, daß sie sehr harmonisch mit anderen Menschen leben können, daß sie viele Freunde haben und sehr charmant wirken.

Andere wiederum werden eher durch ihr Zwischenhirn gesteuert. Sie sind kämpferischer, werden bei Schwierigkeiten leichter aggressiv und passen sehr genau auf, daß ihnen niemand etwas wegnimmt oder in die Quere kommt.

Menschen, die eher über das Großhirn gesteuert werden, neigen zu Verschlossenheit. Sie können sich stundenlang damit beschäftigen, einen Wecker zu reparieren, neue Software in den PC zu installieren oder verzwickte Anreisewege zu ihrem nächsten Urlaubsort in Straßenkarten zu markieren.

Die Hirnsteuerung hat nichts mit der Intelligenz zu tun. Großhirngesteuerte Schwachsinnige können unendlich geduldig ihre Schuhbänder zuknoten, während ein zwischenhirngesteuerter Schwachsinninger nach dem ersten Versuch wütend den Schuh in die Ecke feuert.

Aber: Großhirngesteuerte Menschen wirken oft intelligenter, als sie sind. Zwischenhirngesteuerte wirken oft bösartiger, als sie sind, und Stammhirngesteuerte wirken viel liebevoller, als sie es sind. Wenn man einmal von sich selber weiß, wie man eigentlich auf andere Menschen wirkt, dann kann man dieses Wissen wunderbar einsetzen, um andere zu manipulieren, zu betrügen, einzuschüchtern, zu beherrschen.

4. Sind die Kölner anders als die Sachsen?

Die Dominanz eines der Hirne bei der Verhaltenssteuerung hat nichts mit der Rasse, dem Geschlecht oder der Intelligenz zu tun. Auch wenn Rheinländer sich jedes Jahr Pappnasen aufsetzen, eng beieinandersitzen und schunkelnd Lieder singen, so heißt das nicht, daß sie stammhirniger sind als andere Menschen.

Unser Verhalten wird auch von der Erziehung beeinflußt, der Tradition des Volkes, in dem wir aufwachsen, und unseren persönlichen Einstellungen. Oft nehmen wir uns das Verhalten anderer Menschen zum Vorbild. Vielleicht mögen wir bestimmte Leute und deren Eigenschaften, oder wir sehen, wie andere erfolgreich sind, und versuchen, das ebenfalls zu erreichen.

Wenn wir zum Beispiel bei den Sachsen oder den Schwaben beobachten, daß sie – im Vergleich zu Friesen oder Franken – bei Problemen nicht lange herumgrübeln, sondern handfest zupacken, dann sehen wir auch, daß Sachsen und Schwaben vergleichsweise häufig in Machtpositionen auftauchen und sächsische und schwäbische Gemeinden schneller zu Wohlstand kommen als andere. Das heißt nicht, daß Sachsen und Schwaben zwischenhirniger sind als andere Völker. Auch bei ihnen gibt es eine Dominanzverteilung. Der Unterschied liegt vermutlich im tradierten Verhalten, das sie von Kind auf lernen: Schaffe, schaffe, Häusle baue.

Genauso ist es mit sexistischen Vorurteilen. Die Gesellschaft möchte vielleicht, daß Frauen als sanfte Stammhirne daheim das gemütliche Nest bereiten und nicht zwischenhirnig den Männern in Machtpositionen Konkurrenz machen. Viele Frauen haben auch von Kindesbeinen an gelernt, daß es für eine Frau absolut wichtig ist, den Männern zu gefallen. Also versuchen sie, entsprechend stammhirnig für das leibliche und seelische Wohl ihrer Lieben zu sorgen. Und doch sind bei Frauen die Zwischenhirne ebenso verbreitet wie bei Männern. Das merkt man zum Beispiel dann, wenn eine traditionell lebende Ehefrau mit hoher Zwischenhirndominanz ihrem Stammhirngatten immer wieder in den Rücken tritt: »Mach Karriere, Willi! Ich will die Frau eines Abteilungsleiters sein!« Und dann sitzt das arme Stammhirn im Büro und hat gar nicht die Ellenbogen, sich hochzukämpfen. Und zu Hause kann er auch nicht mit der Faust auf den Tisch hauen und sagen: »Halt den Mund, Elfriede.«

Die Intelligenz ist ebenfalls unabhängig von der Hirndominanz. Es wäre falsch zu vermuten, daß jemand großhirnorientiert ist, weil er drei Einser im Abiturzeugnis hat. Dumme Großhirne fummeln genauso an Kleinkramproblemen herum wie intelligente. Sie nehmen sich lediglich übersichtlichere Probleme zur Bearbeitung vor.

Merken wir uns also:

1. Jeder von uns hat alle drei Hirne.
2. Das Verhalten wird unterschiedlich stark über die verschiedenen Hirne gesteuert.
3. Die Hirndominanz bei der Verhaltenssteuerung ist unabhängig von Rasse, Geschlecht oder Intelligenz.
4. Die Verhaltenssteuerung durch die Hirne ist nur eine Komponente

unseres Verhaltens. Wir werden auch beeinflußt durch: Tradition, das übliche Verhalten unserer Gesellschaftsschicht, Erziehung, Weltanschauung etc.

5. Menschen können bewußt ihr Verhalten bis zu einem gewissen Maß steuern oder sich zeitweise »verstellen«.

Wozu muß man so viel über Psychologie wissen? Ich sehe dafür folgende Gründe:

- Sie sollten sich selbst verstehen und daraus erkennen können, welche kriminelle Richtung für Sie richtig ist.
- Sie sollten die Menschen verstehen, mit denen Sie zusammenarbeiten wollen. Sonst begreifen Sie nie, auf wen Sie sich verlassen können und auf wen nicht und warum nicht.
- Sie sollten wissen, wie Polizeipsychologen Sie und Ihre geschnappten Kollegen taxieren und manipulieren und schließlich erfolgreich hinter Gitter bringen.
- Sie sollten in Menschengruppen (z. B. in einer Bande oder Gang) die aktuellen und die sich eventuell anbahnenden Machtstrukturen durchschauen.
- Sie sollten besonders bei Trickverbrechen die psychologische Struktur Ihres jeweiligen Opfers verstehen.

In Führungsseminaren wird gern ein Spruch zitiert: »Wer sich immer nur mit der Sache befaßt, bleibt auch immer nur ein guter Sachbearbeiter.«

Das bedeutet: Menschen, die erfolgreich Karriere machen wollen, müssen sich mit anderen Menschen und deren seelischen Strukturen befassen. Ein Buchhalter, der immer nur korrekt rechnet, bleibt ein Buchhalter. Er ist gar nicht geeignet, Leiter der Buchhaltung zu werden. Ein Programmierer, der immer nur knipst, kann nicht Leiter der Datenverarbeitung werden.

Das heißt für Kriminelle zum Beispiel: Ein Autoknacker, der sich immer nur mit Autos befaßt, wird auch immer nur Autos knacken. Er hat nie eine Chance, Boß einer Autoschieberbande zu werden. Er kann weder führen noch Machtstrategien entwickeln und umsetzen. Er knackt und knackt und knackt so vor sich hin. Reich werden die Chefs.

5. Alle wissen es

Die Lehre von MacLean ist mittlerweile weit verbreitet. Zum Beispiel arbeitet die Werbung damit. Bei bestimmten Produkten werden gezielt die Hirnkomponenten angesprochen.

Beispiel:

Esso bietet den »Tiger im Tank« an. Diese Werbung richtet sich an unser Zwischenhirn: Starkes Raubtier, Kraft, Dynamik. Auf der anderen Seite ist der Tiger auch ein Kuscheltier zum Liebhaben. Das spricht unser Stammhirn an.

Beispiel:

Kosmetik wird so angepriesen, daß einerseits die »Streichelhaut« (Stammhirn) versprochen wird, andererseits wird auf die PH-X47-Y12-Formel mit dem Jod-S17-Effekt verwiesen. Diese Abkürzungen können eine Bedeutung haben. Sie können aber auch frei erfunden sein. Auf jeden Fall wirken sie wissenschaftlich und sprechen unser Großhirn an.

Beispiel:

Die SPD hatte ihre mächtigste Zeit, als an ihrer Spitze drei Personen standen, die von ihrer Ausstrahlung her bei den Wählern alle drei Hirne ansprachen: Willi Brandt als ruhiger und vertrauenswürdiger Mensch, der sehr getragen und bedächtig in Interviews antwortete. So war er in Wirklichkeit zwar nicht, aber er wirkte so und bediente damit die Stammhirnkomponente. Helmut Schmidt war für die Großhirnbedürfnisse zuständig. Er galt als kühler Stratege. Er wurde weder heftig geliebt noch heftig gehaßt. Man respektierte ihn wegen seiner sachlichen Kompetenz. Herbert Wehner erfreute die Zwischenhirne. Blitzschnell konnte er in Auseinandersetzungen atemberaubende Schlagfertigkeiten von sich geben. Witzig, spritzig, aggressiv schoß er aus der Hüfte. Ob man ihn mochte oder nicht, ob man seine Meinung für richtig hielt oder nicht, man hörte zu, wenn er sprach. Seine Redebeiträge hatten den größten Unterhaltungswert.

Die SPD hat es wieder versucht: Scharping als kalter Logiker für die Großhirne, Lafontaine als leicht schillernde Gestalt für die Zwischenhirne, Thierse als dicken Gemütsmenschen für die Stammhirne. Leider ging das Konzept nicht auf. Die Typen waren nicht markig genug. Man versuchte noch kurz vor der Wahl, etwas zu ändern. Thierse wurde aus der Troika genommen. Lafontaine mußte die Stammhirne übernehmen und den dicklichen Teddy markieren, und für die Zwischenhirne kam der Dynamiker Schröder dazu. Es reichte nicht. Vielleicht war es ein Fehler, an der Spitze ausgerechnet die Person zu haben, die einer Holzpuppe am ähnlichsten sieht. Instinktiv wandten sich die Wähler dann doch lieber dem Stammhirn der anderen Partei zu. Da wußte man, was man hatte.

Beispiel:

Autoverkäufer, die erfolgreich sind, suchen immer erst das Gespräch mit dem Interessenten. Während des ersten Wortwechsels taxieren sie die potentiellen Kunden. Will jemand ein repräsentatives Auto, eines mit hoher PS-Zahl oder mit ausgefallenem Design, dann liegt nahe, daß es sich um einen Zwischenhirnmenschen handelt. Will die Person geringen Verbrauch und viel Sicherheit und ein bewährtes Modell mit ausgereifter Technik, dann hat der Verkäufer es wahrscheinlich mit einem Stammhirnmenschen zu tun. Fragt der Interessent nach tausend Details der Technik oder der Vertragsgestaltung, dann ist er wahrscheinlich sehr großhirnorientiert.

Entsprechend geht der Verkäufer mit dem Gesprächspartner um. Er weiß, daß Zwischenhirne gerne »sportlich« fahren und Wert darauf legen, mit ihren Autos protzen zu können. Außerdem kommt ein Zwischenhirn schnell zur Kaufentscheidung. Man muß ihn gleich packen. Wenn man ihm rät, die Sache erstmal zu überschlafen, dann läuft er auf dem Heimweg der Konkurrenz in die Arme und kauft dort.

Stammhirne muß man beruhigen. Sie haben Angst, eine Fehlentscheidung zu treffen oder schlechte Ware zu erhalten. Auf keinen Fall hat der Wagen irgendeine neue Technik, die womöglich noch nicht ausgereift ist. Stammhirne hören auch gerne, daß der Autohändler schon seit vierzig Jahren das Geschäft führt und bis ans Ende der Zeiten solide vor Ort bleiben wird. Stammhirnen muß man die innere Ruhe geben, daß mit diesem Kauf absolut kein Risiko verbunden ist, daß Beamte, Ärzte und Pfarrer genau dieses Modell auch fahren. Stammhirne wollen nicht nur Artikel kaufen, sie wollen überdies den Verkäufer mögen. Wenn der Verkäufer es schafft, sich mit dem Stammhirn über dessen Urlaub zu unterhalten und ihm zu erzählen, daß auch er am liebsten seine Urlaube dort verbringt, dann fühlt sich das Stammhirn wie von einem Freund umsorgt und kauft.

Großhirne interessieren sich nicht für die Person des Verkäufers und wollen bei der Wahl des Wagens auch nicht ihr Herz ausschütten. Sie wollen das optimale Auto zum optimalen Preis und sonst nichts. Sie studieren Prospekte, informieren sich und kommen ewig nicht zu einer Entscheidung. Monatelang stehen sie immer und immer wieder im Ausstellungsraum, streunen zwischen den verschiedenen Modellen herum, spähen in Motoren, probieren Sitze aus, schreiben sich auf, welche Konditionen und Preise bei welchem Händler geboten werden... Ein Großhirn braucht Monate oder gar Jahre zum Kauf eines Autos. Trotzdem wird er das Gefühl nicht los, daß ihn windige Verkäufer mit schmutzigen Tricks zu einer voreiligen Entscheidung drängen wollen. Gute Verkäufer lassen Großhirne allein. Es lohnt den Aufwand nicht, sich ständig mit ihnen zu befassen und dabei doch nur den Eindruck zu erwecken, man wolle sie beschwatzen.

Aber wahrscheinlich wollen Sie weder Autos verkaufen noch Kanzler werden. Wozu also all das Wissen um die Hirne?

1. Sie sollten sich selbst besser kennenlernen.
   - Wie wirke ich auf andere?
   - Was kann ich (von meiner Persönlichkeit her) besonders gut?
   - Mit welchen Tricks können psychologisch geschulte Menschen mich womöglich übers Ohr hauen?
   - Welche Art der Kriminalität liegt mir?
   - Von welchen Taten sollte ich lieber die Finger lassen?

Wenn zum Beispiel der Baulöwe, der schlau genug war, »Peanuts« zu ergaunern, auch noch schlau genug gewesen wäre, sich selbst richtig einzuschätzen, dann hätte er gewußt, daß er es als geselliges Stammhirn nie aushält, fern der Heimat in einer versteckten Wohnung einsam vor sich hinzuleben.

2. Sie sollten die Menschen verstehen, mit denen Sie zusammenarbeiten.
   - Auf wen kann ich mich verlassen?
   - Wer von meinen Kumpeln ist so stammhirnig, daß er am Ende alles ausplaudert?
   - Wer von meinen Kumpeln ist so zwischenhirnig, daß er hinterher

mit mir um die Beute kämpft oder mit seiner Prahlsucht alles verdirbt?
- Wer von meinen Kumpeln ist so großhirnig, daß er mit seinen Aufgaben nie zu Potte kommt und sich in seinen verzwickten Tricks selbst verheddert?
- Wer von meinen Kumpeln würde sich – falls von der Polizei erwischt – im Verhör durch welche Methoden weichkochen lassen?
- Welchen meiner Kumpel kann ich wie manipulieren?
- Wie kann ich dafür sorgen, daß in einer Bande nicht ausgerechnet ich zum Trottel für den zwischenhirnigen Leader werde?

3. Sie sollten die Menschen verstehen, denen Sie als Gauner Schaden zufügen wollen.
   - Wen kann ich wie einschüchtern?
   - Wen kann ich wie benebeln, daß man mir jede Lüge glaubt?
   - Wie muß ich mich in den Kreisen verhalten, in denen ich absahnen will?
   - Wie kann ich mich anderen Menschen so sympathisch machen, daß sie mich für nett halten und mir nicht ständig auf die Finger oder in die Papiere schauen?
   - Wie kann ich andere Menschen überzeugen, daß sie das tun, was ich will?
4. Sie müssen damit rechnen, eines Tages mit Polizei und Staatsanwaltschaft zu tun zu haben. Auch diese Menschen sind groß-, zwischen- oder stammhirnig.
   - Wie geht man mit diesen Menschen um?
   - Womit muß ich bei denen rechnen?

6. Und hier ist der Psychotest

Jetzt können Sie testen, welche der drei Hirnkomponenten wie stark Ihr Verhalten steuert. Bedenken Sie bitte, daß dieser Test nicht Ihre Intelligenz oder Ihre Moral oder Ihre Begabung oder Ihre generellen Führungs- oder Erfolgschancen testet. Sie können klug oder begriffsstutzig sein, anständig oder fies, begabt oder unbegabt, »Leader« oder ein geborener Untertan. Solche Dinge haben mit diesem Test nichts zu tun. Hier geht es bloß darum herauszufinden, wie Ihr Verhalten gesteuert ist. Ob das, was Sie jeweils tun, klug oder unklug, anständig oder unmoralisch ist, ist eine ganz andere Frage.

Lesen Sie die folgenden Aussagen und bewerten Sie diese nach der Gültigkeit für Ihre Person. Schreiben Sie zu jeder Aussage die Punktzahl auf die gestrichelte Linie. Die Punkte werden wie folgt vergeben:

0 Punkte: stimmt (fast) gar nicht für mich
1 Punkt: stimmt ein wenig oder manchmal
2 Punkte: stimmt recht genau oder oft
3 Punkte: stimmt ganz genau oder (fast) immer

In Prozenten ausgedrückt:

0 Punkte: ist zu 0% – 20% für mich richtig
1 Punkt: ist zu 20% – 50% für mich richtig
2 Punkte: ist zu 50% – 70% für mich richtig
3 Punkte: ist zu 70% – 100% für mich richtig

Bearbeiten Sie den Katalog der Aussagen zügig. Maximal zehn Minuten sollten Sie für den gesamten Test brauchen.

1. Wenn ich meine Wohnung renovieren wollte, könnte ich auf Anhieb mindestens fünf Leute mobilisieren, die mir helfen würden.
   Punkte: . . .
2. Ich tratsche ganz gern mal ein wenig über die Privatangelegenheiten anderer.
   Punkte: . . .
3. Ich denke oft an meine Kindheit zurück und kann mich auch noch gut an Schul- und Spielkameraden erinnern.
   Punkte: . . .
4. Es passiert fast nie, daß ich mich im Zorn vergesse und laut werde. Für mich ist eher typisch, daß ich bei Auseinandersetzungen innerlich ganz besonders kalt und ruhig werde.
   Punkte: . . .

5. Ich neige mehr als andere Menschen dazu, Dinge zu durchdenken und Problemen und ihren Ursachen auf den Grund zu gehen.
Punkte: ...
6. Es kommt oft vor, daß ich von Modeströmungen und Trends als letzter erfahre. Das ist mir allerdings auch nicht wichtig.
Punkte: ...
7. Ich kann oft sehr gut verstehen, was andere Menschen fühlen. Man sagt mir auch öfter, daß ich sehr verständnisvoll bin.
Punkte: ...
8. Ich bin gerne mit Menschen zusammen und bin auch in Vereinen, Clubs und Gruppen Mitglied.
Punkte: ...
9. Um gute Arbeit leisten zu können, braucht man Ruhe und Zeit.
Punkte: ...
10. Ich mag nicht gerne an langwierigen Aufgaben arbeiten. Lieber pfusche ich ein wenig, um die Sache abzukürzen.
Punkte: ...
11. Es passiert häufig, daß ich spontan etwas tue oder sage, was mir hinterher leid tut.
Punkte: ...
12. Ins Kino, zum Fußball, ins Theater etc. gehe ich am liebsten mit mehreren Freunden und nicht allein oder nur mit meinem Partner.
Punkte: ...
13. Bei Streit und Konflikten versuche ich stets, den Frieden wieder herzustellen. Das gelingt mir auch oft.
Punkte: ...
14. In Diskussionen kommt es häufig vor, daß meine Beiträge gar nicht beachtet werden, daß ein anderer aber Lorbeeren einheimst für genau das, was ich vorher auch schon gesagt habe. Aber bei mir hat keiner zugehört.
Punkte: ...
15. Ich kaufe fast nie unüberlegt. Es ist eher typisch für mich, Qualität und Preise bei verschiedenen Anbietern zu vergleichen. Ein Verkäufer kann mir eigentlich nie etwas aufschwatzen, was ich gar nicht haben will.
Punkte: ...

16. Wenn ich mir etwas vorgenommen habe, dann grübele oder tüftele ich nicht lange vor mich hin, sondern packe die Sache lieber gleich an.
Punkte: ...
17. Ich haue auch mal auf die Pauke und lasse »die Sau raus«.
Punkte: ...
18. Manchmal fange ich so viele Dinge auf einmal an, daß ich fast selbst den Überblick verliere.
Punkte: ...
19. Ich glaube, daß ich meistens auf andere Leute freundlich und sympathisch wirke.
Punkte: ...
20. Ich kann mich bei der Arbeit sehr gut auf die Sache konzentrieren. Wenn ich richtig nachdenke, möchte ich nicht von anderen gestört werden.
Punkte: ...
21. Ich ziehe mich nicht modisch extravagant an, achte jedoch auf ordentliche Kleidung. Ich orientiere mich im Kleidungsstil an dem, was jeweils üblich und angemessen ist.
Punkte: ...
22. Ich bin recht schlagfertig und habe fast immer auf Anhieb eine passende Antwort parat.
Punkte: ...
23. Oft fühlen andere Menschen sich von mir überrollt. Ich presche oft zu schnell vor.
Punkte: ...
24. Auf andere Menschen wirke ich eher ruhig und vernünftig.
Punkte: ...
25. Es liegt mir nicht, mich gehenzulassen. Ich neige weder zu Tränenausbrüchen noch zu Wutanfällen, noch zu lautem Gelächter.
Punkte: ...
26. Es kommt häufig vor, daß andere Menschen ihr Herz bei mir ausschütten und sich von mir trösten lassen.
Punkte: ...
27. Ich gehe nicht gerne zu Partys. Lieber sitze ich mit einem interessanten Gesprächspartner zusammen und unterhalte mich.
Punkte: ...

28. Meine Freizeit verbringe ich am liebsten mit anderen Menschen. Ich bin gerne mit vielen Freunden und Kollegen zusammen.
Punkte: . . .
29. Ich bin eher ein impulsiver Mensch.
Punkte: . . .
30. Ich habe einen guten Blick für das jeweils Wesentliche. Meine Problemlösungen sind vielleicht nicht immer optimal, aber auf jeden Fall machbar und führen schnell zu Ergebnissen.
Punkte: . . .
31. Manchmal bin ich zu brav. Dann kann es sein, daß andere sich mit ihren Interessen auf meine Kosten durchsetzen.
Punkte: . . .
32. Ich bin viel öfter als andere in Streit und Auseinandersetzungen verwickelt. Es liegt daran, daß ich ungern nachgebe und mich auch nicht ausnutzen lasse.
Punkte: . . .
33. Im Urlaub macht es mir Spaß, neue Leute zu treffen. Mit denen unternehme ich dann gerne etwas zusammen.
Punkte: . . .
34. Durch meine Hektik verwirre und nerve ich andere manchmal.
Punkte: . . .
35. Ich habe für mein Leben – beruflich und privat – klare Ziele und strebe diese auch konsequent an.
Punkte: . . .
36. Unbeherrschte und emotionale Reaktionen sind mir unangenehm. Ich meine, daß Erwachsene sich im Griff haben sollten.
Punkte: . . .
37. Ich bin ein liebevoller Mensch und bemühe mich dafür zu sorgen, daß andere sich in meiner Gesellschaft wohl fühlen.
Punkte: . . .
38. Ich kümmere mich nicht gerne um die Privatangelegenheiten anderer. Von Tratsch und Gerüchten bekomme ich oft als letzter etwas mit.
Punkte: . . .
39. Ich komme eigentlich mit fast allen Menschen gut aus. Ich bin durchaus auch beliebt.
Punkte: . . .

40. Um erfolgreich zu sein, sollte man eine Strategie entwickeln und sich dann auch konsequent daran halten.
Punkte: ...
41. Wenn ich etwas sage, dann stimmt das. Ich rede nicht irgendwas daher, was ich nicht genau weiß oder selbst nicht glaube.
Punkte: ...
42. Ich finde, daß eine betrunkene Frau viel widerlicher ist als ein betrunkener Mann.
Punkte: ...
43. Bei Streit oder Konflikten neige ich nicht zum Nachgeben. Ich kämpfe lieber um den »Sieg«. Es macht mir dann Spaß, mich gegen andere durchzusetzen.
Punkte: ...
44. Ich meide Menschenansammlungen.
Punkte: ...
45. Es fällt mir nicht schwer, Kontakt zu finden. Ich lerne schnell Leute kennen und habe auch einen großen Freundes- und Bekanntenkreis.
Punkte: ...
46. Ich neige nicht zu vorschnellem Handeln. Mir liegt es eher, vorher die Konsequenzen zu überlegen.
Punkte: ...
47. Wenn ich sauer werde, tun andere gut daran, sich möglichst fern von mir zu halten. Ich kann nämlich sehr wütend werden.
Punkte: ...
48. Ich habe eine Stammkneipe. Dort kennt mich der Wirt. Wenn ich dort bin, unterhalte ich mich mit den anderen Gästen. Ich kenne die meisten von ihnen.
Punkte: ...
49. Meine Erfahrung ist, daß man, um Erfolg zu haben, möglichst die richtigen Leute kennen sollte. Ohne Beziehungen läuft doch heute nichts mehr.
Punkte: ...
50. Ich klebe nicht an Plänen. Meistens kommt sowieso alles ganz anders. Ich scheue mich nicht, einen Plan notfalls sofort über den Haufen zu werfen.
Punkte: ...

51. Ich prahle ganz gerne mit dem, was ich erlebt habe, und dem, was ich besitze. Es macht mir Spaß, bewundert und beneidet zu werden.
Punkte: . . .
52. Ich tüftele ganz gern an kniffeligen Problemen oder Rätseln.
Punkte: . . .
53. Meine Erfolge erreiche ich meistens dadurch, daß ich weiß, was ich will, und das auch gegen Widerstand durchsetzen kann.
Punkte: . . .
54. Ich bin ein ungeduldiger Mensch.
Punkte: . . .
55. Ich neige in manchen Dingen zu Pedanterie und Perfektionismus.
Punkte: . . .
56. Ich habe eine kräftige Stimme und kann mir auch bei chaotischen Diskussionen Gehör verschaffen.
Punkte: . . .
57. Ich weiß, daß ich durch meine Art gelegentlich andere Menschen einschüchtere.
Punkte: . . .
58. Auf andere Menschen wirke ich oft verschlossen und stur.
Punkte: . . .
59. Langatmige Diskussionen und endlose Konferenzen langweilen mich sehr.
Punkte: . . .
60. Manchmal werde ich ausgenutzt. Das liegt daran, daß ich schlecht nein sagen kann. Und wenn ich einmal etwas versprochen habe, dann halte ich das auch.
Punkte: . . .

Nun haben Sie alle Aussagen nach ihrer Gültigkeit für Sie bewertet. Als nächstes tragen Sie die ermittelten Punkte in die folgende Tabelle ein. Schreiben Sie dazu die Punktzahl neben die jeweilige Nummer der Aussage. Wenn Sie zum Beispiel die Aussage »54. Ich bin ein ungeduldiger Mensch.« mit drei Punkten bewertet haben, dann tragen Sie eine 3 neben 54. in der Liste unter dem Buchstaben B ein.

A		B		C	
1.	_______	10.	_______	4.	_______
2.	_______	11.	_______	5.	_______
3.	_______	16.	_______	6.	_______
7.	_______	17.	_______	9.	_______
8.	_______	18.	_______	14.	_______
12.	_______	22.	_______	15.	_______
13.	_______	23.	_______	20.	_______
19.	_______	29.	_______	24.	_______
21.	_______	30.	_______	25.	_______
26.	_______	32.	_______	27.	_______
28.	_______	34.	_______	35.	_______
31.	_______	43.	_______	36.	_______
33.	_______	47.	_______	38.	_______
37.	_______	50.	_______	40.	_______
39.	_______	51.	_______	41.	_______
42.	_______	53.	_______	44.	_______
45.	_______	54.	_______	46.	_______
48.	_______	56.	_______	52.	_______
49.	_______	57.	_______	55.	_______
60.	_______	59.	_______	58.	_______
Sum:	_______	Sum:	_______	Sum:	_______

Nun addieren Sie die Punkte in den jeweiligen Tabellen. Die Auflösung des Tests ist dann ganz einfach:

A steht für die Stammhirnkomponente. Wenn Sie hier die höchste Punktzahl erreicht haben, dann wird Ihr Verhalten in erster Linie durch das Stammhirn gesteuert.

Sie überzeugen wahrscheinlich am meisten durch Ihre freundliche und sympathische Ausstrahlung. Sie können gut mit anderen Menschen umgehen, haben viele Freunde und leben in einem Netz guter Beziehungen.

In diesem Bereich haben Sie wohl auch Ihre größten Schwächen. Vielleicht sind Sie viel zu friedfertig und nachgiebig. Vielleicht gehorchen Sie anderen zu leicht und lassen sich zu Taten verleiten, die Sie lieber nicht tun sollten. Im bürgerlichen Beruf sind Sie durch »Vitamin B« erfolgreich. Sie kennen die richtigen Leute und arbeiten mit Beziehungen. Man schätzt Sie als guten Kollegen und motivierende Führungskraft. Im kriminellen Bereich sind Sie da erfolgreich, wo es auf Charme, Betörung und Einschmeichelei ankommt. Ihnen traut man nichts Schlechtes zu. Deshalb geht Ihnen auch fast jeder schnell auf den Leim. Ihnen gelingt es auch, sich unter Polizisten und Juristen Freunde zu verschaffen. Dadurch haben Sie oft einen Informationsvorsprung vor anderen Kriminellen und in der Not gute Verbindungen zu den richtigen Stellen. Es kann gut sein, daß einflußreiche Leute daran mitarbeiten, daß Sie nicht gefaßt und nicht vor Gericht gestellt werden. Es käme zu viel an schmutziger Wäsche über sie selbst ans Licht. Scheitern können Sie leicht dadurch, daß Sie emotional auf das Wohlwollen anderer angewiesen sind und sich deshalb viel zu schnell anderen gefügig machen. Manchmal reden Sie auch zu viel. Diese Anmerkungen kombinieren Sie bitte mit denen Ihrer zweiten Dominanz. Das ist die, bei der Sie die zweithöchste Punktzahl erreicht haben.

B steht für die Zwischenhirnkomponente. Wenn Sie hier die höchste Punktzahl erreicht haben, dann wird Ihr Verhalten in erster Linie durch das Zwischenhirn gesteuert.

Sie überzeugen wahrscheinlich am meisten durch die Kraft und Dynamik, die Sie ausstrahlen. Sie packen die Probleme an und scheuen auch nicht vor großen Herausforderungen zurück. Sie sind mutig und gehen souverän Risiken ein. In diesem Bereich haben Sie wohl auch Ihre größten Schwächen. Sie handeln gelegentlich unüberlegt und lassen sich auf zu waghalsige Abenteuer ein. Es kann auch sein, daß Sie sich viel zu sehr in Konflikten mit anderen Menschen aufreiben. Schonen Sie lieber Ihre Kräfte, und vergessen Sie nicht, daß auch Sie einmal dringend gute Freunde brauchen können. Im bürgerlichen Beruf sind Sie durch Ihre natürliche Autorität und Ihre kämpferische Durchsetzungsfähigkeit erfolgreich. Man gibt Ihnen Aufgaben, die Mut und Eigeninitiative erforderlich machen. Ihr Auftreten ist fast immer imponierend und flößt Respekt ein. Im kriminellen Bereich sind Sie da erfolgreich, wo schnell gearbeitet und reagiert werden muß und wo es darauf ankommt, sich gegen Widerstand durchzusetzen oder Menschen einzuschüchtern. Scheitern können Sie leicht dadurch, daß Sie zu viel Schrecken verbreiten oder sogar im Affekt gewalttätig werden. Es kann auch sein, daß Sie andere Menschen unterschätzen und bei eigenen kleinen Schwächen sofort deren Rache zu spüren bekommen.

Diese Anmerkungen kombinieren Sie bitte mit denen Ihrer zweiten Dominanz. Das ist die, bei der Sie die zweithöchste Punktzahl erreicht haben.

C steht für die Großhirnkomponente. Wenn Sie hier die höchste Punktzahl erreicht haben, dann wird Ihr Verhalten in erster Linie durch das Großhirn gesteuert.

Sie überzeugen wahrscheinlich am meisten durch Ihre kühle Vernunft und Sachlichkeit. Man kann sich auf Ihre Aussagen und auf Ihre Ergebnisse verlassen. Bei Ihnen braucht man keine Kontrollen zur Qualitätssicherung durchzuführen.

In diesem Bereich haben Sie wohl auch Ihre größten Schwächen. Sie arbeiten zu sorgfältig. Sie investieren leicht zu viel Zeit in Details, die unwichtig sind und kaum Erfolg bringen. Im bürgerlichen Beruf sind Sie durch Ihre Sorgfalt und strategische Vorgehensweise erfolgreich. Es kann sein, daß man Sie und Ihre Qualitäten lange unterschätzt. Und eines Tages haben Sie sich dennoch beharrlich zu der Position hochgearbeitet, die Sie immer schon anstrebten.

Im kriminellen Bereich sind Sie da erfolgreich, wo es auf Sorgfalt und die Lösung kniffeliger Probleme ankommt. Sie finden heraus, wie Systeme zur Sicherheit funktionieren, wie Spuren vermieden und verwischt werden sollten. Scheitern können Sie leicht dadurch, daß Sie sich zu sehr an der Technik und an der Logik orientieren. Die Unwägbarkeiten im Reagieren und Verhalten anderer sind das größte Risiko für Sie. Sie laufen auch immer wieder Gefahr, von anderen Menschen als »Denkmaschine« benutzt zu werden. Man läßt Sie die langweiligen und verzwickten Aufgaben erledigen. Den Erfolg kassieren dann die anderen.

Diese Anmerkungen kombinieren Sie bitte mit denen Ihrer zweiten Dominanz. Das ist die, bei der Sie die zweithöchste Punktzahl erreicht haben.

Hilfreich ist es, wenn Sie den obigen Test nicht nur für sich allein machen. Lassen Sie noch eine andere Person für Sie die Punktwertung durchführen. Das gewährt Ihnen einen Einblick, wie Sie von anderen gesehen und eingeschätzt werden. Umgekehrt sollten Sie auch für andere die Wertung vornehmen und dann mit derjenigen der anderen Person vergleichen. Das trainiert Ihre Menschenkenntnis.

7. Bei mir paßt alles

Psychotests funktionieren natürlich nur, wenn die Fragen wahrheitsgemäß beantwortet werden. Manchmal gibt man sich alle Mühe, ehrlich zu sein, das Ergebnis stimmt aber trotzdem nicht so ganz, weil man ein wenig sich selbst beschummelt und so geantwortet hat, wie man gerne wäre, aber es nicht ist. Vergessen Sie also nicht, daß dieser Test die endgültige Wahrheit über Ihre Verhaltensschwerpunkte nicht bloßlegen kann. Trotzdem kann er Ihnen eine Hilfe sein, Ihr eigenes Verhalten und das Ihrer Mitmenschen leichter einzuschätzen, leichter zu verstehen und leichter zu beeinflussen.

Bei diesem Test sollte herausgefunden werden, welche der drei Hirnkomponenten am meisten Ihr Verhalten und auch Ihre Ausstrahlung auf andere Menschen beeinflußt.

Das Ergebnis des Tests kann sehr eindeutig ausfallen. Dann ist eine der drei Komponenten stark und die anderen sind vergleichsweise schwach ausgeprägt. Solche Menschen geben in ihrem Verhalten häufig ein recht einheitliches Bild ab. Sie sind fast immer sehr dominant oder impulsiv, sehr pedantisch oder grüblerisch, oder sie sind fast immer sehr konventionell oder gruppenorientiert.

So eindeutig ist das Ergebnis jedoch oft nicht. Meistens ist eine der drei Komponenten deutlich am stärksten ausgebildet, die zweite ist auch noch recht stark, und die dritte ist eher wenig ausgebildet. Dann gilt: Die stärkste Komponente steuert am meisten das Verhalten. Die zweite Komponente wirkt häufig korrigierend. Sie verhindert, daß die Hauptkomponente pathologisch wird und den Menschen absurd, nervend oder skurril macht. Die zweite Komponente erweitert auch unseren Verhaltensspielraum. Wenn zum Beispiel ein Mensch stark stammhirnorientiert ist und als zweite Komponente einen großen Anteil an Zwischenhirnsteuerung hat, so verfügt er in beiden Bereichen über die Möglichkeit, sich erfolgreich zu verhalten.

In sehr seltenen Fällen sind alle drei Komponenten fast gleich stark ausgeprägt. Diese Menschen sind in der Lage, sich in fast jeder Situation und mit fast allen anderen Menschen zu verständigen. Sie können sich stets so verhalten, wie es im gegebenen Fall am erfolgversprechendsten ist. Da sie sich einmal tief in komplexe Sachverhalte hineindenken, dann jedoch recht dynamisch auftreten und ein anderes Mal sehr charmant sind, sind sie oft für andere schwer einzuschätzen.

Wenn Sie nun Menschen beobachten und versuchen, nach dem Drei-Komponenten-Modell einzuschätzen, dann können Sie bei Personen, deren Einschätzung Ihnen auch nach längerer Beobachtung nicht gelingt, von einer gleichen Verteilung ausgehen.

Ganz allgemein kann man sagen: Wir haben unsere größten Stärken und unsere größten Schwächen dort, wo unsere Dominanz liegt. Bei wem also die Großhirnkomponente dominiert, dessen Stärke kann logisches Denken sein, er läuft aber auch am meisten Gefahr, ein Erbsenezierer zu werden. Bei wem das Zwischenhirn dominiert, der kann einerseits witzig und spritzig andere mitreißen, sich aber auch durch nervende Hektik oder ständige Aggressivität unbeliebt machen. Wer als Hauptkomponente das Stammhirn hat, gewinnt einerseits leicht durch Charme und Hilfsbereitschaft, neigt andererseits aber auch leicht zu Kadavergehorsam und gröhlender Kumpanei.

Unsere zweitgrößten Stärken und Schwächen haben wir entsprechend bei der zweiten Komponente. Die dritte Komponente spielt in unserem Verhalten weder positiv noch negativ eine große Rolle, wenn sie nur schwach ausgeprägt ist.

Grundsätzlich hat jeder Mensch von jeder der drei Komponenten. Wir unterscheiden uns durch die verschiedenartige Ausprägung und unterschiedliche Verteilung der Anteile in der Verhaltenssteuerung. Bei aller Ungenauigkeit von Tests und Theorien kann uns das Wissen um diese Dinge helfen:

- Wir verstehen uns selbst besser. Wir erkennen, warum wir es nicht immer schaffen, uns so zu verhalten, wie wir es oft möchten.
- Wir verstehen andere Menschen besser und lernen es, andere so zu akzeptieren, wie sie sind.
- Wir verstehen, warum manchmal Menschen auf ganz bestimmte Art wirken oder auf ganz bestimmte Art reagieren.
- Wir verstehen, warum Menschen sich oft nicht so verhalten, wie es eigentlich viel »vernünftiger« wäre.

Vergessen Sie jedoch nie, daß unser Verhalten nur zum Teil von unseren Hirnen gesteuert wird. Uns beeinflussen ebenso: Erziehung, Weltanschauung, Charakter, Traditionen, Erfahrungen oder auch bewußtes Verhaltenstraining.

Sie sollten die folgenden Kapitel alle lesen. Manche gelten sehr stark für Sie, andere weniger oder fast (!) gar nicht. Denken Sie aber auch über Ihre Kollegen, Freunde und Bekannten nach: Wer könnte wie gesteuert sein? Vielleicht finden Sie auch Bekannte, die bereit sind, den Test einmal durchzuführen. Vergleichen Sie dann die gegenseitige Einschätzung und die Testergebnisse miteinander. Tun Sie alles, was Ihnen hilft, mehr über Menschen zu wissen. Wer mit anderen umgehen kann, der hat einen wichtigen Schlüssel zum Erfolg in der Hand.

Obwohl hier nur die Analyse der drei Hirne beschrieben ist, soll an dieser Stelle nicht behauptet werden, daß es sich dabei um die allein richtige oder um die beste Theorie zu diesem Thema handelt. Es gibt andere Modelle, die ebenfalls »funktionieren«.

Was auf keinen Fall »funktioniert«, um Menschenkenntnis zu erwerben und zu trainieren, sind platte Vorurteile wie:

- Alle Beamten sind faul.
- Alle Frauen sind sanftmütig.
- Alle Schwulen sind sensibel.
- Alle Rothaarigen sind feurig.
- Alle kleinen Männer sind heimtückisch.
- Alle Griechen können gut kochen.

Wenn Sie mit diesem Schwachsinn Menschen zu verstehen versuchen, dann sollten Sie es erst einmal mit einem Intelligenztest probieren.

8. Küß mich und nimm das Sparbuch auch noch mit!

Die folgenden Ausführungen gelten für die Komponente des Stammhirns. Um so stärker diese Komponente bei Ihnen ausgeprägt ist, desto mehr treffen die hier aufgeführten Merkmale, Beschreibungen und Beispiele auf Sie zu.

Zu Ihren Stärken gehören vermutlich:

Hilfsbereitschaft, Intuition, Charme, freundliche Ausstrahlung, entspanntes Umgehen mit Menschen, Warmherzigkeit, Anteilnahme für die Belange anderer, Behutsamkeit, innere und äußere Ruhe, Teamfähigkeit, Bewahren von Traditionen, Aufbauen auf Erfahrungen, Vermitteln bei Konflikten, Friedlichkeit.

Sie leben und vermitteln Sympathie und Harmonie.

Zu Ihren Schwächen kann gehören:

Entscheidungsschwäche aus Angst vor der Meinung anderer, plumpe Kumpanei, Hordenorientierung, blinder Gehorsam gegenüber Ranghöheren, blindes Folgen von Modeströmungen, Softieverhalten, Verteidigen von »Blut-und-Boden-Werten«, Angst vor Neuem und Fremdem, Lahmarschigkeit, Naivität trotz Intelligenz, Manipulierbarkeit aus Angst vor der öffentlichen Meinung, Autoritätsgläubigkeit, Tratschlust besonders über das Sexualverhalten anderer, Beharren auf uralten Vorurteilen.

Sie sind ein sehr konventioneller Mensch, der sich gerne den Anweisungen von Stärkeren (Vorgesetzte, Kirchenoberhäupter, Parteiführer etc.) unterwirft.

Das kann Sie erfolgreich machen:

- Sie haben viele gute Freunde und Bekannte und verfügen über ein solides Netz nützlicher Beziehungen.
- Sie können sehr gut mit Menschen umgehen. Sie verstehen die Gefühle anderer und gehen liebevoll darauf ein. Andere Menschen spüren Ihre Wärme. Man vertraut Ihnen.
- Sie sind hilfsbereit und können deshalb auch mit der Unterstützung durch andere rechnen. Sie sind beliebt.
- Sie bauen auf Erfahrungen auf und vermeiden waghalsige oder risiko-

reiche Unternehmungen. Bevor Sie etwas Neues anfangen, haben Sie sich mit anderen beraten.

- In schwierigen Situationen beweisen Sie ein hohes Maß an diplomatischem Geschick. Sie wissen andere Menschen zu nehmen und können sie leicht überzeugen.
- Sie vermeiden es, andere zu verletzen. Deshalb haben Sie fast nie Feinde.
- Ihre Feinfühligkeit und Ihre Intuition lassen Sie nicht selten zukünftige Ereignisse vorausahnen. Sie haben einen sicheren Instinkt dafür, wie andere sich verhalten werden.
- Sie erahnen häufig das, was andere zu verheimlichen versuchen. Sie sind der erste, der von heimlichen Liebschaften etwas bemerkt oder von sich anbahnenden Konflikten.
- Bei Streit und Konflikten gelingt es Ihnen oft, die verfeindeten Parteien wieder an einen Tisch zu bringen und miteinander zu versöhnen.
- Sie nehmen die Menschen, wie sie sind. Sie werden nicht so schnell versuchen, andere umzuerziehen oder unter Ihre Gewalt zu bekommen. Auch bei schwierigen Menschen sehen Sie immer wieder das Liebenswerte und Gute.
- Da Sie verzeihen können, sind Sie auch immer wieder bereit, nach einer Auseinandersetzung mit dem anderen ins reine zu kommen.

Das kann Ihnen als Schwäche zum Verhängnis werden:

- In Ihrer Harmoniesucht unterdrücken Sie das gesunde Austragen von Konflikten. Sie gestehen anderen Menschen nicht zu, daß sie sich auch einmal zusammenraufen müssen. Wenn Sie selbst in einen Konflikt verwickelt sind, geben Sie – »um des lieben Friedens willen« – viel zu leicht nach. Sie machen sich damit selbst zum Deppen und fordern die Dreistigkeit anderer förmlich heraus.
- Sie neigen zu blindem Kadavergehorsam. Wenn man Ihnen Mord (z. B. als Mauerschütze in der ehemaligen DDR oder als KZ-Aufseher oder als Mitglied einer terroristischen Organisation oder einer fundamentalistischen Religionsgemeinschaft) befiehlt, dann morden Sie.
- Sie lehnen sich gegen Unrecht nicht auf. Sie bedauern es, wenn Menschen Unrecht geschieht, aber Sie kämpfen nicht dagegen. Sie stehen weinend daneben, wenn Ihr Ehepartner die Kinder mißhandelt, oder Sie beten für die Not von Unterdrückten.

- Sie lassen sich im Beruf und im Privatleben von allen schamlos ausnutzen. Sie können einfach nicht nein sagen, wenn andere etwas von Ihnen wollen.
- Sie geben immer genau der Person recht, mit der Sie gerade sprechen. Es gelingt Ihnen nicht, zu Ihrem eigenen Standpunkt auch gegen Widerstand zu stehen.
- Sie werden im Beruf oder auch in kriminellen Vereinigungen zum Befehlsempfänger. Sie führen aus, was andere sich ausgedacht haben.
- Sie hängen starr an uralten Vorurteilen und Traditionen. Sie marschieren beim Schützenverein mit, haben im Wohnzimmer eine Schrankwand, lachen über Witze gegen Schwule und sind jederzeit bereit, daran zu glauben, daß schwarze Menschen minderwertig und kinderlieb sind.
- Sie lassen sich von Moden beeinflussen. Wenn es zum schlechten Stil gehört, Rotwein zu Fisch zu trinken, dann quälen Sie sich lieber verhaßten Weißwein über die Zunge, als souverän den von Ihnen bevorzugten Roten zu bestellen. Sie sind auch ständig damit beschäftigt, andere Menschen zu beobachten, ob sie »richtig« angezogen sind und alle Benimmregeln korrekt befolgen.
- Sie können nichts für sich behalten. Wann immer Sie ein schmutziges Geheimnis über eine andere Person herausgefunden haben, werden Sie sofort ein gemeines Gerücht in Umlauf bringen. Wenn Sie selbst etwas ausgefressen haben, können Sie nicht eher ruhen, bis Sie es irgendwem gebeichtet haben. Und dann wollen Sie auch noch, daß man Ihnen vergibt.
- Sie brauchen unendlich lange, bis Sie etwas Neues gelernt haben. Sie sind der letzte, der einmal probiert, was es in türkischen Restaurants zu essen gibt. Sie sind der letzte, der im Büro mit dem PC arbeitet. Das macht Sie schwerfällig und rückständig.
- Sie halten an Gewohnheiten fest. Wenn Sie immer mittags um ein Uhr essen, dann tun Sie das auch am Sonntag, obwohl Sie erst um elf Uhr gut gefrühstückt haben. Sie fahren jedes Jahr an den gleichen Urlaubsort, lesen dort die gleiche Zeitung wie zu Hause und suchen schnell Kontakt zu Menschen aus der Heimat. So verhindern Sie, durch neue Erfahrungen klüger und durch neue Ideen flexibler zu werden.

Damit gehen Sie anderen Menschen auf die Nerven:
Sie tratschen zu viel und reden zu oft abfällig über Abwesende. Das läßt

die anderen denken: »Was sagt diese Person über mich, wenn ich nicht dabei bin?« Sie gehen oft zu nah an Gesprächspartner heran. Nicht jeder will von Ihnen angefaßt und angeatmet werden. Sie langweilen oft durch Ihre endlosen Ausführungen über das Privatleben von anderen. Sie neigen zu Plattheiten. Sie machen schmierige Sex- oder Fäkalwitze und anbiedernde Bemerkungen. Sie drängen sich anderen Menschen auf und verstehen deren Wunsch nach Alleinsein nicht.

Das ist das Nette an Ihnen:
Sie sind warmherzig, freundlich und charmant. Sie helfen und trösten. Bei Ihnen können andere ihre Sorgen aussprechen. Sie sind ein angenehmer Gesellschafter. Sie denken an Geburtstage und machen die besten Geschenke. Mit Ihnen kann man wunderbar plaudern und sich entspannen.

So leiden Sie unter dem Verhalten anderer:
Man packt Ihnen immer viel zu viel Arbeit auf. Anderen sind Ihnen gegenüber oft stur und wollen nicht mit Ihnen in die Kneipe gehen oder auf der Terrasse sitzen. Im Beruf und privat bekommen Sie die langweiligen und lästigen Aufgaben zugeschoben: Protokollschreiben in der Sitzung, den Opa zum Zahnarzt begleiten, den Nachbarn die Blumen gießen . . .

Viele Menschen, denen Sie geholfen haben, sind später sehr undankbar Ihnen gegenüber.

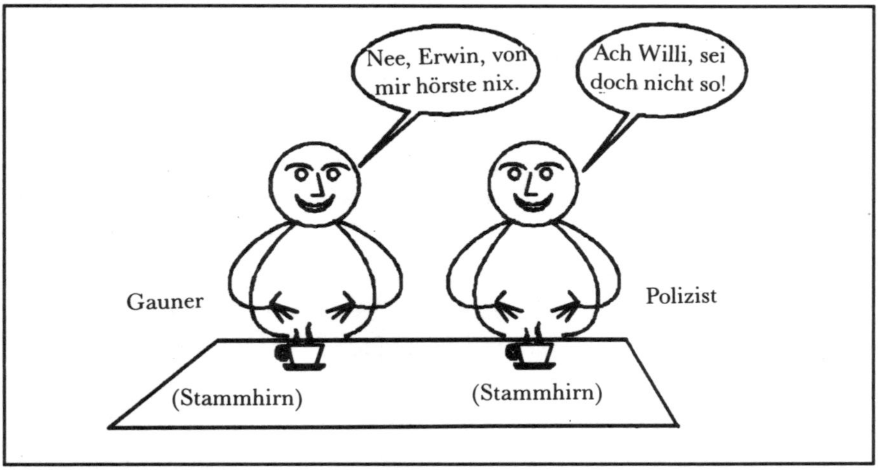

Stammhirn-Polizist verhört Stammhirn-Gauner

Im kriminellen Bereich liegen Ihre Stärken wahrscheinlich hier:
Betrügen und Betören. Sie können Menschen Dinge auf- und Geld abschwatzen. Ihre Stärke liegt speziell in den Bereichen, wo es darauf ankommt, Menschen um den Finger zu wickeln. Sie sind der geborene Heirats- oder Liebesschwindler. Das können Sie sowohl als Mann wie als Frau, sowohl mit homo- wie auch mit heterosexuellen Partnern.

Als Krimineller scheitern Sie leicht daran:
- Sie werden von anderen Gaunern für die miesen Arbeiten eingesetzt.
- Sie werden von Killertypen ausgenutzt.
- Bei Verhören wird sich der Polizeibeamte oder der Staatsanwalt in Ihr Vertrauen einschmeicheln und Sie dadurch zum Plaudern bringen.
- Sie neigen dazu, Ihre Taten zu bereuen. Dann fangen Sie an zu gestehen. Das sollte ein Gauner aber möglichst nicht tun.

9. Das Raubtier

Die folgenden Ausführungen gelten für die Komponente des Zwischenhirns. Um so stärker diese Komponente bei Ihnen ausgeprägt ist, desto mehr treffen die hier aufgeführten Merkmale, Beschreibungen und Beispiele auf Sie zu.

Zu Ihren Stärken gehören vermutlich:
Spontaneität, Dominanzverhalten und natürliche Autorität, Pragmatismus, schnelles Erkennen des Wesentlichen, Mut, Risikobereitschaft, Entschlußkraft, Durchsetzungsfähigkeit, Initiative, Flexibilität, schnelle Reaktionen, Energie und Dynamik, offensives Herangehen an Probleme, Wettbewerbsorientierung, Offenheit für Neues und Fremdes. Sie leben und vermitteln Energie, Kraft und Schnelligkeit.

Zu Ihren Schwächen kann gehören:
Prahlerei, übertriebener Ehrgeiz, Aggressivität, Kompromißlosigkeit, Machtgier, Bereitschaft zur Unterdrückung anderer, Rücksichtslosigkeit

bei der Durchsetzung eigener Interessen, Hektik, Chaos, Spaß am Quälen und Verletzen von Mitmenschen, übertriebenes Ehrgefühl, unkluge Streitlust besonders gegen »Obrigkeiten«. Sie gelten als »harter Brocken« und machen sich durch Ihre Angriffslust unnötig viele Feinde. Oft haben Menschen Angst vor Ihnen und sehnen sich danach, sich eines Tages zu rächen.

Das kann Sie erfolgreich machen:
- Sie können kämpfen und sich auch gegen starken Widerstand durchsetzen.
- Sie lassen sich nicht von Konventionen oder von der Meinung anderer leiten, wenn diese nicht mit Ihren eigenen Überzeugungen übereinstimmen.
- Sie verfügen über natürliche Autorität. Es gelingt Ihnen, andere Menschen mitzureißen und zu motivieren.
- Sie erfassen auch in komplexen Zusammenhängen schnell das Wesentliche. Sie erkennen das in dem gegebenen Fall Machbare und werden sofort aktiv.
- Sie lassen sich bei Ihren Vorhaben nicht durch Kleinkram oder Erbsenzählerei ablenken. Zügig gehen Sie Ihren eingeschlagenen Weg und können so oft konsequent Ziele erreichen, für die andere Menschen viel mehr Zeit brauchen.
- Sie halten sich nicht mit Grübeleien auf. Auch in unklaren Situationen sind Sie schnell zu pragmatischen Entscheidungen fähig. Sollte sich eine Entscheidung als falsch erweisen, so können Sie diese souverän zurücknehmen und den bereits entstandenen Schaden begrenzt halten.
- Sie sind mit Worten schlagfertig und können auf ungewohnte Ereignisse blitzschnell reagieren.
- Improvisation ist Ihre Stärke.
- Sie zeichnen sich durch Kreativität aus und sprühen förmlich vor Ideen.
- Bei Krisen und Katastrophen gewinnen Sie schnell Überblick. Sie sind die erste Person, die einen Ausweg findet. Gerade in einer Krise folgt man Ihren Anweisungen.
- Sie sind ein witziger, humorvoller und fast immer sehr schlagfertiger Gesprächspartner. Man hört Ihnen zu, weil niemand solch unterhaltsame Spitzfindigkeiten von sich gibt wie Sie. Es gelingt Ihnen stets, langweilige Partys oder Sitzungen in Schwung zu bringen.

- Sie können wunderbar anregende Reden und Vorträge halten. Sie kommen schnell auf den Punkt und begeistern durch ungewöhnliche und griffige Formulierungen. Wenn Sie reden, schläft niemand vor Langeweile ein.
- In spannungsgeladenen Situationen finden Sie als erster die richtigen Worte, um mit Humor die Lage zu entschärfen.
- Sie sind ein faszinierender Mensch, der die Phantasie anderer anregt.

Das kann Ihnen als Schwäche zum Verhängnis werden:

- Mit Ihrer unruhigen und hektischen Art können Sie Schwierigkeiten und Krisen leicht auch verschlimmern. Sie schaffen es nicht, Probleme in Ruhe auszusitzen.
- Sie reiben sich in ständigen Kämpfen auf. Nie können Sie nachgeben. Immer wollen Sie Sieger sein und das letzte Wort behalten.
- Sie befinden sich ständig in Wettstreit mit echten oder eingebildeten Rivalen. Sie hassen es, wenn andere stärker oder mächtiger oder reicher oder berühmter sind als Sie. Das stachelt Sie an, gegen andere zu kämpfen und sie möglichst niederzumachen.
- Sie wittern Feinde, wo keine sind. Man braucht Sie nur arglos anzusprechen oder auch nur im Vorbeigehen anzuschauen, und schon fühlen Sie sich angegriffen.
- Ihre Art, sich in den Vordergrund zu drängen und vorzupreschen, macht Sie bei Kollegen und Bekannten leicht unbeliebt.
- Sie schüchtern Ihre Mitmenschen ein oder ärgern sie unnötig. Da die meisten Leute es nicht wagen, offen gegen Sie vorzugehen, müssen Sie mit heimtückischen Anschlägen oder Racheaktionen rechnen.
- Ihre Prahlerei kann Ihnen zum Verhängnis werden. Nicht einmal über Ihre Schandtaten können Sie schweigen. Sie reden sich leicht um Kopf und Kragen.
- Niederlagen und Kritik sind für Sie schwere Verletzungen Ihres Ehrgefühls. Das kann Sie so sehr aufregen, daß Sie sich vor lauter Wut zu unbedachten Handlungen hinreißen lassen.
- Es fällt Ihnen schwer, kontinuierlich bei einer Sache zu bleiben. Sie fangen tausend verschiedene Vorhaben gleichzeitig an und verzetteln sich.

- Da Sie so viel Streit haben, fehlen Ihnen in Notsituationen Freunde und stabile Beziehungen.
- Am liebsten möchten Sie Ihre Wünsche und Ideen sofort erfüllen und umsetzen. Das Verfolgen von langfristigen Zielen gelingt Ihnen nicht so leicht.
- Sie sind häufig viel zu waghalsig und riskieren zu viel.

Damit gehen Sie anderen Menschen auf die Nerven:
Sie sind ein sehr arroganter Pinsel und versäumen es nie, andere auf ihre Minderwertigkeit hinzuweisen. Ihre Angeberei grenzt oft an glatte Lüge. Sie sind weder so reich noch so stark, noch so abenteuerlustig, wie Sie andere glauben machen wollen. Überhaupt ist Wahrheit nicht Ihre Stärke. Wenn Sie etwas zu erzählen haben, dann bauschen Sie die Geschichte so auf, daß sie zwar unterhaltsam, aber auch gnadenlos blutrünstig und gelogen ist. Sie dominieren andere und nehmen ihnen oft die Luft zum Atmen. Sie wollen alles bestimmen und unter Ihrer Fuchtel haben. Ihren chaotischen Gedankensprüngen kann man kaum folgen. Außerdem wechseln Sie unberechenbar Ihre Meinung. Heute behaupten Sie das und morgen jenes. Manchmal wissen Sie selbst nicht mehr, welche Meinung Sie am Tag zuvor vertreten haben. Ihre Stimme ist zu laut. Sie knallen mit den Türen, trampeln auf dem Parkett und sind eine echte Lärmbelästigung.

Das ist das Nette an Ihnen:
Ihre witzigen und spritzigen Bemerkungen machen Sie zum beliebten Mittelpunkt jeder Party. Niemand kann so lustige Gags machen wie Sie. Mit Ihnen ist es nie langweilig. Sie sind auch bereit, sich auf ungewohnte Dinge einzulassen und spontan etwas zu unternehmen, ohne daß erst lange Planungen erforderlich sind. Wenn Sie erkannt haben, daß etwas unrecht ist, dann ziehen Sie nicht resignierend den Kopf ein, sondern kämpfen gegen schlechte Zustände. Menschen wie Sie waren und sind immer die ersten, die gegen Sklaverei, Umweltverschmutzung, Kinderarbeit, Rassismus, Unterdrückung von Minderheiten, Diskriminierung von Frauen etc. kämpfen. Wo andere bedauern, da packen Sie zu und finden auch Anhänger.

So leiden Sie unter dem Verhalten anderer:
Sie sind ständig von Schnecken, Schleichern und Bedenkenträgern umgeben. Andere Leute brauchen endlos lange, um zu Entschlüssen zu kommen, um etwas zu begreifen, um sich zu einer Sache durchzuringen. In Sitzungen und bei Vorträgen kommen Sie oft um vor Langeweile. Die Kleinkrämerei und die Spießigkeit Ihrer Mitmenschen geht Ihnen auf die Nerven. Ihnen werden Dinge oft mehr verübelt als anderen. Sie werden gehaßt und bestraft für Taten, mit denen andere noch durchkommen. Wenn Sie Probleme haben oder Trost brauchen, ist keiner liebevoll zu Ihnen. Alle denken, daß Sie das gar nicht brauchen oder nicht verdient haben.

Im kriminellen Bereich liegen Ihre Stärken wahrscheinlich hier:
Sie sind da gut, wo es auf Schnelligkeit und Tatkraft ankommt. Sie können Menschen einschüchtern und wirken auch ohne Waffen ausreichend bedrohlich. Sie sind wie gemacht für Überfall und Raub.

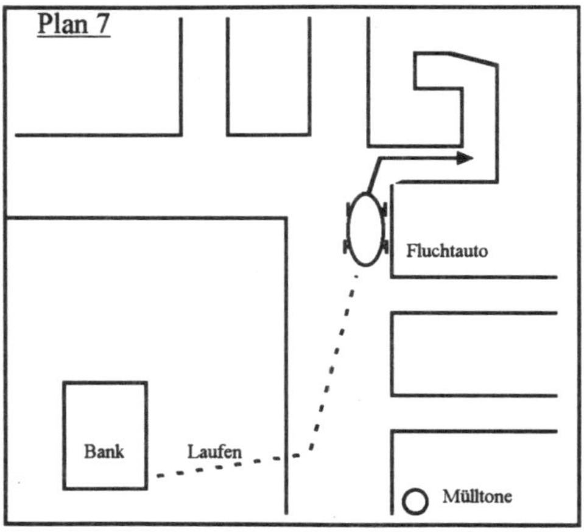

Fluchtplan eines Zwischenhirn-Räubers

Als Krimineller scheitern Sie leicht daran:

- Sie sind so stolz auf Ihr Können, daß Sie viel zu viel herumprahlen. Sie geben mit Ihrer Beute an und mit Ihren tollen Tricks. Dabei protzen Sie sich selbst in den Knast.
- Bei Verhören wird der Polizeibeamte oder der Staatsanwalt Ihre Schwäche sofort erkennen und ausnutzen. Man wird Sie bei Ihrem Ehrgefühl packen. Man wird Sie damit anstacheln, daß Sie nur ein ganz kleines Licht sind und viel weniger Beute gemacht haben als andere Gauner. Dann läßt man Sie in der Zelle schmoren. Die Kränkung wird in Ihnen gären, bis Sie aus purer Angeberei alles ausplaudern.
- Sie sind sehr hektisch und leicht reizbar. Wenn Sie dumm genug sind,

eine Waffe mit sich zu tragen, dann kann es leicht zu einem Mord im Affekt kommen. Das ist das Ende Ihrer Karriere.

- Es kann sein, daß Sie die Intelligenz Ihrer Opfer, Ihrer Mittäter und der Polizeibeamten völlig unterschätzen. Das ist immer ein sicherer Weg in den Untergang.

10. Der Tüftler

Die folgenden Ausführungen gelten für die Komponente des Großhirns. Um so stärker diese Komponente bei Ihnen ausgeprägt ist, desto mehr treffen die hier aufgeführten Merkmale, Beschreibungen und Beispiele auf Sie zu.

Zu Ihren Stärken gehören vermutlich:
Kontrolliertes Verhalten, Orientierung an der Vernunft, logisches Denken, strategisches Vorgehen, Sensibilität, analytisches Herangehen an Probleme, Forschen nach Ursachen, Erkennen von Strukturen und sachlichen Abhängigkeiten, Verstehen von komplexen Zusammenhängen, planerisches Vorgehen, Unabhängigkeit von Gefühlen, Genauigkeit und Gründlichkeit, Verzicht auf voreilige Entscheidungen, Unabhängigkeit von der Meinung anderer, Fähigkeit zu kühler Überlegung auch in Krisen und Konflikten.

Sie sind ein sehr zuverlässiger und vernünftiger Mensch mit hoher Kompetenz. Man kann sich darauf verlassen, daß Ihre Aussagen Hand und Fuß haben. Sie behaupten nichts, was Sie nicht auf Richtigkeit geprüft haben.

Zu Ihren Schwächen kann gehören:
Entscheidungsschwäche aus Angst vor Fehlern, Einzelgängertum, zu starke Selbstbespiegelung und Selbstzweifel, grübelnde Introversion, Verlieren in unwichtigen Details, Erbsenzählerei, Paragraphenreiterei, unnötige Verkomplizierung von einfachen Sachverhalten, Bremsen jedes Projekts und jeder Entscheidung, Zynismus, unkollegiales Einzelkämp-

ferverhalten, heimtückisches Intrigantentum bei Vermeidung offener Aussprachen, verletzende Kritik, intellektuelle Selbstüberschätzung und Unterschätzung der Intelligenz anderer.

Sie sind ein kalter Fisch, der mit seiner Neigung zur Bedenkenträgerei eine echte Nervensäge sein kann. Sie werden weder geliebt noch gehaßt. Meistens werden Sie ganz einfach übersehen und recht schnell dann auch vergessen.

Das kann Sie erfolgreich machen:

- Ihre Stärke ist das planerische und strategische Denken. Sie gehen nicht unüberlegt an eine Sache heran. Wenn Sie etwas anfangen, dann ist das gründlich durchdacht.
- Mit großer Beharrlichkeit können Sie auch langfristige Ziele verfolgen.
- Sie lassen sich nicht in die Karten schauen. Es macht Ihnen nicht viel aus, wenn man Sie im Beruf oder im Privatleben lange als Bücherwurm, Tüftler oder als wenig durchsetzungsfähigen Menschen unterschätzt. Sie wissen, daß Sie am Ende mit Ihrer Strategie doch erfolgreich sein werden.
- Sie können zukünftige Entwicklungen sehr gut überblicken und sich entsprechend darauf vorbereiten.
- Sie gehen den Dingen auf den Grund und kommen so zu Erkenntnissen, die anderen Menschen wegen ihrer Ungeduld verborgen bleiben.
- Sie arbeiten sehr sorgfältig und mit hoher Qualität. Pfusch gibt es bei Ihnen nicht.
- Sie denken systematisch und verfügen über ein hohes Abstraktionsvermögen.
- Sie sind rein am Verstand orientiert und bleiben stets logisch. Gefühlsduseleien oder ungezügelte Leidenschaften sind Ihnen zuwider.
- Sie haben die Geduld und Gewissenhaftigkeit, sich stets alle notwendigen Informationen und Fakten zu besorgen, die Sie brauchen, um zu einer sauberen Problemlösung oder einer richtigen Entscheidung zu kommen.
- Sie denken Vorhaben und Projekte mit allen Konsequenzen bis zum Ende durch.

Das kann Ihnen als Schwäche zum Verhängnis werden:

- Sie sind so einzelgängerisch, daß Sie manchmal Dinge neu austüfteln, die andere längst erfunden haben. Sie kommen gar nicht auf die Idee, sich zu erkundigen, welche Probleme bereits gelöst sind.
- Ihre stille und introvertierte Art führt oft dazu, daß man Sie glatt übersieht oder vergißt. Wenn zum Beispiel im Beruf ein guter Posten zu vergeben ist, denkt niemand daran, Ihnen den zu geben. Andere machen sich bemerkbar oder sorgen rechtzeitig für die richtigen Kontakte.

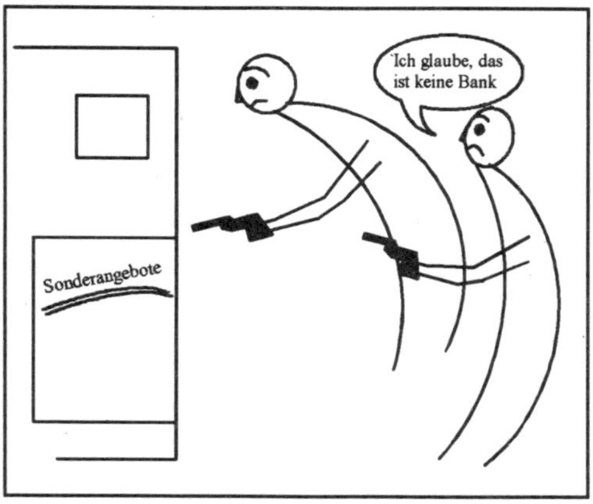

Großhirne nach reichlicher Planung

- Sie sind von Ihren Ideen, Arbeiten, Forschungen und Erfindungen so erfüllt, daß Sie gar nicht daran denken, daß es andere Menschen anödet, die Details von Ihnen in endlosen Ausführungen vorgetragen zu bekommen. Man meidet lieber Ihre Gesellschaft, als von Ihnen gelangweilt zu werden.
- Weil Sie so trocken und langweilig sind, setzt man Sie gerne an langwierige Aufgaben in Labors und einsame Büros. Man gibt Ihnen nicht die Chance, Ihre Ergebnisse zu präsentieren, weil Sie daraus doch nur einen trostlosen, fast unverständlichen und endlosen Vortrag machen würden. Es kann deshalb leicht passieren, daß Sie eine tolle Erfindung machen, ein anderer jedoch reich damit wird.
- Sie können weder sich selbst noch Ihre Leistungen angemessen »verkaufen«. Es macht Sie zynisch und verbittert, wenn dümmere Kollegen erfolgreicher sind als Sie.
- Das Planen und Grübeln, das Tüfteln und Testen macht Ihnen so viel Spaß, daß Sie oft gar nicht mehr dazu kommen, Ihre Pläne auch in die Tat umzusetzen. Sie verlieren sich in Ihrer Planerei.
- Sie unterschätzen die Wichtigkeit von guten und warmen Beziehungen zu anderen Menschen. Als reiner Logiker lieben Sie zwar sachliche

Diskussionen um des Kaisers Bart und betreiben den intelligenten Austausch von Ideen, aber Sie bringen anderen Menschen keine Gefühle entgegen. Man kann bei Ihnen Informationen abholen und etwas lernen. Aber man fühlt sich bei Ihnen kalt. In der Not haben Sie weder Fürsprecher noch Freunde.

- Sie laufen Gefahr, als reine Denkmaschine von dynamischeren Menschen eingesetzt zu werden. Man läßt Sie Arbeiten erledigen, die hohes Fachwissen erfordern. Als Führungsperson kommen Sie nicht in Betracht.
- Durch Ihre Logikorientierung und durch Ihr Einzelgängertum sind Sie fast immer von Gerüchten und informellen Informationen abgeschnitten. Sie hören weder im bürgerlichen Beruf noch in der Welt der Kriminalität die »Buschtrommeln«. Das kann dazu führen, daß Sie trotz aller Planerei in die Zukunft hinein von den Wechselfällen des Lebens überrascht werden.
- Da Sie Ihre Mitmenschen fast immer für dumm und oberflächlich halten, sprechen Sie sich zu wenig mit ihnen ab. Sie holen sich nicht deren Rat und lassen sich auch nicht helfen. Das kann dazu führen, daß Sie gedanklich im Wolkenkuckucksheim landen.
- Sie brauchen unendlich lange, bis Sie sich mal zu irgendeiner Entscheidung durchgerungen haben.

Damit gehen Sie anderen Menschen auf die Nerven:
Sie zeigen sich gefühlskalt und beschränken Ihre Sensibilität lediglich auf Ihre Empfindlichkeiten. Sie neigen zu eingebildeten Krankheiten oder sind tatsächlich leidend. Menschen wie Sie haben oft Magen- und Darmbeschwerden. Leider vergessen Sie, daß nicht jeder hören will, wie oft Sie »konnten« und welche Farbe und Konsistenz das Produkt hatte. Sie öden durch langweilige Ausführungen über Ihre abgelegenen Interessen an. Das beständige zynische Grinsen um Ihre Mundwinkel läßt vermuten, daß Sie boshafte Gedanken pflegen. Wenn Sie eine witzige Bemerkung machen, dann versteht außer Ihnen selbst niemand den Gag. Man will es auch nicht verstehen. Sie sind arrogant und herablassend. Sie bremsen ständig die Spontaneität anderer aus und sind der Miesmacher in jeder Runde.

Das ist das Nette an Ihnen:
Sie sind zuverlässig und glaubwürdig. Man kann sich auch mit äußerst kniffeligen Problemen an Sie wenden. Sie werden stets nach der Ursache forschen und eine vernünftige Lösung herausfinden. Sie drängen sich nicht anbiedernd auf, benehmen sich in Gesellschaft nicht auffällig daneben und versuchen auch nicht, sich selbst in den Vordergrund zu stellen. Sie sind ein ruhiger und sorgfältiger Mensch, der andere nicht unter seine Fuchtel zwingen will. Sie können schweigen und tragen nicht peinliche Gerüchte weiter. Bei Konflikten sind Sie die Person, die eine kluge Kompromißlösung entwickeln und plausibel machen kann.

So leiden Sie unter dem Verhalten anderer:
Man drängt Sie im Beruf und im Privatleben, unter Zeitdruck voreilig zu handeln. Man gibt Ihnen einfach nicht die nötige Zeit, sich sorgfältig um ein qualitativ gutes Ergebnis zu bemühen. Sie sind ständig von Menschen umgeben, die viel zu laut, zu unsachlich und zu oberflächlich sind. Die meisten Leute sehen die Probleme gar nicht richtig. Sie gehen einfach darüber hinweg und pfuschen sich haarsträubende Ergebnisse zurecht. Damit kommen die dann auch noch zu persönlichem Erfolg! Man zwingt Sie oft, im Team mit Leuten zu arbeiten, die bei weitem nicht Ihren fachlichen Ansprüchen genügen. Speziell in der Familie und mit Ihrem Partner geht Ihnen die Gefühlsduselei auf die Nerven. Immer wieder fragt Ihr Partner Sie, ob Sie ihn noch lieben. Dabei ist es doch logisch, daß Sie mit der Beziehung zufrieden sind, sonst hätten Sie sich schon längst getrennt.

Im kriminellen Bereich liegen Ihre Stärken wahrscheinlich hier:
Sie können das gut, was sorgfältige Planung, intelligente Strategien, gründliche Vorbereitung, feinsinnige Detailtreue und geduldiges Beharren verlangt. Niemand heckt so pfiffige Dinge aus wie Sie.

Als Krimineller scheitern Sie leicht daran:
- Sie haben keine blasse Vorstellung von dem, was sich in den Gefühlen und Gedanken anderer abspielt. Deshalb kommen die Verhaltensweisen und Reaktionen anderer für Sie völlig unerwartet. Sie können sich nicht auf andere einstellen.

- Ihnen fehlt in Krisen und bei plötzlichen Ereignissen die notwendige Schnelligkeit, um die Sache noch zu retten. Sie brauchen vor jeder Handlung erst einen durchdachten Plan. Deshalb scheitern Sie trotz (oder wegen?) Ihrer perfekten Strategien oft an Banalitäten.
- Ihre Pläne sind so ausgefeilt und verzwickt, daß Sie sich selbst darin verheddern. Außerdem sind pingelig ausgedachte Pläne meist viel zu anfällig für minimale Fehler und Pannen bei der Umsetzung.
- Da man Ihre Tüftelsucht und Kleinkrämerei schnell durchschaut, können Polizeibeamte und Staatsanwälte Sie viel leichter manipulieren, als Sie in Ihrer Selbstüberschätzung ahnen. Man wird Sie in heikle Diskussionen verwickeln und Sie in Ihrer eigenen Logikschlinge fangen. Die Polizeibeamten können sich abwechseln. Sie werden schließlich vor Erschöpfung den Durchblick verlieren. Staatsanwälte sind vielfach ebenfalls großhirnig. Denen macht es sogar Spaß, sich mit Ihnen auseinanderzusetzen.

11. Charisma, Gefrierschrank und zahnlose Spezialisten

Wie oben gesagt, bestimmt die erste Dominanz das Verhalten einer Person. Die zweite Dominanz hat ebenfalls einen hohen Einfluß. Sie wirkt häufig korrigierend und ergänzend. Die dritte Dominanz spielt meist nur eine unwesentliche Rolle.

Wenn das Stammhirn dominiert, besteht immer die Gefahr von Unterwürfigkeit und anbiedernder Kumpanei. Das Zwischenhirn kann dabei korrigierend wirken. Es sorgt dafür, daß man sich nicht zu sehr an anderen orientiert und sich ihnen völlig unterordnet. Das Großhirn kann speziell dafür sorgen, daß man auch den Verstand einschaltet in Beziehungen zu anderen Menschen und sich nicht nur auf Gefühle verläßt und zu harmoniesüchtig wird.

Wenn das Zwischenhirn dominiert, besteht die Gefahr von blindwütiger Killerlust. Das Stammhirn kann die Aggressivität mildern. Das Großhirn als zweite Dominanz zügelt die Hektik und läßt darüber nachdenken, wofür zu kämpfen sich eigentlich lohnt, und ob es nicht geschickter wäre, in Ruhe eine Taktik zu entwickeln, statt sofort loszuschlagen.

Wenn das Großhirn dominiert, besteht die Gefahr, daß man sich in der eigenen geistigen Welt verstrickt und zu einem absurden Tiefdenker wird, der nie zu irgendwelchen Taten kommt und in kalter Logik bei der Erprobung neuer Techniken und Experimente (vergleiche: Dr. Mabuse) über Leichen geht. Das Zwischenhirn kann steuernd eingreifen und dafür sorgen, daß phantastischen logischen Gedankengebäuden auch einmal handfeste Aktionen folgen. Das Stammhirn läßt den Denker die Belange anderer Menschen berücksichtigen.

Die Stärke der Dominanz und der Einfluß der zweiten Hirnkomponente bestimmen im wesentlichen unsere individuelle Ausstrahlung und unseren Verhaltensspielraum. Hier sollen die drei wichtigsten Kombinationen kurz dargestellt werden:

1. Starke Zwischen- und Großhirnorientierung

- Diese Menschen wirken oft wie »kalte Killer«. Sie setzen sich rücksichtslos mit ihren Zielen durch und gehen notfalls auch über Leichen.
- Es liegt ihnen, allein zu arbeiten. Sie brauchen kein Team und fühlen sich oft sogar durch andere Menschen ausgebremst.
- Sehr böse können diese Leute werden, wenn man sich in ihrem Machtbereich tummelt. Sie haben ein ausgesprochen starkes Revierverhalten und gelten auch als »Platzhirsche«.
- Da solche »kalten Killer« sich wenig um die Gefühle anderer kümmern und sich auch nicht groß mit eigenen Empfindlichkeiten aufhalten, können sie oft bestens ihre Ziele durchsetzen. Man bezeichnet sie auch als Machtstrategen.

2. Starke Stamm- und Großhirnorientierung

- Diese Menschen wirken meist freundlich und sachlich. Sie leben und arbeiten weitgehend aggressionsfrei mit Kollegen und Angehörigen zusammen.
- Sie gelten als vernünftig, ruhig und im Team sehr verträglich.
- Man hört auf ihre Ratschläge. Man weiß, daß sie sich gründlich Wissen aneignen und Dinge durchdenken.

- Diese Menschen verlieren sich nicht in nutzlosen Kämpfen und Streitereien. Sie gehen freundlich mit anderen um, bevorzugen jedoch den Kontakt zu Leuten, die im gleichen Sachgebiet wie sie selbst spezialisiert sind. Sie lieben die intellektuelle Diskussion mit Kollegen und die gemeinsame Tüftelei.
- Im beruflichen Wettstreit um Posten, Status und Machtpositionen unterliegen sie oft. Ihnen fehlt der notwendige Biß, gegen Widerstand die eigenen Interessen zu vertreten. Ihre hohe Kompetenz und ihre Neigung zu konfliktfreier Friedlichkeit kann dazu führen, daß man sie ausnutzt.
- Man kann oft den Eindruck haben, daß diese Personen eine Tarnkappe tragen. Sie treten so bescheiden und still auf, daß sie völlig uninteressant wirken. Man mag sie, wenn man sie bemerkt, aber man bemerkt sie nicht immer.

3. Starke Stamm- und Zwischenhirnorientierung

- Diese Menschen gelten als Charismatiker. Sie bezaubern und begeistern andere. Sie stehen oft an der Spitze neuer Bewegungen, Sekten oder Parteien. Es gelingt ihnen, ihre eigenen Ziele durchzusetzen und gleichzeitig für eine treue Gefolgschaft zu sorgen.
- Ihre fast hypnotische Ausstrahlung auf andere können sie auch ausnutzen. Dann werden sie zu Demagogen.
- Fast immer gelingt es diesen Charismatikern durch ihre natürliche Autorität, in Teams zu Meinungsbildnern, Trendsettern und Führern zu werden. Man folgt ihnen freiwillig und orientiert sich an ihnen.
- Diese Menschen werden sowohl glühend verehrt als auch tief gehaßt. Man steht ihnen nicht gleichgültig gegenüber. Sie erwecken fast immer starke Gefühle, positiv oder negativ.
- Es macht ihnen Spaß, über andere Macht zu haben. Sie spielen auch gerne mit ihrem Einfluß. Sie lieben es, wenn man ihnen zujubelt.

12. Menschenkenntnis für den Hausgebrauch

Bisher sind Sie wahrscheinlich vor allem der Frage nach Ihrer eigenen Persönlichkeitsstruktur nachgegangen. Das reicht jedoch nicht. Sie können erst dann im bürgerlichen Beruf oder als Krimineller wirklich erfolgreich sein, wenn es Ihnen gelingt, auch die Persönlichkeit anderer Menschen möglichst schnell und möglichst genau zu erfassen. Verkäufer, Manager, Politiker, Eheberater, Polizeibeamte etc. leben weitgehend davon, daß sie Kunden, Mitarbeiter, Wähler, Klienten, Verhaftete etc. richtig einschätzen. Sie mögen nicht alle nach dem hier vorgestellten Modell der drei Hirnkomponenten vorgehen, aber sie benutzen fast alle eine der gängigen Psychologietheorien. Wenn man es genau betrachtet, dann gehen die meisten Menschen, die überhaupt einigermaßen erfolgreich sind, bewußt oder intuitiv nach einer solchen Theorie vor. Entscheidend ist, daß man grundsätzlich bereit ist, auf Vorurteile zu verzichten und sich immer wieder mit anderen zu befassen. Man sollte sie in ihrem Verhalten beobachten und möglichst auch verfolgen, wer durch welches Verhalten langfristig erfolgreich ist oder scheitert, wer sich wie und von wem in welchem Zusammenhang manipulieren, unter Druck setzen oder schmeicheln läßt. Wählen Sie Menschenkenntnis zu Ihrem Hobby. Sie werden staunen, wie unterschiedlich und doch auch ähnlich sich die Menschen sind und wie leicht es oft ist, ihre Reaktionen und ihr Verhalten vorauszusagen und zu steuern.

Im folgenden werde ich grob darstellen, woran man die Hirndominanz anderer Menschen erkennen kann. Bedenken Sie jedoch, daß jeder Mensch von allen drei Hirnkomponenten gesteuert wird. Sie werden nie einen »reinen Großhirner« oder »Stammhirner« oder »Zwischenhirner« erleben. Trotzdem gibt es Merkmale, an denen man recht gut die Dominanz und dann beim längeren Beobachten den zweiten Einfluß diagnostizieren kann. Ich stelle die jeweils typischen Merkmale hier pauschal für jede der Hirnsteuerungen zusammen.

So erkennt man häufig Stammhirnorientierte:

- freundliche, offene, sympathische und charmante Ausstrahlung
- konventionelle, spießige oder auch modisch korrekte Kleidung

- manchmal etwas schwerfällig: Teddy, Muttchen, Daddy
- geht körperlich zu dicht an andere Menschen heran und berührt Gesprächspartner (Arm über die Schultern legen, Hand auf den Unterarm des anderen, nach dem Händeschütteln nicht loslassen)
- erkennt es sofort, wenn einem Anwesenden etwas fehlt (besorgt Stühle, Sitzkissen oder Getränke, dreht die Heizung höher oder öffnet das Fenster)
- läßt andere aussprechen und vergißt bei eigenen Gesprächsbeiträgen nicht, etwas Nettes über Anwesende zu sagen
- ist fast immer die »Seele des Vereins«
- interessiert sich sehr für das Privatleben anderer, besonders für das Sexualleben von Vorgesetzten und Prominenten
- wird nach schweren Mahlzeiten (zum Beipiel im Büro nach dem Mittagessen) leicht plump und macht sexuelle Witze oder Andeutungen.

Besonders typisch für »Stammhirne« ist der häufige Gebrauch von Sprachschablonen und Standardsprüchen. Gehen Sie mit einem Stammhirn durch die Stadt. Unweigerlich an jeder Ampel werden Sie hören: »Grüner wird's nicht.« Besuchen Sie ein Stammhirn zu Hause. Die Garderobe wird man Ihnen mit den Worten zeigen: »Da kannste dich aufhängen.« Schauen Sie in Gegenwart eines Stammhirns in den Spiegel. Sie werden hören: »Bist schön genug.« Sagen Sie, daß Ihnen kalt ist. Das Stammhirn wird antworten: »Mach dir warme Gedanken.« Im norddeutschen Raum folgt der Zusatz: »Erbsensuppe mit Speck.« Bieten Sie einem Stammhirn ein Getränk an. Statt eines Dankes hören Sie: »Man gönnt sich ja sonst nichts.« Oder: »Bevor ich mich schlagen lasse.«

Stammhirne leben geborgen in ihrem Familienverband. Auch der mieseste Zuhälter wird, wenn er ein Stammhirn ist, sonntags die Oma zur Kirche fahren und dem gehbehinderten Onkel die Zeitung bringen. Stammhirne sind kinderlieb, versorgen den urlaubenden Nachbarn die Blumen und pflegen die Gräber der Angehörigen. Stammhirne können gar nicht bösartig, fies, hinterhältig und kriminell genug sein, daß ihnen letztlich nicht doch der Ruf folgt, im Grunde herzensgute Menschen zu sein.

Stammhirne richten sich konventionell ein. Bei ihnen findet sich mit Sicherheit die obligatorische Schrankwand mit eingebautem Fernseher und beleuchteter Zimmerbar. Sie gruppieren ihre Polstermöbel (wenn es finanziell geht, mit Leder bezogen) um den Couchtisch und lassen Stofftiere, Puppen oder Zierkissen oben auf der Sofakante thronen. Nippes ist locker über Regalbretter und Fensterbänke verteilt. Auf dem Couchtisch liegt ein Deckchen (außer: besonders teure Tischplatte, und der Möbelverkäufer hat daran gedacht, vom Deckchengebrauch abzuraten), darauf sind Aschenbecher, Tischfeuerzeug und Blumenvase angeordnet. Diese Dekoartikel werden täglich beim Aufräumen auf ihre vorgesehene Position zurückgestellt.

Sexuell sind Stammhirne sehr partnerorientiert und anhänglich. Es freut sie, wenn der andere befriedigt wird. Dafür nehmen sie selbst Unbequemlichkeiten, lange Wartezeiten und sonderbare Techniken in Kauf. Als Ehepartner gehen sie nicht fremd oder halten sich über lange Zeit den gleichen Liebhaber. Da sie niemandem wehtun mögen, können sie weder dem Ehepartner noch dem Liebhaber den Laufpaß geben. Also wird beiden gleichzeitig über Jahre die Treue gehalten. Bei Bordellbesuchen oder Kontakten mit Callboys zeichnet sich das »Stamm«-Hirn stets als »Stamm«-Kunde aus. Es geht lieber unverrichteter Dinge wieder heim, als einmal einem anderen Mitarbeiter des Unternehmens eine Chance zu geben.

Alleinlebende Frauen sollten von Zeit zu Zeit Stammhirne zu sich einladen. Sie bekommen bei der Gelegenheit gleich die Waschmaschine repariert, die Gardinen aufgehängt und die Küche gestrichen.

Alleinlebende Männer lassen sich von stammhirnigen Freundinnen die Hemden bügeln, den Kühlschrank abtauen und das Bad putzen.

In beiden Fällen liegt es daran, daß Stammhirne einerseits an Rollenklischees festhalten und andererseits Sexualität gern mit Nestbau und Häuslichkeit verbinden.

So erkennt man häufig Zwischenhirnorientierte:

- kraftvolle, dynamische bis aggressive Ausstrahlung
- kräftige und laute Stimme
- prahlerisches Aufschneiden und hemmungslose Darstellung der eigenen Überlegenheit
- robustes Auftreten mit einer Gestik, die so viel Raum einnimmt wie nur eben möglich
- fester Händedruck, feste Schritte, leicht vorgebeugter Kopf (»Kampfstierhaltung«)

- Zwischenhirne halten sich nicht mit Details auf. Sie kommen sofort auf den Punkt und wollen die anstehenden Probleme am liebsten auf der Stelle lösen.
- In Diskussionen werden die eigenen Argumente oft mit großem Engagement vertreten. Dabei geht es meist nur um Rechthaberei.
- Sprunghaftes Denken, verwirrende Themenwechsel und viele hinkende Beispiele machen es schwer, dem Zwischenhirn inhaltlich zu folgen.
- Bei Langeweile kommt es leicht zu Clownerei.
- Aussagen und Meinungen vom Vortag gelten oft nicht mehr (»Was geht mich mein Geschwätz von gestern an?«).
- Neigung zu extremen Vorhaben, zu Abenteuern und zu waghalsigen Dummheiten sind üblich.

Besonders typisch für »Zwischenhirne« ist ihre Schlagfertigkeit. Diese gilt sowohl verbal als auch im wörtlichen Sinne. Zwischenhirne wissen auf alles sofort eine Antwort oder einen markigen Spruch. Was sie sagen, kann für andere ein heftiger Schlag sein. Zwischenhirnen ist oft nicht bewußt, wie sehr ihre flotten Sprüche andere verletzen können. Zwischenhirne fangen auch auf winzige Anlässe hin Schlägereien an. Wenn es nachts beim ländlichen Schützenfest zur Messerstecherei kommt, so liegt das an den Zwischenhirnen. Wenn der Kampf um einen Parkplatz vor dem Kaufhaus zur Prügelei ausartet, dann hat sicher das Zwischenhirn zuerst zugeschlagen. Da Zwischenhirne in Erregungszuständen kaum schmerzempfindlich sind, greifen sie hemmungslos auch stärke Gegner an. Sollten sie wegen Körperverletzung vor Gericht landen, dann fließen theatralische Tränen. Alles wird zutiefst bedauert. Das Zwischenhirn bittet zerknirscht um Vergebung und kann sich selbst nicht erklären, wie es zu der Tat kommen konnte.

Im Berufsleben, vor allem im Büro, tritt das Zwischenhirn nicht als Schläger auf (nur zu Hause). Statt dessen wird mit den Kollegen, den Mitarbeitern, den Kunden und sogar selbstgefährdend mit den Vorgesetzten herumgebrüllt.

Die Lebensgeschichte von Zwischenhirnen ist voller Aufs und Abs. Es gibt viele Arbeitsplatzwechsel, dramatische Scheidungen, Umzüge . . . .

Die Kleidung von Zwischenhirnen ist oft auffällig. Sie sind entweder sehr modisch und mit Pfiff gekleidet oder extrem schlampig und unkonventionell. Auf jeden Fall schaffen sie es, deutlich anders gekleidet zu sein als der »Durchschnitt«. Auch als Topmanager der Deutschen Bank sind sie zu erkennen. Sie tragen zwar den vorgeschriebenen blauen Edelzwirn, kombinieren ihn jedoch mit einer Fliege oder Krawatte, die man unmöglich übersehen kann, oder mit Manschettenknöpfen, Schmucknadeln, Siegelringen etc.

Im Sexualverhalten zeichnen Zwischenhirne sich durch Hektik und Egoismus aus. Sie wollen schnell zur Sache kommen, lehnen jede partnerschaftliche Grundsatzdiskussion ab und machen es lieber rasch und häufig als einmal und langsam. Sie sorgen konsequent für ihre Befriedigung, akzeptieren es jedoch souverän, wenn es dem Partner auch gefällt.

So erkennt man häufig Großhirnorientierte:

- ernste, humorlose bis düstere Ausstrahlung
- starres Gesicht mit wenig Mimik (»Pokerface« oder auch »Eisbärengesicht«)
- extrem leise Stimme oder eisernes Schweigen. Auch mehrmaliges Nachfragen führt nicht zu lauterem Sprechen. Beim Sprechen werden die Lippen kaum bewegt, oder/und der Mund wird hinter der Hand oder hinter den Manuskriptunterlagen versteckt.
- Wenn Großhirne Vorträge halten oder etwas erklären sollen, dann hört man (falls man nicht vor Langeweile eingeschlafen ist) viel die Worte »hätte«, »würde«, »könnte«, »täte«, »sollte« und »müßte«. Großhirne legen sich nämlich nicht gerne fest und lassen immer die Möglichkeit offen, alles noch einmal in Zweifel zu ziehen.
- Auf Wortbeiträge anderer reagieren sie stets mit: »Ja, aber . . . «
- arrogante Ausstrahlung und offen gezeigte Verachtung für die Dummheit und Primitivität anderer
- schweift leicht in verbissene Detaildiskussionen ab und kann auch dann nicht damit aufhören, wenn der Gesprächspartner längst signalisiert hat, daß kein Interesse mehr am Thema besteht
- Logik und sachliche Korrektheit gelten mehr als Intuition, Gefühl, Ahnung.
- vermeidet entweder ganz den Augenkontakt mit Zuhörern und Gesprächspartnern oder starrt eine Person impertinent an
- Die Wortwahl ist korrekt. Aussagen können mitgeschrieben und unverändert gedruckt werden. Trotzdem ist es anödend, einem Großhirn

zuzuhören. Die Stimme ist ohne jede Melodie und erinnert leicht an künstliche Spracherzeugung.

- Typisch sind oberlehrerhafte Redewendungen wie: »Wir wollen doch vernünftig bleiben.« »Die Diskussion sollte doch sachlich geführt werden.« »So kommen wir doch nicht weiter.«
- In Meetings beteiligt ein Großhirn sich selten oder gar nicht an der Diskussion. Dafür wird es im nachhinein um so sicherer das gemeinsame Ergebnis der Gruppe kritisieren, verächtlich machen und heimtückisch torpedieren.

Besonders typisch für »Großhirne« sind ihre Kommunikationsprobleme. Sie können sich weder akustisch noch inhaltlich verständlich machen. Sie flüstern, nuscheln oder stottern. Sie verlieren sich in unwichtigen Teilaspekten oder benutzen Fachwörter, die man nicht kennt, oder Redewendungen mit völlig verdrehter (aber korrekter!) Grammatik voller Neben-, Einschub-, Vor- und Nachsätze. Ihnen zuzuhören ist eine Qual und führt zu keiner Erkenntnis.

Großhirne sind häufig sehr mager, haben eine schlechte Körperhaltung mit krummem Rücken und neigen dazu, beim Gehen an der Wand entlang zu schleichen. Als Büromenschen gehen sie morgens oft nüchtern aus dem Haus und ernähren sich im Laufe des Tages gar nicht oder gelegentlich mit einem Joghurt oder was sich sonst zufällig in ihrer Reichweite befindet. Auf keinen Fall würde ein Großhirn zwecks Nahrungsaufnahme Denkprozesse, Detaildiskussionen oder kniffelige Arbeiten unterbrechen. Bei Großhirnen kann man zwei Eßtypen unterscheiden: Typ A interessiert sich gar nicht für das Essen und kaut, was es zu kauen gibt, notfalls nichts. Typ B ist Feinschmecker oder Vegetarier oder aus anderen Gründen schwierig beim Essen. Er verhungert lieber, als etwas in den Mund zu stecken, was der selbstauferlegten Eßzensur widerspricht. Mit Sorgfalt werden Kartoffeln oder was auch immer seziert, in winzigen Portionen zum Mund geführt und mit Bedacht gekaut. Den Teller eines Großhirns erkennt man nach dem Essen an der Objektsammlung auf dem Tellerrand. Es finden sich dort herausgepuhlte Gewürznelken oder Pfefferkörner, amputierte Fettstreifen, Salatstengel etc.

Das Sexualverhalten ist ähnlich. Die meisten Großhirne haben gar kein Sexualleben. Sie vollziehen im Rahmen der Ehe die notwendigen Geschlechtsakte zwecks Zeugung der Nachkommenschaft. An die Notwendigkeit dieser Handlungen werden sie im allgemeinen vom Ehepartner oder von der (Schwieger-)Mutter (falls zwei Großhirne miteinander verheiratet sind) erinnert. Die Großhirne, die zu selbstinitiiertem Sexualverhalten neigen, stellen hohe Ansprüche. Sie sind mit Sicherheit so pervers, daß sie zu Hause gar nicht oder nur unter großem Nörgelaufwand befriedigt werden. Von ihnen leben gutbezahlte Profis an verschwiegenen Arbeitsplätzen.

Typisch für Großhirne, die unter Druck stehen oder Streß erleiden, sind nervöse Zuckungen. Sie zucken im Gesicht, flattern mit den Augenlidern, ziehen ruckartig die Schultern hoch, hämmern mit den Fingern auf der Tischplatte oder zupfen an der Kleidung. Beim Denken knibbeln sie Schuppen von der Kopfhaut oder kauen an den Fingernägeln.

Ganz einfach gesagt: Wir erkennen andere am L. Stammhirne wirken lieb, Zwischenhirne sind laut, und Großhirne langweilen uns.

Üben Sie, so oft Sie können, Ihre Mitmenschen zu durchschauen. Sie werden sehen, das hilft Ihnen im bürgerlichen Beruf und bei der Gaunerei. Das Wissen um die Persönlichkeit anderer ist für Sie nützlich bei der Steuerung von Untergebenen oder Bandenmitgliedern, bei der Abwehr von Verhörmethoden und bei der Planung von kriminellen oder rechtschaffenen Vorhaben.

13. Stimmt das eigentlich?

Wenn man sich mit seelischen Phänomenen befaßt, wenn man sich in Theorien der Menschenkenntnis einarbeitet, wenn man versucht, Erklärungen für das Verhalten von Menschen zu bekommen, dann stellt sich oft die Frage: Stimmt eigentlich, was die Psychologen behaupten?

Die Vertreter der unterschiedlichen Theorien sind natürlich jeweils fest davon überzeugt, daß das alles so stimmt, wie sie es erforscht und empirisch »nachgewiesen« haben. Gleichzeitig können sie fast immer auch »beweisen«, daß die Vertreter anderer Theorien sich irren.

Die Psychologie gehört wie die Philosophie, die Theologie oder die Politologie in den Bereich der »Laberwissenschaften«. Das unterscheidet sie von der Mathematik, der Physik oder der Chemie. Typisch für Laberwissenschaften ist:

- Man kann alles behaupten.
- Man kann nichts beweisen.
- Man hat viele Erklärungen für die Phänomene der Welt.
- Man kann nicht verpflichtet werden, durch Anwenden der eigenen Theorien erfolgreich zu sein.

So ist es möglich, daß Psychologen vehement ihre Lehren vertreten, sich untereinander spinnefeind sind, alle Nicht-Psychologen für dumm erklären und doch immer wieder scheitern, wenn sie selbst in Therapie, Ehe und Familie, Management oder Verkauf ihre eigenen Theorien in Praxis umwandeln sollen. Das Scheitern liegt dann niemals an ihrer Theorie, sondern an den behandelten Patienten, den boshaften Ehepartnern, den unfähigen Mitarbeitern oder den verstockten Kunden.

Dennoch sollte man die Psychologie nicht einfach ignorieren. Man kann eine Menge mit ihr anfangen. Man kann lernen, sich selbst und andere besser zu verstehen. Aber noch ist es nicht möglich, Menschen restlos zu durchschauen. Egal wie gut und geprüft eine psychologische Theorie ist, man wird immer wieder auf Personen treffen, die sich nicht einordnen lassen in das jeweilige psychologische Modell.

Wenn Ihnen die hier vorgestellte Theorie nach den drei Hirnkomponenten nicht gefällt, können Sie es einmal mit der PSA – Persönlichkeits-Struktur-Analyse nach Dr. Joern J. Bambeck versuchen. Sie ist dem Modell der drei Hirndominanzen verblüffend ähnlich (Herr Bambeck hat früher selbst damit gearbeitet), unterscheidet sich jedoch an einigen Stellen durch mehr Genauigkeit.

Ein anderes und meines Erachtens auch sehr brauchbares Modell ist das DISG. Bei dieser Theorie werden unterschieden:

D – Dominanter Typ
extrovertiert, aufgabenorientiert

I – Initiativer Typ
extrovertiert, menschenorientiert

S – Stetiger Typ
introvertiert, menschenorientiert

G – Gewissenhafter Typ
introvertiert, aufgabenorientiert

Aus diesen vier »Grundtypen« werden sogenannte »Mischtypen« abgeleitet. Das sind die fünfzehn möglichen Kombinationen der »Grundtypen«. Ein »Mischtyp« ist zum Beispiel der Perfektionist. Dieser ergibt sich aus den Anteilen von S und G. Ein anderer »Mischtyp« ist der Motivator. Der entsteht durch Kombination von D und I. Es heißt, daß neunzig Prozent der Menschen jeweils zu einem der fünfzehn »Mischtypen« gehören.

Das DISG wird von Prof. Dr. Hardy Wagner, Speyer, vertreten.

Und dann gibt es noch viele, viele andere Modelle. Es lohnt sich nicht, den kleinlichen Eifersüchteleien der Psychologen nachzugehen. Auch sie sind eitel und möchten unbedingt die allein seligmachende Wahrheit vertreten. O.k., sollen sie. Für das tägliche Leben und für den Beruf (bürgerlich oder kriminell) reicht ein gesundes psychologisches Grundverständnis und ein konsequentes Üben im bewußten Umgang mit sich selbst und mit anderen völlig aus.

3 Eigene Ziele für das eigene Leben

1. Meine Ziele, seine Ziele, keine Ziele

In Management-Seminaren wird gern der Spruch zitiert: »Wer den Hafen nicht kennt, dem weht kein Wind günstig.«

Ein anderer vielzitierter Spruch lautet: »Wer nicht weiß, wo er hin will, der soll sich anschließend nicht wundern, wenn er auch nicht dort angekommen ist.«

Damit soll zum Ausdruck gebracht werden, daß nur die Menschen erfolgreich sein können, die wissen, was sie wollen, die sich Ziele setzen.

Wer jedoch mal dies, mal das tut und sich von den Zufällen des Lebens mal in diese und mal in jene Richtung treiben läßt, der gleicht einem Korken auf dem Wasser. Es geht mal auf, mal ab, mal hin, mal her, und schließlich bleibt so ein Korken irgendwo im Schilf hängen. Nicht wenige Menschen entdecken eines Tages, daß das Leben sie irgendwohin gespült hat, wo sie eigentlich nicht so gerne hingeraten wären. Der eine hängt in einem ungeliebten Beruf fest, der andere fragt sich, wie er bloß in so eine langweilige Ehe mit Schrankwand, Schulden und rotznasigen Blagen geraten konnte . . . Und dann schaut man sich die Menschen an, die das haben, was man selber nicht erreicht hat, und denkt: Die haben Glück gehabt.

Natürlich kann man Glück haben: im Lotto gewinnen, eine Erbschaft machen etc. Der wahrscheinlichere Weg zu einem Leben, wie es einem selber gefällt, führt jedoch über eigene Ziele und die persönliche Anstrengung, diese Ziele dann auch zu erreichen.

Was ist eigentlich »Erfolg«?

Manche denken dabei sofort an Geld, Macht, Ruhm. Für andere kann »Erfolg« bedeuten: gesicherte Verhältnisse und gut ausgebildete Kinder. Wieder andere betrachten sich als erfolgreich, wenn sie es schaffen, mit ihrem Beruf gerade so viel Geld zu verdienen, daß der Lebensunterhalt gesichert ist, und gleichzeitig so viel Zeit frei bleibt, daß Hobbys gepflegt werden können.

Ganz allgemein kann man sagen: Ein Mensch fühlt sich dann erfolgreich, wenn es ihm gelungen ist, das zu erreichen, was er sich gewünscht hat. (Deswegen fühlen sich neidische Menschen nie erfolgreich und glücklich.) In der Managersprache heißt das:

Erfolg = erreichte Ziele

Um überhaupt erfolgreich sein zu können, müssen wir uns Ziele setzen. Als Krimineller sollten Sie sich vielleicht nicht unbedingt das Ziel setzen: Ich will ein geruhsames Leben in gesicherten Verhältnissen führen.

Wenn Sie sich das wünschen, sollten Sie sich bei der Post oder der Bahn bewerben. Das Leben eines Menschen, der Straftaten begeht, ist weder geruhsam noch gesichert. Außer: Sie werden erwischt und landen im Knast. Dann haben Sie es ruhig und sicher.

Die Frage ist: Wie setzt man sich Ziele?
Zunächst sollte man jedoch überlegen: Was ist überhaupt ein Ziel?

- Ich will reich werden.
- Ich will ein guter Betrüger sein.
- Ich will tolle Autos fahren.

Sind das Ziele? Zunächst einmal sind die obigen Aussagen Wünsche oder Hoffnungen oder Träume. Als Ziele taugen sie noch nicht. Man kann ein Leben lang von roten Sportwagen träumen und hoffen, daß einem zum Beispiel ein Porsche mal in den Schoß fällt. Viele Menschen glauben Ziele zu haben und pflegen doch nur Hoffnungen.

Zur Definition von Zielen gibt es verschiedene Formeln oder Modelle:
Beispiel: ZEPTER

Das bedeutet, daß ein Ziel folgenden Merkmalen entsprechen muß:

Z – zeitlich definiert
Bis wann soll das Ziel erreicht werden? Nicht: Ich möchte einen Porsche. Sondern: Bis zu meinem dreißigsten Geburtstag habe ich mir einen Porsche beschafft.

E – ermutigend
Das Ziel soll die Lust zum Engagement fördern. Man soll sich nicht Ziele setzen, die man nur mit Widerwillen anstrebt, oder die so weit entfernt sind, daß man gar keine Lust hat, sich die Mühe zu machen, sie zu erreichen.

P – passend
Das Ziel muß zur eigenen Person und zu den persönlichen Lebensumständen passen. Ein verstaubter Bücherwurm sollte sich zum Beispiel nicht das Ziel setzen, der mächtigste Zuhälter auf dem Kiez zu werden.

T – tatenorientiert
Das Ziel muß so sein, daß es durch Taten und Aktivitäten erreicht werden kann und nicht mit Hoffen auf günstige Umstände. Nicht: Ich will, daß vor meiner Tür ein Geldtransporter umkippt und dabei die Geldsäcke in meinen Garten fallen.

E – einfach
Man soll sich lieber einfache Ziele setzen und diese konsequent verfolgen, als ein verzwicktes Gedankengebäude zu konstruieren. Nicht: Wenn ich meinen Führerschein habe und die CDU noch an der Regierung ist, dann fahre ich nach Ägypten, besorge mir Wasser vom Nil, mische das mit Rapsöl aus Garrel und baue eine Wallfahrtskapelle für frustrierte Tierzüchter. Mit dem Handel von heiligem Nilwasser in Raps will ich schon im ersten Jahr eine Million verdienen. Das ist kein Ziel, sondern Selbstverwirrung. Achtung: So sehen oft die Ziele von tüftelnden Großhirnmenschen aus. Bitte entrümpeln Sie Ihre Gedanken so schnell wie möglich.

R – realistisch
Das Ziel muß so sein, daß man innerlich fest davon überzeugt ist, es auch erreichen zu können. Es ist sinnlos, sich Ziele zu setzen, an die man selbst nicht glaubt. Sie ahnen gar nicht, wieviele Projekte im Geschäftsleben allein daran scheitern, weil von Anfang an unreali-

stische Ziele gesetzt wurden. Den Mitarbeitern steht während der Arbeit ständig ihr zukünftiges Mißlingen an den Zielen vor Augen. Kein Wunder, daß sie sich dann lustlos zur Arbeit aufraffen und häufig Pfusch produzieren.

Beispiel: TALENT
Nach dieser Formel werden Ziele mit folgenden Merkmalen definiert:
T – terminorientiert
(siehe oben)
A – anspruchsvoll
So hochgesteckt, daß sie den Ehrgeiz anregen, und so niveauvoll, daß es sich lohnt, dafür zu arbeiten.
L – logisch richtig
Wer sich mehrere Ziele setzt, muß darauf achten, daß sich die einzelnen Ziele nicht widersprechen.
Nicht: 1. Ich will der erfolgreichste und beliebteste Wirt der Altstadt sein.
2. Ich will einen Arbeitsplatz haben, der mir immer einen pünktlichen Feierabend garantiert.
E – erreichbar
(siehe oben: realistisch)
N – nachweisbar
Die Ziele müssen so formuliert sein, daß sich ihr Erreichen nachweisen läßt.
Nicht: Ich will reich werden.
Sondern: Am vierzigsten Geburtstag werde ich zwei Millionen auf der Bank und eine Villa an der Elbe besitzen.
T – tatenorientiert
(siehe oben)

Beispiel: SMART
Diese Formel verlangt folgende Merkmale:
S – spezifisch und konkret
(siehe oben: nachweisbar)
M – motivierend
(siehe oben: ermutigend)

A – alles berücksichtigend
Es muß genau bedacht werden, unter welchen Umständen, in welcher Zeit und mit welchen Mitteln die Ziele zu erreichen sind. Außerdem muß bedacht werden, ob die Ziele mit anderen Vorhaben kollidieren könnten.
R – realistisch
(siehe oben)
T – terminorientiert
(siehe oben)

Diese Beispiele sollen genügen. Es werden ständig neue Formeln ausgeheckt und in Seminaren für Manager und Projektleiter präsentiert. Im Grunde geht es immer darum: Ziele müssen verständlich, realistisch und sinnvoll sein. Sie müssen zur Tat anregen und sich von Hoffnungen und Wunschträumen klar unterscheiden.

Für Sie bedeutet das:
1. Setzen Sie sich Ziele, die Sie wirklich erreichen können. Wenn Sie zum Beispiel keinen ordentlichen Schulabschluß haben und am liebsten die Zeitung mit den vier großen Buchstaben lesen, dann sollten Sie sich nicht unbedingt das Ziel setzen, ebenfalls bei der Deutschen Bank Peanuts zu erbeuten. Wenn Sie ein mißlauniger Muffel sind, sollten Sie nicht das Ziel verfolgen, Deutschlands reichster Heiratsschwindler zu werden.
2. Setzen Sie sich Ziele, die Ihnen Mut machen. Das bedeutet, daß Sie sich überlegen sollten, zu welchen Aufgaben Sie Lust haben. Was tun Sie am allerliebsten? Wie man weiß, können Menschen das am erfolgreichsten erledigen, was ihnen Freude macht.
3. Gliedern Sie Ihre Ziele in überschaubare Einheiten. Sagen Sie nicht: Ich will in zwanzig Jahren ein Unternehmen mit mindestens tausend Mitarbeitern besitzen. Zwanzig Jahre sind viel zu weit entfernt. Überlegen Sie, wie weit Sie in einem Jahr, in fünf und dann in zehn Jahren sein wollen. Große und weit entfernte Ziele kann man leichter erreichen, wenn man sich auf dem Weg dahin Zwischenziele setzt.
4. Gehen Sie bei Ihrer Zielsetzung von Ihrer aktuellen Lebenssituation aus. Berücksichtigen Sie, wie Sie heute leben, was Sie bis jetzt erreicht haben, auf welche Erfahrungen Sie bereits zurückgreifen können.

5. Setzen Sie sich Ihre eigenen Ziele. Machen Sie sich innerlich unabhängig von dem, was andere Leute für gut und richtig halten. Schließlich geht es um Ihr Lebensglück und nicht darum, daß andere Leute recht behalten.

2. Das will ich, und das schaffe ich

Karriereberater, Management-Trainer und Sachbuchautoren zum Thema Erfolg sind in der Mehrheit Psychologen. Als Fachleute gehen sie der Frage nach: Was macht Menschen erfolgreich? Was unterscheidet diejenigen, die ihre Ziele erreichen, von denen, die es probieren, aber dann nicht schaffen?

Im Grunde kommen die Psychologen stets auf die gleichen Ergebnisse. Es gibt sie tatsächlich, die »goldenen Regeln« oder »Patentrezepte« für den Erfolg. Sie sind zwar vielen Menschen bekannt, aber nur einige wenden sie auch konsequent an. Es gibt bestimmte Verhaltensmuster, Vorgehensweisen und innere Einstellungen, die helfen, Ziele zu erreichen und bei Schwierigkeiten oder Niederlagen den Mut nicht zu verlieren. Dabei sind die »goldenen Regeln« oder »Patentrezepte« oft nichts anderes als neu formulierte Binsenweisheiten. Früher zitierte man Sprüche wie: »Ohne Fleiß kein Preis.« Oder: »Sich regen bringt Segen.« Oder: »Wer den Pfennig nicht ehrt, ist des Talers nicht wert.« Oder: »Mit Verwandten soll man Kaffee trinken, aber keine Geschäfte machen.«

Diese Sprüche gelten heute als veraltet. Wir nehmen sie nicht mehr ernst. Sie klingen zu sehr nach Rohrstocklehrern, Hauskalendern und ledigen Patentanten.

Die Erkenntnisse, die in den Sprüchen stecken, sind trotzdem noch wahr. Allerdings kann man heute Manager nicht in teure Seminare locken und dort mit Weisheit überraschen wie: »Morgenstund hat Gold im Mund.« Statt dessen werden wissenschaftlich erforschte Leistungskurven erläutert und Zeitmanagementsysteme und Arbeitstechniken trainiert, die letztlich doch wieder zu dem Ergebnis führen: Morgens arbeitet es sich am allerbesten am Erfolg.

So funktioniert das mit den anderen Binsenweisheiten auch. Sie werden in Worte verpackt, die nicht altbacken klingen und trotzdem genau das vermitteln, was Erfolgsmenschen seit Jahrhunderten instinktiv oder bewußt beherzigen auf dem Weg nach oben.

Ob Sie nun eine bürgerliche oder eine kriminelle Karriere oder auch beides anstreben, lassen Sie sich die folgenden »goldenen Regeln« durch den Kopf gehen, übersetzen Sie sich die Empfehlungen in Maßnahmen, die zu Ihrer Persönlichkeit und zu Ihren Zielen passen, und lassen Sie sich nicht entmutigen von der Erkenntnis, daß es letztlich zu dem zurückführt, was uns die Oma auch schon geraten hat.

1. Setzen Sie sich Ziele, von denen Sie begeistert sind.
   Wir wissen von uns selbst und von anderen, daß es Tage gibt, an denen wir uns mit letzter Kraft todmüde von der Arbeit nach Hause schleppen. Eigentlich kann man nur noch auf den Fernsehsessel sinken oder gleich ins Bett fallen. Aber dann macht man sich daran, sein Hobby weiterzupflegen, und ehe man sich versieht, ist man wieder hellwach und kann bis in den tiefen Abend hinein konzentriert bei der Sache bleiben.
   Das persönliche Steckenpferd reiten wir aus Spaß. Es macht uns Freude. Das ist der Grund, warum wir nach einem erschöpfenden Arbeitstag plötzlich wieder Kraft haben.
   Jede Führungskraft weiß, daß Menschen am besten das können, wozu sie auch Lust haben. Eltern machen immer wieder die Erfahrung, daß Kinder haarsträubend stumpfsinnig werden können, wenn sie etwas tun oder begreifen sollen, was sie nicht interessiert.
   Kraft und Intelligenz basieren größtenteils auf dem Vergnügen an einer Sache. Auch Mut geht fast immer mit Begeisterung einher. Bei fast allen Vorhaben stellen sich einem irgendwann irgendwelche Hindernisse in den Weg. Wenn man im Grunde gar keine Lust zu dem Vorhaben hat, dann kommt man schnell zu der Erkenntnis: Es geht nicht. Wenn man aber Spaß an der Sache hat und sie unbedingt zum guten Ende bringen will, dann fällt einem auch etwas ein, um die Schwierigkeiten zu überwinden.
   Merke: »Wo ein Wille ist, ist auch ein Weg.«
   Oder: »Wo aus Müssen das Wollen wird, ergibt sich auch das Können.« (Tilly Boesche-Zacharowski)

2. Wenn Sie etwas vorhaben, fangen Sie sofort damit an.
Eines der großen Hindernisse auf dem Weg zum Erfolg ist die Aufschieberitis. Man hat tolle Ideen und will sie auch umsetzen, aber es ist ja Zeit genug, später damit anzufangen. Man hat noch tausend andere Sachen zu erledigen, die man zuerst machen will. Außerdem sind viele Menschen sogar stolz darauf, wenn sie sagen: Ich kann am besten auf den letzten Drücker arbeiten. Das stimmt aber nicht. Auf den letzten Drücker kann man nicht die Sorgfalt aufbringen, die man sich leisten kann, wenn man Zeit genug hat. Auf den letzten Drücker wird oft sehr viel Pfusch produziert. Oder es passiert, daß man auf den letzten Drücker nicht dazu kommt, die Dinge zu erledigen, die man sich vorgenommen hat. Man kann krank werden, technische Hilfsmittel fallen plötzlich aus, Freunde sind auf einmal doch nicht verfügbar ... Wenn man rechtzeitig anfängt, das zu tun, was man sich vorgenommen hat, dann hat man viel mehr Chancen, bei Pannen rasch einen Ausweg zu finden.
Merke: »Was du heute kannst besorgen, das verschiebe nicht auf morgen.«
Oder: »Tue heute das, was du dir morgen wünschen würdest, heute getan zu haben.«
3. Achten Sie auf Ihr Ansehen bei anderen Menschen.
Große Unternehmen arbeiten sehr intensiv an ihrem Image. Sie werben nicht immer nur für ihre Produkte. Sie sorgen auch stets dafür, daß sie in der Öffentlichkeit einen guten Ruf haben. Nehmen Sie als Beispiel die Mineralölkonzerne. Als Umweltschädiger stehen sie immer schnell unter Beschuß. Da man Unfälle mit Verpestungen trotz aller Vorsicht nicht gänzlich ausschließen kann, sind die Konzerne darauf aus, so gut es geht, als sorgfältige und freundliche Unternehmen zu gelten. Sie treten als Sponsoren für Zoos, Kinderheime und Künstler auf, unterstützen Sportler und jugendliche Forscher, bauen in Entwicklungsländern Schulen und Krankenhäuser. Das tun sie natürlich nicht aus reinem Edelmut. Mit guten Taten kann man schließlich auch mal eine Umweltkatastrophe oder das Versenken von Giften abmildern. Aber nicht nur große Unternehmen müssen auf ihren Ruf bedacht sein. Das betrifft uns alle. Die meisten von uns kennen Fälle, in denen zum Beispiel ein Mensch befördert wurde, weil er es geschafft

hat, bei den Chefs einen kompetenteren Eindruck zu machen als die weniger erfolgreichen Kollegen. Wer in einem Dorf oder in einer Kleinstadt lebt, kennt jene Leute, deren offizieller Ruf untadelig ist, die deshalb auch im Schützenverein oder in der Partei hoch aufsteigen. Aber unter der Hand weiß man, was die Person so alles am Stecken hat. Wir brauchen einen guten Ruf, um in die richtigen Kreise zu kommen, um Beförderungen zu erhalten und um wichtige Geschäftsbeziehungen pflegen zu können. Im Interesse ihres guten Rufes lassen Menschen sich erpressen. Aus Verzweiflung über den Verlust ihres Ansehens bringen Menschen sich um. Wenn man gut angesehen sein will, muß man auch Gutes tun und dafür sorgen, daß dies bekannt wird.
Merke: »Tu Gutes und sprich darüber.« Denn: »Ein guter Ruf ist besser als eine gute Salbe.« Lassen Sie sich nicht verwirren von dem Spruch: »Ist der Ruf erst einmal ruiniert, dann lebt's sich völlig ungeniert.« Dahinter steckt weiter nichts als der resignierte Trotz der Ertappten.

4. Bleiben Sie bei der Sache.
Es gibt Menschen, die zerfleddern sich und ihre Zeit mit tausend verschiedenen Dingen. Sie fangen hier etwas an und machen dort weiter. Sie haben überall ein Eisen im Feuer oder rühren in den verschiedensten Töpfen. Schaut man aber genau hin, dann kann man erkennen, daß sie letztlich meist gar nichts zuwege bringen. Sie ermüden sich mit lauter halben Sachen. Erfolgreich sind sie mit keiner. Sie verplempern ihre Zeit. Besser ist es, sich auf ein paar wenige Dinge zu konzentrieren und dafür alle Kräfte zu mobilisieren. Man hat mehr davon, ein Vorhaben vollständig zum Erfolg zu führen, als mit vielen Vorhaben auf halbem Weg steckenzubleiben.
Merke: »Denkt an das fünfte Gebot: Schlagt eure Zeit nicht tot.« (Erich Kästner)

5. Lernen Sie aus Ihren Fehlern.
Niemand kann perfekt entscheiden oder arbeiten. Fehler unterlaufen uns immer wieder. Oft ist es ratsam, einen Fehler schnell zu vertuschen, bevor ein anderer ihn bemerkt. Auf keinen Fall sollten wir jedoch unsere Fehler vor uns selbst vertuschen. Nach jeder Panne oder Niederlage sollten wir bewußt der Sache auf den Grund gehen und untersuchen, was genau wir falsch gemacht haben.

Merke: »Wie ein Hund wieder frißt, was er gespien hat, so ist der Tor, der seine Torheit immer wieder treibt.« (Sprüche Salomos 26.11)

6. Üben Sie sich in der Kunst der Gesprächsführung.
Gehen Sie auf andere Menschen zu und zeigen Sie Interesse an dem, was sie zu sagen haben. Trainieren Sie angenehme Plauderei und Small talk. Machen Sie anderen die Freude, daß Sie ihnen zuhören. Sie werden feststellen, wie sehr man bald Ihre Gesellschaft schätzt. Durch das Zuhören können Sie einerseits eine Menge nützlicher Dinge erfahren und andererseits die Herzen der Menschen gewinnen. Diese kann man nicht nur als Gauner immer gebrauchen.
Merke: »Manche Menschen kann man am besten dadurch unterhalten, daß man ihnen zuhört.«
7. Üben Sie sich in der Kunst des Schweigens.
Das Schweigen ist eine der schwierigsten Künste. Die meisten von uns sind in ihre Stimme verliebt und hören nichts lieber als eigene kluge Worte. Wir prahlen mit unserem Wissen, wir tratschen Gerüchte weiter und berichten liebend gern von eigenen Heldentaten. Das kann, speziell für Kriminelle, recht gefährlich werden. Man redet und redet – und hat sich schnell selbst verpfiffen. Eine andere Gefahr droht in Streß- und in Streitsituationen. Man verliert zu leicht die Nerven und sagt dann etwas, das den anderen ärgert. Das wiederum kann diesen dazu bringen, selbst etwas zu sagen, das ebenso ärgerlich ist . . . So hat man schnell Feinde, die man gar nicht gebrauchen kann.
Merke: »Reden ist Silber, Schweigen ist Gold.«
Oder: »Es stolpern mehr Menschen über ihre Zunge als über ihre Füße.«
Oder: »Die Geschichte lehrt, daß es oft gut ist, nichts zu tun, immer aber sehr gescheit, nichts zu sagen.« (Will Durant)

Diese sieben »goldenen Regeln« sollen genügen. Vielleicht haben Sie sie in der Hoffnung gelesen, endlich das Geheimnis des Erfolgs gelüftet zu bekommen. Und nun sind Sie enttäuscht, weil hier auch nichts steht, was Sie nicht schon längst wußten. Dann fragen Sie sich vielleicht: Wenn es so einfach ist und die Regeln so banal sind, warum sind dann nicht viel mehr Menschen viel erfolgreicher?

Ganz einfach: Die Regeln kennen und die Regeln befolgen sind zwei verschiedene Dinge. Es strengt nämlich sehr an, liebgewordene Gewohnheiten zu ändern oder logisch Verstandenes in die Tat umzusetzen. Die meisten Menschen scheitern an ihrer eigenen Trägheit.

Als salbungsvolles Ende dieses Kapitels möchte ich die Chefnonne des Klosterinternats zitieren, die mir zum Schulabschluß mit auf den Lebensweg gab: »Wenn du einmal etwas als richtig und lohnenswert erkannt hast, dann:

- tue es gern,
- tue es ganz,
- tue es gleich.«

Natürlich hatte die gute Ordensfrau dabei keine Gaunereien im Sinn. Trotzdem kann ich heute sagen: Die Anwendung des Spruches funktioniert.

3. Es ist, wie es ist

Manche Menschen sind hoffnungslos verträumt. Sie setzen sich Ziele, die sie niemals erreichen können. Ich kenne ein junges Paar in Niedersachsen, das felsenfest davon überzeugt ist, sehr bald sehr reich zu sein. Sie überfallen eine abgelegene Dorfsparkasse und erbeuten 10.000 DM. Dann kommt der ganz große Raubzug: Sie überfallen die Angestellte einer Spielhalle und erbeuten 600 DM.

Das junge Paar sitzt regelmäßig im Knast ein und bleibt bei der Überzeugung, daß das süße Leben am Zuckerhut unmittelbar bevorsteht. Den beiden ist gar nicht bewußt, daß sie weder die nötige Intelligenz noch die reflektierte Erfahrung haben, wirklich erfolgreiche Kriminelle zu werden.

Ich kenne eine andere Kriminelle, die bürgerlich erfolgreich ihrem Beruf als Abteilungsleiterin eines Mineralölkonzerns nachgegangen ist. Sie hatte eine schöne Wohnung, fuhr schwere Limousinen und verwöhnte ihre Familie in Edelrestaurants und Luxusurlauben. Aus purer Geldgier hat diese Frau alles aufs Spiel gesetzt, was ihr lieb und teuer war. Sie hat sich an Betrügereien beteiligt. Als einer ihrer Mittäter aufflog, war sie auch »dran«. Nun ist alles weg: Haus, Familie, Auto. Sie muß irgendwann als Vorbestrafte wieder bei Null anfangen, um sich eine neue Existenz aufzubauen. Sie wird dann »zwischen den Welten hängen«. Der Ehemann will nichts mehr mit ihr zu tun haben. Zur Welt der Kleinkriminellen gehört sie schon allein von ihrer Bildung und ihrem Habitus her nicht. Als Großkriminelle hat sie auch kaum Chancen. In den Kreisen gibt es selten Vorbestrafte. Es sei denn, man ist hoher Parteipolitiker oder Unternehmer oder aus anderen Quellen reich und mächtig. In die Welt der ganz normalen Bürgerlichen paßt sie auch kaum mehr hinein. Wer soll ihr einen Arbeitsplatz geben?

Wenn wir uns Ziele setzen, dann müssen wir uns unbedingt zunächst mit unserer aktuellen Lage befassen. Gute Ziele haben eine Basis in der Gegenwart. Man darf sich nicht nur überlegen, was man in Zukunft erreichen will, man muß sich auch stets vor Augen halten, was man auf keinen Fall verlieren und gefährden will.

Bevor Sie also Ihre allgemeinen Lebensziele und auch Ihre speziellen kriminellen Ziele formulieren, sollten Sie Ihre heutige Situation bedenken. Nehmen Sie Papier und Stift oder den PC und legen Sie eine Liste an mit allem, was Ihre Situation im Moment kennzeichnet, was zu Ihrem Leben gehört, was heute Ihr Verhalten beeinflußt.

Die Liste kann so aussehen:

Ausbildung
Beruf
Familie
Alter
Geschlecht
Gesundheit
Aussehen
Besitz
Wohnung
Begabungen
Schwächen
Freunde
Hobbys
Feinde, etc.

Vielleicht ist Ihre Liste viel länger. Tragen Sie die Begriffe in eine Tabelle ein und ergänzen Sie die Spalten mit dem, was Ihnen wichtig erscheint. Lassen Sie sich mehrere Tage Zeit mit der Beschreibung Ihrer Situation. Die Tabelle sieht so aus:

Merkmal	Das ist gut daran	Das ist nicht gut
Ausbildung		
Beruf		
Familie		
etc.		

Beurteilen Sie stets ganz realistisch, was gut ist oder was Ihnen an der aktuellen Situation gefällt und was nicht. Das soll Ihnen bewußt machen, was Sie nicht durch kriminelle Aktivitäten oder sonstige Tätigkeiten gefährden wollen und was sich in Ihrem Leben verbessern könnte.

Wenn Ihre Tabelle ausgefüllt ist, lassen Sie sich wieder einige Tage Zeit für die nächsten Überlegungen zu Ihrer gegenwärtigen Situation:

1. Was könnte mich derzeit daran hindern, im bürgerlichen Beruf oder in der Kriminalität erfolgreich zu sein?
2. Was ist mir im Moment so lieb und wichtig, daß ich es nicht durch die Risiken krimineller Aktionen gefährden möchte?

Besonders zu dem zweiten Aspekt sollten Sie sich Gedanken machen. Besagter Baulöwe, der so viel Geld gescheffelt hat, daß man gar nicht weiß, wie man die Zahl richtig ausspricht, hat sich meines Erachtens nicht ausreichend Gedanken zu seiner Situation gemacht. Er hat immer nur – raff, raff, raff – Geld gehäuft. Er hat nicht bedacht, wie viel es ihm bedeutet, in den Kreisen deutscher Prominenz zu verkehren, mit Freunden rauschende Feste zu feiern, von Reportern und Politikern hofiert zu werden ... Das hat dem Mann bitter gefehlt, als er sich schließlich einsam, gelangweilt und unerkannt in seiner Wohnung in Miami die Tage und Nächte um die Ohren schlagen mußte. Er war einfach nicht der Typ für das beschauliche Leben des anonymen Badehosen-Seniors.

Denken Sie über Ihr Leben und Ihre Persönlichkeit nach: Was für ein Mensch bin ich eigentlich, und welcher ist für mich der richtige Weg?

4. Zurückschauen, um voranzukommen

In Seminaren oder »Coachings« zur Karriereberatung für Führungskräfte wird häufig empfohlen, einen »esoterischen« Lebenslauf zu schreiben. Damit ist nicht gemeint, daß man einen Lebenslauf wie für eine Bewerbung schreibt, sondern einen ganz persönlichen. Der esoterische Lebenslauf geht niemanden etwas an und sollte auch niemandem gezeigt werden.

Wer in der Zukunft hohe Ziele erreichen will, sollte sich immer mit dem auseinandersetzen, was in der Vergangenheit dazu führte, die Gegenwart zu erreichen. Folgenden Fragen sollte man nachgehen:

- Wie bin ich zu dem geworden, was ich heute bin?
- Welche Einflüsse, Ereignisse, Chancen und Möglichkeiten haben die Richtung meines Lebens bestimmt?
- Welche Menschen haben mich im Laufe der Jahre positiv oder negativ beeinflußt?
- Welche meiner Qualifikationen, Kenntnisse oder Begabungen haben mir bisher geholfen?
- Welche meiner Schwächen oder Unzulänglichkeiten haben mich behindert?
- Gab es in meinem Leben entscheidende Wendepunkte?
- Welche Entscheidungen habe ich im Laufe meines Lebens wie und mit welchem Erfolg getroffen?

Der Sinn der Sache ist, daß Sie sich – und lassen Sie sich Zeit! – mit Ihrer eigenen Vergangenheit auseinandersetzen. Was Sie bislang erlebt haben, hat Sie geprägt und wirkt sich bis heute und weiter bis in die Zukunft aus.

Legen Sie wieder eine Tabelle an:

Jahr	Das hat sich ereignet
1973	Ich wurde geboren. Die Verhältnisse meiner Eltern waren: . . .
1975	Meine Mutter starb. Ich wurde . . .
etc.	

Schreiben Sie der Reihe nach auf, was sich ereignet hat. Kommentieren Sie die Ereignisse. Notieren Sie, wie sich das, was geschehen ist, auf Sie ausgewirkt hat, wie Sie heute dazu stehen, welche Folgen es für Ihr Leben hatte. Schreiben Sie auch auf, was oder wer Ihnen zum Beispiel geschadet hat, gestalten Sie jedoch Ihren Lebenslauf nicht als Sündenregister anderer Menschen. Letztlich geht es darum, möglichst sachlich Ihre persönliche Geschichte zu erfassen.

Wenn der esoterische Lebenslauf fertig ist, nehmen Sie einen neuen Zettel oder eröffnen Sie eine neue Datei im PC. Tragen Sie nun Ihre Gedanken ein: »Mit dem Wissen von heute, wenn ich noch einmal an bestimmten Stationen meines Lebens entscheiden könnte, wie würde ich anders entscheiden?«

Vielleicht fragen Sie: »Wozu soll man sich mit den ollen Kamellen befassen?« Dafür gibt es einen guten Grund: Ihr Großhirn soll für die Zukunft neue Ziele entwickeln. Ihr Zwischenhirn orientiert sich dabei an der Gegenwart. Ihr Stammhirn orientiert sich an der Vergangenheit. Nutzen Sie alle drei Hirne zu Ihrem Vorteil. Nutzen Sie die Erfahrungen, die Sie bereits gemacht haben.

5. Ich möchte, und ich will

Manche Menschen sagen: »Ich würde so gern ...« Oder: »Ich hätte gern ...« Würde, hätte, könnte, täte sind Wörter, die viel zu vage sind. Sie drücken nicht das konsequente Anstreben von Zielen aus, sondern das Träumen und Ausmalen von Idealzuständen. Wer es jedoch ernst meint mit seinem Erfolg, der sollte so formulieren: »Ich will ...« Oder: »Ich werde ...«

Nachdem Sie sich mit Ihrer Gegenwart und Ihrer Vergangenheit auseinandergesetzt haben, sind Sie nun aufgefordert, sich mit Ihrer Zukunft zu befassen. Setzen Sie sich jetzt Ziele. Dabei ist zwischen Lebenszielen und den jeweiligen Projektzielen zu unterscheiden.

Zuerst müssen die Ziele für das Leben definiert werden. In den Lebenszielen legen Sie fest, was Sie erreichen möchten, wie für Sie Erfolg aussehen soll.

Wenn die Lebensziele feststehen, dann werden für alle kriminellen oder nicht-kriminellen Projekte und Vorhaben die jeweiligen Einzelziele definiert. Diese müssen so sein, daß sie zur Erreichung der »großen Ziele« förderlich sind.

Fangen Sie also mit den Lebenszielen an. Dazu entwickelt man zunächst Visionen. Das sind Bilder, Vorstellungen, Ideale.

Nehmen Sie wieder einen Zettel und schreiben Sie darauf als Überschrift: »Heute in drei Jahren soll mein Leben so sein:«

Wieder lassen Sie sich ein paar Tage Zeit für das Sammeln Ihrer Ideen. Bedenken Sie, daß Sie in drei Jahren wahrscheinlich immer noch der gleiche Mensch sein werden. Bleiben Sie deshalb ausreichend realistisch. Malen Sie eine Zukunftsvision, die zu Ihnen paßt. Vielleicht haben Sie Familie oder einen bürgerlichen Beruf, in dem Sie ebenfalls Karriereziele verfolgen. Es kann hilfreich sein, den »Zukunftszettel« einzuteilen oder gleich mehrere Zettel vorzubereiten.

»Heute in drei Jahren soll mein Leben so sein:«	
Kriminelle Ziele	Nicht-kriminelle Berufsziele
Familie	Mein Lebensstil

Sehr großhirnorientierte Menschen planen oft langfristig. Wenn Sie zu diesen Strategen gehören, sollten Sie sich Zettel anlegen für:

- heute in drei Jahren
- heute in fünf Jahren
- heute in zehn Jahren

Noch weiter zu planen, lohnt nicht. Das ist zu weit entfernt, und es spielen zu viele Unwägbarkeiten mit hinein.

Sehr extrem zwischenhirnorientierte Menschen können drei Jahre oft nicht gut überblicken. Sie sollten es trotzdem tun. Viele Dinge brauchen mehrere Jahre. Das kann für Ausbildungen, große Anschaffungen etc. gelten. Wenn es Ihnen sehr schwer fällt, so weit zu planen, dann legen Sie Zettel an für:

- heute in sechs Monaten
- heute in einem Jahr
- heute in drei Jahren

Viele Menschen pflegen Zukunftsvisionen. Sie wissen genau, was sie sich wünschen und was sie noch vorhaben. Aber nicht jeder hat die innere Ruhe und die Selbstdisziplin, den Visionen folgend zur Tat zu schreiten.

Ich kenne einen jungen Mann, der davon träumt, Pilot zu werden. Er trägt mit Vorliebe eine Lederjacke, wie man sie aus alten Fliegerfilmen kennt. Außerdem hat er die Flugerlaubnis für Hobby-Motorflieger. In seinen Visionen steuert er Jumbos über Ozeane. Das Fliegen ist sein Leben. Pilot wird er trotzdem nicht. Er ist zu faul, für die Schule zu büffeln. Nächstes Jahr macht er Abitur. Mit seinen schlechten Noten wird er jedoch nie einen Ausbildungsplatz für Piloten bekommen. Dieser junge Mann hat nicht die innere Kraft, seine heutige Faulheit im Interesse zukünftiger Erfolge in den Griff zu bekommen.

Damit es Ihnen nicht passiert, daß Sie zwar gute Ziele haben, diese aber nicht erreichen, müssen Sie sich heute konsequent vornehmen, auch die notwendigen Unannehmlichkeiten und Anstrengungen zu ertragen.

Nehmen Sie wieder einen Zettel und schreiben Sie: »Um meine Ziele zu erreichen, muß ich tun:«

Auf dem nächsten Zettel steht: »Die ersten Erfolge meiner Anstrengungen werde ich heute in einem Jahr erkennen an:«

Heute in einem Jahr ist gar nicht so weit weg. Fangen Sie mit Ihren Aktivitäten sofort an.

Vielleicht müssen Sie bis heute in einem Jahr:

- eine bestimmte Summe angespart haben
- einen Kursus besucht haben
- endlich geschieden oder verheiratet sein

- bestimmte Freunde gewonnen oder sich vom Halse geschafft haben
- zur Schuldenberatung gewesen sein
- das Trinken aufgegeben haben
- Bewerbungen geschrieben haben

Wenn Ihre Liste an notwendigen »Erledigungen« fertig ist, dann setzen Sie neben jeden Eintrag, zu dem Sie wenig oder keine Lust haben, ein »U«.

Das »U« steht für »unangenehm«. Faulpelzen kann es schwerfallen, sich in neues Wissen einzuarbeiten. Stammhirnorientierten ist es unangenehm, sich von schlechten Bekannten zu befreien. Zwischenhirnern fällt es dagegen oft schwer, freundlichen Umgang mit nützlichen, aber langweiligen Menschen zu pflegen. Großhirne neigen zu Aufschieberitis. Sie verschieben alles bis auf die letzte Minute und gehen statt dessen absurdem Kleinkram nach. Auch das ist eine schädliche Angewohnheit. Das »U« gehört neben alles, was uns lästig, peinlich, eklig oder aus anderen Gründen unangenehm ist.

Nun fertigen Sie eine Kopie Ihrer Ideen für »heute in einem Jahr« an.

Diese Kopie und die Ziele für »heute in 3/5/10 Jahren« stecken Sie in einen Umschlag. Merken Sie sich in Ihrem Kalender vor, daß Sie genau heute in einem Jahr den Umschlag wieder öffnen. Dann können Sie kontrollieren, ob Sie mit Ihren Zielen weitergekommen sind, oder ob Sie doch wieder nur von einer besseren Zukunft geträumt, aber nichts dafür unternommen haben. Schon die Tatsache, daß das ganze Jahr der Umschlag daliegt, spornt an, sich die spätere Enttäuschung zu ersparen.

Das Original der Aktionsliste brauchen Sie natürlich. Arbeiten Sie möglichst zuerst die Dinge ab, die mit einem »U« gekennzeichnet sind. Fangen Sie jetzt an und nicht: »Sobald ich Zeit habe.« Oder: »Nach meinem Geburtstag.«

Ich selbst habe mir, als ich vor einigen Jahren einmal mein Leben auf neue Ziele umstellte, den Aktionsplan, den geschlossenen Umschlag und einen Kalender mit rot markiertem Zieldatum an die Wand geklebt. Das Jahr ging fast erschreckend schnell herum. Manches Mal wäre ich gern meinem Faulheitstrieb gefolgt, hätte ich nicht ständig den verschlossenen Umschlag vor Augen gehabt. Mein Motto war: »Ich will es schaffen.« Und nicht: »Ich wäre auch gerne erfolgreich.«

6. Ein gutes Gewissen ist ein sanftes Ruhekissen

Bevor Sie sich nun daran machen, Ihre Ziele anzugehen, möchte ich Ihnen noch eines zu bedenken geben: Sind Sie ganz sicher, daß Sie zu kriminellen Handlungen geeignet sind? Auf illegalem Weg reich und mächtig zu werden, ist fast jedem recht. Die meisten Menschen, die sich für »anständig« halten, sind selbst für kleine Beträge zu allen möglichen Gaunereien bereit. Verbreiten Sie zum Spaß einmal das Gerücht, in Ihrer Nachbarschaft sei es an einem bestimmten Zigarettenautomaten möglich, beliebig viele Packungen zu ziehen, und das Geld komme zum Schluß auch wieder heraus. Sie werden staunen, wieviele rechtschaffene Personen (auch Nichtraucher) eiligst zu diesem Automaten pilgern. Das funktioniert mit Telefonzellen, Fahrkarten-, Briefmarken- und sonstigen Automaten. Die meisten Menschen sind nicht ehrlich, sie haben Angst, erwischt zu werden.

Das ist das Problem: Kriminalität ist riskant. Man kann ertappt werden. Und was dann?

Beispiel:
Eines Tages wurde ein Mitglied unseres Segelclubs überführt, als Kassenwart einer Partei sich gelegentlich ein wenig selbst versorgt zu haben. Peinlich. Eine Dame unseres Clubs regte sich fürchterlich auf. Sie könne nicht mit einem Vorbestraften in einem Verein sein. Sie habe in ihrem Beruf eine Vertrauensstellung. Entweder der Dieb werde gefeuert, oder sie trete aus. Sie trat aus.

Was mich persönlich sehr wunderte: Diese Frau hatte uns zuvor öfter stolz erzählt, wie sie ihren Arbeitgeber aus der Portokasse beklaute, wie sie sich um die Steuer mogelte, wie sie nach jedem Urlaub mit fiktiven Mängellisten einen Großteil der Reisekosten zurückgaunerte ... Ausgerechnet diese Dame, diebisch wie eine Elster, mußte sich unbedingt von dem »asozialen Vorbestraften« distanzieren.

Beispiel:
Jahrelang arbeitete ich in einem Unternehmen, in dem ständig kriminell agiert wurde: Steuerhinterziehungen, Betrug an Kunden, Betriebsspio-

nage, Urkundenfälschung, Bestechung, Unterstützung von Waffenschiebereien, Raubkopieren von Software etc. Das Unternehmen betrog die Kunden als Organisation oder arbeitete in kriminellen Bereichen mit Kunden zusammen. Die einzelnen Mitarbeiter betrogen und bestahlen das Unternehmen nach Herzenslust. Wir waren, bei Lichte besehen, eine Horde von gut angezogenen und gut angesehenen Gaunern. Obwohl im Grunde jeder wußte, daß es sich um Taten handelte, die – sollten sie ans Licht kommen – strafrechtlich verfolgt werden konnten, machten alle mit. Niemand gefährdete seine Karriere und haute mit der Faust auf den Tisch: »Hier geschieht Unrecht!«

Eines Tages wurde einem Kollegen die Brieftasche aus dem Jackett geklaut. Nur eine Person aus unserer Firma konnte das getan haben. Die Tat wiederholte sich. Mehrere Kollegen wurden bestohlen. Die Brieftaschen tauchten immer wieder auf. Eine fand sich im Kasten der Toilettenspülung, eine lag irgendwann im Archiv ... Das Geld war natürlich immer weg. Einige Mitarbeiter meinten, die Geschäftsführung solle die Polizei einschalten. Das lehnten die Herren ab mit der Begründung, es sei rufgefährdend für eine Unternehmensberatung, wenn sich herumspreche, daß es im Hause einen Dieb gebe. Ich persönlich hielt diese Begründung für eine Ausrede. Ich war fest davon überzeugt, die Geschäftsführung halte sich an die Regeln der Ganovenehre, daß ein Gauner den anderen nicht anzeigt. Dem war nicht so. Eines Tages wurde der Brieftaschenräuber ertappt. Sie können sich gar nicht vorstellen, wie man sich echauffierte! Die ganze Meute von Betrügern, Fälschern und Bestechern ereiferte sich in moralischer Entrüstung. Obwohl der Mann bei uns schließlich unter seinesgleichen war, wurde er mit einem beruflich vernichtenden Zeugnis gefeuert.

Was lernen wir daraus?
Das folgende sollten Sie sich bewußt machen: Wir leben heute (ob es früher anders war?) in einer Gesellschaft, die nicht mehr zwischen »gut« und »böse«, zwischen »richtig« und »falsch« unterscheidet. Moralische Werte gelten nichts mehr. Unsere Gesellschaft unterscheidet heute zwischen »intelligent« (das heißt: materiell erfolgreich und nicht ertappt) und »dumm« (materiell nicht erfolgreich und/oder ertappt). Die Kinder ler-

nen von ihren Eltern nicht: »Sei ehrlich.« Sondern: »Laß dich nicht erwischen und plauder' nicht aus, was wir tun.«

Das bedeutet, daß jeder von uns so kriminell sein kann, wie er will. Man darf sogar damit prahlen, wie man Versicherungen, den Staat, Kaufhäuser, Arbeitgeber, die eigene Erbtante etc. bestiehlt und betrügt. Das gilt als »clever«. Aber wehe, man wird erwischt und landet vor Gericht.

Überlegen Sie, wer von Ihren Freunden, Kollegen und Angehörigen noch zu Ihnen halten würde, wenn Ihnen die Panne der Entdeckung passieren würde. Könnten Sie damit leben, von diesen Menschen verstoßen zu werden? Wenn Sie nicht ganz sicher sind, sollten Sie lieber die Finger von Gaunereien lassen. Ihre Angst könnte Sie am Ende verraten.

Außerdem sollte man vielleicht noch bedenken, daß allen Vollwertdiäten, Liftings und Jugendkonserviercremes zum Trotz es bis heute nicht möglich ist, den Tod zu verhindern. Niemand weiß genau, was danach kommt. Vielleicht lachen Sie darüber, aber garantieren können Sie auch nicht, daß dann keiner fragt: »Wie hast du denn dein Leben geführt?« Und derjenige, der das fragt, hat alles gesehen! Schwer zu sagen, ob als Entschuldigung gilt: »Das haben alle so gemacht. Das war üblich.«

4

Stehlen oder küssen – was paßt zu mir?

1. Manche können dies und andere das

Die Menschen sind sehr verschieden. Wenn wir einmal davon ausgehen, daß die Theorie von MacLean und das, was andere daraus inzwischen gemacht haben, stimmt, dann sind die einen mehr stamm-, die anderen zwischen- und die nächsten großhirnorientiert. Die jeweilige Ausprägung der Orientierung und die Kombination mit den anderen Komponenten sind individuell verschieden. Innerhalb der Hirnorientierungen haben einige mehr die positiven und andere vielleicht eher die negativen Eigenschaften entwickelt. Dazu kommt, daß unsere Erziehung, unser kultureller Hintergrund, unsere Weltanschauung etc. ebenfalls das Verhalten beeinflussen.

Fazit: Wir sind zwar alle verschieden, können aber immer wieder erkennen, daß es bestimmte »Persönlichkeitstypen« gibt.

Bei allen Tips und Ratschlägen in diesem Buch sollten Sie stets überlegen: Paßt das zu meinem »Typ«? Was nämlich für den einen richtiges Verhalten ist, kann für den anderen fatal sein. Egal welches Vorgehen oder Verhalten empfohlen wird: Es muß zu dem betreffenden Menschen passen.

Mit den nächsten Kapiteln soll kein Katalog von Möglichkeiten des kriminellen Geldverdienens folgen. Es sollen auch keine Gebrauchsanleitungen angeboten werden im Sinne von: »Banküberfall – Do it yourself«. Ich möchte jedoch exemplarisch an verschiedenen Beispielen zeigen, welche Anforderungen bei welchen »Tat-« und »Täter-Typen« gestellt werden. Die einzelnen kriminellen Aktivitäten unterscheiden sich im Vorgehen, in den notwendigen Qualifikationen und Belastungen für den jeweiligen Täter.

Aus den beschriebenen Beispielen können Sie ableiten, welcher »Typ von Gaunerei« zu Ihrem »Persönlichkeitstyp« paßt und wovon Sie lieber die Finger lassen sollten. Das ist nichts anderes als eine übliche Berufsberatung. Es gibt Menschen, die gerne im Büro sitzen und Papiere stapeln, und Menschen, die gerne an der frischen Luft sich körperlich betätigen. Es gibt Menschen, denen es Spaß macht, Kunden zu betreuen, und solche, die am liebsten in abgeschiedenen Labors Seltsames zusammenbrauen.

Man sollte sich nicht den Job suchen, der gerade in Mode ist oder wo gerade eine Stelle frei ist. Man sollte sich etwas aussuchen, was zu einem paßt.

Nicht daß es Ihnen so ergeht wie jenem jungen Mann im Ruhrgebiet, der einen Tante-Emma-Laden überfallen wollte. Er war so stammhirnig, daß er sich an Konventionen hielt, die nicht zu der aktuellen Situation paßten: Er betrat den Raum und stellte sich ordentlich an die Theke. Dort wartete er geduldig, bis er an die Reihe kam.

»Was darf es sein?« fragte die Inhaberin.

»Guten Tag, Geld her«, sagte er. Dabei hielt er ihr seine Spielzeugpistole wie einen Einkaufszettel entgegen. Die zwischenhirnige Ladeninhaberin, Mutter von sechs Kindern und Witwe von zwei Männern, erkannte sofort die Signale eines wohlerzogenen Jünglings, der sein Herz in beide Hände genommen hatte, um auch einmal ein Bösewicht zu sein.

»Raus!« brüllte sie. »Raus hier!«

Er lief so schnell davon, daß er sogar vergaß, die Tür hinter sich zu schließen.

Eine Kunst des erfolgreichen Lebens besteht darin, daß wir erkennen, was zu uns paßt und was nicht, wozu wir begabt sind und wozu nicht. Die folgenden Beispiele sollen Ihnen Anregungen sein, darüber nachzudenken, wie Ihre kriminelle Laufbahn sich entwickeln soll.

2. »Das ist ein Überfall!«

Überfälle sollten nicht von Stammhirnen durchgeführt werden. Stammhirne geben oft unbewußt anderen Menschen Signale, daß sie im Grunde gar nicht böse sein können, und daß sie selbst autoritätsgläubig sind. Dadurch lösen sie automatisch Reflexe bei ihrem Gegenüber aus, die die Tat vereiteln können.

Überfälle sind Taten für Zwischenhirne. Kurz und überraschend muß Angst und Schrecken verbreitet werden. Überfälle leben von Schnelligkeit. Weshalb es auch Großhirnen schwerfällt, solche zu begehen. Großhirne können planen und bedächtig ein Problem durch den Denkapparat schieben. Sie können einen Tatort ausbaldowern, die Risiken einschätzen, den optimalen Anschleich- und Fluchtweg festlegen und die genaue Handlungsabfolge konstruieren. Aber an der Durchführung sollten sie nicht beteiligt sein. Denn wenn dann nur irgendeine Kleinigkeit von dem abweicht, was sie geplant haben, können Großhirne nicht schnell genug umdisponieren. Sie stehen verdutzt vor unerwarteten Ereignissen oder Opferreaktionen und brauchen erst mal Zeit, um die Pläne zu ändern.

So erging es dem Mann, der in Vechta einen Einkaufsmarkt überfallen wollte. Er hatte wochenlang mit großer Sorgfalt den Tatort beobachtet, Fahrtzeiten gestoppt und Dienststunden des Personals notiert. Trotzdem mußte er am Tage X wieder unverrichteter Dinge abziehen, weil bei seinem Eintreffen gerade die Glascontainer geleert wurden. Das blockierte den von ihm vorgesehenen Parkplatz. Souverän und schnell die Entscheidung zu treffen, den Wagen etwas weiter entfernt zu parken, fiel dem Mann nicht ein.

Großhirnorientierte müssen geradezu zwanghaft erst mal denken, bevor sie handeln. Das ist in vielen Lebenssituationen ja auch zu empfehlen. Für eine Tätigkeit, die blitzschnelle Auffassung und Entscheidungsfähigkeit erfordert, kann das Verhalten von Großhirnen aber falsch sein.

Großhirnorientierte haben oft ein weiteres Problem: ihre Kommunikationsschwäche. Sie können sich oft nicht kurzfassen und präzise formulieren, was sie eigentlich wollen. Dem Gesprächspartner bleibt der Inhalt der Aussage dann unverständlich. Entweder spricht so ein Großhirn in endlosen, langweiligen, verwinkelten Sätzen über komplizierte Details, oder er nuschelt, flüstert und stottert vor sich hin. Oft tut er sogar beides. Fragen Sie doch einmal während einer Party einen Ingenieur oder Programmierer oder Juristen nach seiner Diplomarbeit. Dann wissen Sie, was ich meine. Sie werden weder inhaltlich noch akustisch verstehen, worum es geht, noch haben Sie eine Chance zu signalisieren, daß es Sie langweilt. Voltaire soll gesagt haben: »Die Kunst der Langeweile besteht darin, alles zu sagen.« Ich vermute, er hat viele großhirnige Menschen gekannt.

Ich war zufällig als Kundin einmal in der Niederlassung einer Autovermietung, als plötzlich ein Mann in kompletter Motorradkluft hereinkam. Während ich mit dem Ausfüllen eines Formulars beschäftigt war, beobachtete ich aus den Augenwinkeln, wie die Angestellte sich mehrfach vergeblich bemühte, aus dem Mann herauszufragen, was er wolle, was er meine, was er gesagt habe. Es dauerte recht lange, bis die Dame und dann auch ich begriffen, daß wir soeben überfallen wurden. Der Mann wollte kein Auto. Er wollte den Inhalt der Kasse. Er wisperte das in den Kinnschutz seines Motorradhelms hinein. Da er auch noch schmächtig gebaut war und mit krummen Schultern über der Theke hing, fehlte ihm jede bedrohliche Ausstrahlung. Also reagierten wir nicht – wie er wohl erwartet hatte – verängstigt, sondern ratlos. Als er dann noch hörte, daß kaum etwas in der Kasse war, weil Mietwagen heutzutage per Kreditkarte bezahlt werden, da fing er – typisch Großhirn – an, mit der Dame flüsternd zu diskutieren. Er versuchte ihr vorzurechnen, daß doch Geld in der Kasse sein müsse. Die arme Frau, stammhirnig bemüht, Streit zu vermeiden, argumentierte geduldig dagegen und öffnete zwecks Besichtigung sogar die Schublade. Aber wenn ein Großhirn einmal angefangen hat zu diskutieren, dann will es auch recht behalten. Die arme Frau schrie schließlich: »Meine Güte, ich kann es mir doch auch nicht aus den Rippen schneiden!«

Nein, Überfalle müssen schnell und erschreckend durchgezogen werden. Dazu sind Zwischenhirne am besten in der Lage. Allerdings gibt es bei Zwischenhirnen oft das Problem der Hektik und der eventuell zu schnellen und unüberlegten Aktion. So kann es passieren, daß ein Zwischenhirn eine Bank überfallen will und statt dessen versehentlich den Zoohandel daneben stürmt. Zu einer Gefahr kann auch die mitgeführte Waffe werden. Sie sollte lediglich der Einschüchterung dienen und wird dann in der Hektik doch eingesetzt. Raub und Überfall ist eine Sache, Mord eine andere. Das bringt kein Geld, erhöht die drohende Strafe und fördert ganz entschieden den Ehrgeiz der Behörden. Außerdem werden für die Ergreifung von Mördern häufig Belohnungen ausgesetzt. Das wiederum kann die Geldgier von Freunden und Verwandten anstacheln.

Merke:
1. Wer nicht sehr zwischenhirnig ist, sollte keine Überfälle unternehmen.
2. Zwischenhirner wirken von ihrer Persönlichkeit her ausreichend bedrohlich, so daß sie auf das Mitführen gefährlicher Waffen verzichten sollten.
3. Zwischenhirnorientierte (auch ohne kriminelle Absichten) sollten regelmäßig Entspannungsübungen und autogenes Training machen. Das fördert die innere Ruhe und beugt unüberlegten Reaktionen und Streßkrankheiten vor.

3. Reden ist gefährlich, Schweigen kostet Geld

Eine saubere und regelmäßige Art der Geldeinnahme ist die Erpressung. Der Erpresser verkauft oder vermietet sein Schweigen. Das Schweigen sollte man dann aber auch beherrschen. Erpressung ist somit das ideale Gaunerstück für Großhirne. Nur diese können wirklich den Mund halten. Zwischenhirne hingegen fangen über kurz oder lang an, mit ihrer Geldquelle oder mit dem Geheimnis, das sie kennen, zu prahlen. Auch Stammhirne reden zuviel, weil sie einen zu ausgeprägten Geselligkeitstrieb haben und dabei ebenso – besonders unter Alkohol – ihrer Tratschlust nachgeben.

Als Erpresser sollte man entweder ein Geschäft mit unübersichtlichen Ein- und Ausgaben führen oder still und unauffällig einem bürgerlichen Beruf nachgehen. Ausschließlich von Erpressungen zu leben, kann die Gefahr in sich bergen, daß sich mal jemand fragt: »Wovon lebt der eigentlich?« Als Erpresser sollte man auch nicht zur Halb- oder Unterwelt gehören. Man wird nur unnütz in schmutzige Geschichten hineingezogen, wo man doch gerade durch Erpressung so schön bequem und streßfrei leben kann.

Eine Grundvoraussetzung für langjährigen Erfolg scheint mir zu sein: Das Opfer darf den Täter nicht kennen. Dafür gibt es zwei Gründe:

1. Wenn der Erpreßte aus irgendeinem Grund doch einmal mit seinem Geheimnis hochgeht, dann muß man mit Sicherheit damit rechnen, daß er seinen Blutsauger auch ans Messer liefert. Erpressung ist schließlich strafbar. Mir ist allerdings nicht bekannt, ob erpreßtes Geld zurückgezahlt werden muß. Besser ist, man kommt erst gar nicht in die Verlegenheit, darüber nachdenken zu müssen.
2. Erpreßte können unter derartigen Leidensdruck geraten, daß sie eines Tages lieber ihren Peiniger umbringen, als weiter zu zahlen. Das will man ja auch nicht.

Ich habe einmal einen Mann gekannt, der hat in Frankfurt den Topmanager einer Bank erpreßt. Der Banker war verheiratet, hatte die üblichen zwei Kinder, ein hübsches Haus im Taunus und Freunde in der feinsten Gesellschaft. Er lebte ein völlig normales bürgerliches Leben und besuchte sogar regelmäßig mit anderen Herren aus besseren Kreisen eines der vornehmsten Bordelle der Stadt. Nun fragt man sich: Wofür könnte man eine solche Säule des anständigen deutschen Familien- und Wirtschaftslebens denn wohl erpressen?

Der Mann war schwul. Das ist für Banker ab einer gewissen Hierarchieebene vielleicht nicht unüblicher als in allen anderen Gesellschaftsschichten, aber es ist unerwünschter. Der Mann lebte in Angst, sein Geheimnis könne ans Licht kommen und die ganze Fassade in sich zusammenbrechen. Das wußte der Erpresser und lebte davon. Die Geldquelle sprudelte, weil der Banker ein Stammhirn war. Stammhirne neigen zu Angst vor der Meinung anderer. Deshalb kann man Stammhirne auch für Dinge erpressen, die weder strafbar noch peinlich sind. Ein Bekannter von mir wird erpreßt, weil er vor mehr als zwanzig Jahren eine uneheliche Tochter gezeugt hat. Das Mädchen wurde damals gleich vom Ehemann der Mutter adoptiert. Der leibliche Vater schaudert bei dem Gedanken, daß die junge Dame eines Tages vor der Tür steht und sagt: »Hallo Papa, ich wollte dich mal kennenlernen.« Er hat nämlich heute eine eheliche Tochter und will nicht, daß die »schlecht« von ihrem Vater denkt.

Im Raum Diepholz lebt ein Studienrat, der sich erpressen läßt, weil jemand Fotos von ihm beim Knutschen mit einer stadtbekannten Prostituierten besitzt. In einer schwäbischen Kleinstadt lebt ein Notar, der dafür bezahlt, daß nicht ans Licht kommt, daß sein Bruder Penner ist.

Einen Kollegen von mir traf es doppelt. Zuerst hat seine Frau ihn jahrelang damit hintergangen, daß sie tagsüber als Hobbynutte tätig war, während er sie brav beim Putzen, Kochen, Bügeln und Waschen zu Hause wähnte, dann hat sie ihm alles gestanden, sich teuer scheiden lassen und ihm den Preis genannt, für den sie bereit sei, niemals in seinem beruflichen Umfeld bekannt werden zu lassen, mit wem er verheiratet war. Wie finden Sie das? Der Mann ist heute Geschäftsführer einer namhaften Software-Firma und zahlt und zittert – typisch Stammhirn – immer noch.

Vorsicht bei Zwischenhirnen! Die werden durch Erpressungsversuche mißlaunig und unberechenbar. Ein zwischenhirniger Offizier sollte einmal wegen seiner homosexuellen Kontakte erpreßt werden. Der Mann hat nicht gezahlt. Zackig, wie wir es von einem Soldaten nicht anders erwarten, hat er sich sogleich selbst geoutet. Die Bundeswehr, immer um den guten Ruf ihrer Männer besorgt, hat ihm einen eleganten und finanziell lohnenden Ausstieg verschafft. Sowas ist für einen Erpresser natürlich ein harter Schlag, zeugt jedoch auch von Inkompetenz und sollte dem Gauner eine Lehre fürs Leben sein.

4. Gift in der Marmelade

Kaufhäuser werden regelmäßig erpreßt. Mal heißt es, irgendwo liege eine Bombe, dann wird von vergifteter Marmelade gesprochen oder daß ein gefährliches Gas irgendwo austritt. Es muß sich nicht unbedingt um ein Kaufhaus handeln. Die Bahn wird gern erpreßt oder auch eine Behörde, ein Konzern oder sonst ein anonymes, großartiges Objekt. Etliche dieser Erpresser sind einsame Sonderlinge, bei denen der Haß regiert. Sie phantasieren, wie sie mit ihrer wundervollen Intelligenz ein riesiges Unternehmen angstschlotternd in die Knie zwingen können. Von diesen Verrückten soll hier nicht die Rede sein.

Auch pure Geldgier kann Menschen auf die Idee bringen, sich an einem Kaufhaus zu versuchen. Zuerst hat man – aus welchen Gründen auch immer – einen Bedarf an Geld. Not und Habsucht machen erfinderisch, heißt es. Die tolle Erfindung ist dann die Kaufhauserpressung. Dort muß unheimlich viel Geld sein. Außerdem kann man das eigene Gewissen damit beruhigen, daß Kaufhäuser selber ihren Kunden das Geld aus der Tasche ziehen. Stehlen in Kaufhäusern war in den siebziger Jahren eine gesellschaftlich durchaus akzeptierte Form der Lebensunterhaltssicherung. Man muß demnach nicht mit besonderer Empörung in der Öffentlichkeit rechnen, wenn man Kaufhäuser ein wenig in die Mangel nimmt. Insofern ist dieses Verbrechen auch für Leute geeignet, die einerseits Geld ergaunern und andererseits fast anständige Menschen sein möchten.

Es ist auch nicht kompliziert. Man ruft an, sagt Bescheid, daß man Geld will oder ansonsten etwas ganz Schreckliches tun wird, und dann vereinbart man die Übergabe.

An dieser Stelle entsteht das Problem. Wo und wie soll die Übergabe sein? Das muß man denen vom Kaufhaus schon genau erklären, zugleich soll aber niemand etwas davon erfahren. »Sagen Sie nichts der Polizei.« Das ist natürlich Unsinn.

Nun wird es kompliziert. Pläne werden geschmiedet. Das Geld könnte irgendwo an unübersichtlicher Stelle vom Zug oder aus einem Hubschrauber geworfen werden. Es könnte einem Esel um den Bauch gebunden werden . . .

Was ist jedoch, wenn die Polizei dem Tier einen Sender hinters Ohr geklemmt oder unter das Futter gemischt hat? Was ist, wenn das blöde Vieh seinen Weg vergißt?

Diese Überlegungen machen den Durchschnittserpresser unlustig, und er sinnt nach einer anderen Gaunerei. Großhirnige Tüftler jedoch werden jetzt hartnäckig. Es muß eine absolut sichere Möglichkeit der Geldübergabe gefunden werden. Irgendeine muß es einfach geben. Geradezu zwanghaft wird danach gesucht. Denn: Es muß gehen!

Der Tüftler verliert sich nun in Plänen, Denkmodellen, Basteleien und startet einen Versuch nach dem anderen. Von Mal zu Mal werden die Tricks und Übergabeanweisungen an das Kaufhaus komplizierter und somit auch fehleranfälliger. Nie gelingt es. Einmal fällt der Geldkoffer zu früh vom Laster oder was auch immer. Das nächste Mal stolpert der Gauner über seine eigenen Füße und ist nicht rechtzeitig zum Auffangen zur Stelle. Ein Tüftler gibt aber dennoch nicht auf. Neue Pläne und noch verzwicktere Tricks werden ausgeklügelt, und noch mehr Fehlermöglichkeiten entstehen.

In Problemlösungsseminaren mit Managern habe ich die Teilnehmer schon mehrmals Ideen entwickeln lassen, wie man eine sichere Geldübergabe regeln könnte. Anders als bei einer Entführung hat man ja nichts in der Hand, was man behalten kann, bis es gelungen ist. Nein, auch die Manager haben in den Spielbeispielen keine sichere Methode gefunden.

Ich vermute, es verhält sich so: Normale Menschen verlieren rechtzeitig die Lust an der Sache, und die Zwangstüftler verheddern sich in ihren eigenen Tricks. Das ist vielleicht der Grund dafür, daß sich bisher fast immer herausgestellt hat, daß Kaufhauserpresser letztlich psychisch angeknackst waren. Entweder waren es einsame Sonderlinge oder Schwachköpfe, die selbst in der bürgerlichen Welt nicht fähig waren, ihren Lebensunterhalt zu regeln, oder es waren Verblendete, die sich in einem revolutionären Kampf zur Befreiung der Arbeitermassen wähnten. Ein Erfolgsstratege war meines Wissens bisher nicht unter den Erpressern.

Man könnte natürlich anders vorgehen. Zum Beispiel eine dramatische Anrufkampagne bei großen Zeitungen starten und die Sprengung eines Kaufhauses oder sonstigen spektakulären Gebäudes androhen. Dann sammeln sich die Reporter vor Ort und berichten in Funk, Fernsehen und Zeitschriften von der Räumung. Wenn das Fernsehpublikum vom Sofa aus beobachtet, wie Hundertschaften der Polizei aufmarschieren und alles abriegeln, wie Feuerwehr und Rettungsdienste mit ihren markanten Autos anrücken, wie Politiker dem besorgten Publikum versichern, daß alles im Griff sei, dann gibt sich der Erpresser selbst bekannt: »Das ist mein Werk. Das ist ein Kunstwerk, größer als Christos Verhüllungen.«

Wenn man Pech hat, wird man gleich den Psychiatern überlassen. Wenn man Glück hat, findet sich an irgendeiner Hochschule ein vergessener Kunstprofessor, der sogleich bei den Medien vorstellig wird und erklärt, daß es sich tatsächlich um Kunst handelt. Nun werden der Professor berühmt und auch der Erpresser. Zeitungen wollen Interviews, Verlage wollen Bücher zu der künstlerischen Aussage des Projektes schreiben lassen . . .

Nein, ich glaube, jetzt geht meine Phantasie mit mir durch. Man kann heute eine Menge Quark als Kunst verkaufen, aber nicht für jeden Unsinn findet sich ein Publikum. Und wo kein Publikum, da keine Medien, und dann gibt es auch kein Geld für den Erpresser zu verdienen.

5. Mit und ohne Lebenszeichen

Für Entführung ist Teamarbeit erforderlich. Man braucht einen findigen Großhirner, der genau ausheckt, wer als Opfer geeignet ist, wie Einfangen, Verschleppen und Verstecken der betreffenden Person zu bewerkstelligen sind, wie und mit wem man die Lösegeldthematik behandelt, wo und wie die Übergabe des Geldes und die Freilassung des Opfers zu erfolgen haben. Diese Abläufe sind sehr kompliziert und müssen genau aufeinander abgestimmt sein. Das braucht einen guten Strategen.

Entführer bereitet mildernde Umstände vor

Die eigentliche Entführung sollte vom Zwischenhirner des Teams durchgeführt werden. Genau wie bei einem Überfall kommt es auf Schnelligkeit und auf eventuell flexibles Reagieren bei Überraschungen an. Außerdem kann das Zwischenhirn mit seiner aggressiven Ausstrahlung das Opfer leichter in temporäre Angststarre versetzen. Dieses Phänomen kann den Transport zum Versteck erleichtern.

Ein kreischendes und um sich schlagendes Opfer wird für sich selbst und für seine Entführer zur unnötigen Gefahr.

Im Versteck sollte das Stammhirn die Betreuung des Opfers übernehmen. Ein Stammhirn kann sich in andere Menschen einfühlen, sie beruhigen und hat auch die Geduld, sich freundlich mit ihnen und ihren Ängsten zu befassen.

Vielleicht ist Ihnen im Moment nicht ganz klar, warum ein Entführungsopfer von einem Stammhirn umsorgt werden muß. Der Grund ist einfach: Entführungen funktionieren in Deutschland nicht. Die Täter werden immer gefaßt. Ob das Opfer nun ermordet wird oder nicht, Sie können ganz sicher sein, daß die Tat Sie vor den Richter bringt. Und wie lange wollen Sie sitzen?

Die Höhe Ihrer Strafe hängt entschieden davon ab, wie Sie das Opfer behandelt haben. Sie dürfen ihm niemals, aber auch niemals ein Haar krümmen. Im Gegenteil: Machen Sie es der Person im Rahmen Ihres Projektes so angenehm wie möglich. Bereiten Sie ein ausreichend geheiztes und möbliertes Gästezimmer vor. Legen Sie im Bad Handtücher, Seife, Deo, Hautcreme, Zahnputzutensilien etc. zurecht. Kaufen Sie dazu bitte neue Artikel und verwenden Sie nicht Ihre eigenen Reste! Halten Sie außerdem Lesestoff, einen Videorecorder und gegebenenfalls Spielsachen bereit. Langeweile bringt Ihr Opfer nur auf trübe Gedanken. Wichtig ist auch das Essen und Trinken. Versuchen Sie, den Geschmack der Person zu treffen. Vollgestopfte Bäuche können auf das dazugehörige Gemüt außerordentlich beruhigend wirken. Lassen Sie einen Raucher nie ohne Zigaretten! Sie wollen schließlich kein Nervenbündel beaufsichtigen, sondern einen Menschen, der in Ruhe seine Befreiung abwartet. Besonders bei älteren Personen müssen Sie mit einem Bedarf an Medikamenten rechnen. Prüfen Sie, ob das Großhirn daran gedacht hat. Stellen Sie rechtzeitig fest, ob das angepeilte Opfer Medikamente braucht, und besorgen Sie diese vor der Tat.

Sollten Sie die Entführung eines Kindes beabsichtigen, so denken Sie bitte daran, daß Kinder heute völlig anders sind, als wir es früher waren. Wir waren damals weitgehend »Allesfresser«. Mit irgendeinem Zitronensprudel, irgendwelchen Nudeln und großen Mengen beliebigen Puddings hätte man uns tagelang bei Laune halten können. So geht das heute nicht mehr. Heute will ein Kind eine ganz bestimmte Sorte Schokoriegel, es will nicht irgendeinen Saft trinken, sondern genau den, den es zu Hause auch immer hat oder der vom lieben Apfelsinenonkel im Fernsehen angepriesen wird. Wehe, wenn Sie dem Kind eine Speise vorsetzen, die es nicht will! Das Theater kann einen ganzen Stadtteil mit Lärm verpesten. Bewahren Sie Ruhe, zeigen Sie dem Kind Ihren guten Willen und lassen Sie sich genau aufschreiben, was sofort einzukaufen ist. Damit Sie nicht endlos in den Läden herumsuchen müssen, sollten Sie auch fragen, wo es die gewünschte Markenware zu kaufen gibt. Das Kleine weiß genau, was man wo bekommt. Ein Kind kann seine Rolle als Entführungsopfer noch nicht begreifen. Es verlangt ganz selbstverständlich von Ihnen den gleichen Gehorsam wie von seinen Eltern und Großeltern. Stammhirnige Menschen wissen das und können damit umgehen. Ein Großhirner würde nur nutzlose Diskussionen mit dem Opfer anfangen und zum Beispiel nachzuweisen versuchen, daß das angebotene Getränk genauso gut schmeckt wie die verlangte Punika-Oase, oder was sich das Kind gerade in den Kopf gesetzt hat. Ein Zwischenhirner ist noch unfähiger in der Situation. Der bringt es fertig, das Kind anzuschnauzen: »Du trinkst das oder gar nichts!« Diesen Ton kennen die Kinder nicht mehr. Den lassen sie sich auch nicht bieten. Sie schreien zurück, reizen das Zwischenhirn zur Weißglut, und schon knallt eine Ohrfeige. Das ist Körperverletzung und kommt später bei Gericht auf jeden Fall zur Sprache.

Wozu treibt man den Aufwand um das Wohlbefinden des Opfers? Wie ich bereits sagte, werden Entführer bei uns immer geschnappt, notfalls auch zehn Jahre später. Und dann kommt es auf die Aussage des Opfers an. Wenn die Person sich vor Gericht beklagt, von Ihnen mies behandelt oder gar verletzt worden zu sein, geht es Ihnen schlecht. Wenn das Opfer aber schildert, wie gut es behandelt wurde, wie höflich und zuvorkommend man war, dann sind Richter, Schöffen, Reporter und Zeitungsleser gerührt. Die Tatsache, daß Sie überhaupt entführt haben, tritt zurück vor der Tatsache, daß Sie gütig und liebevoll einen Menschen in einer für ihn sehr belastenden Situation umsorgt haben.

Merke: Die Opferbetreuung muß vom Stammhirn durchgeführt werden. Der Zwischenhirner verbreitet Angst und provoziert gefährliche Panikreaktionen. Außerdem wird er – auch wenn er dem Opfer nichts getan hat – später als Bösewicht dem Gericht geschildert. Das liegt an der

Wahrnehmung der Person. Den Großhirner sollte man gar nicht in die Nähe des Opfers lassen. Diese Menschen wirken oft so unheimlich abwesend, daß der Entführte davon ausgehen muß, man arbeite bereits an seinem Begräbnis.

Nehmen Sie sich ein Beispiel an erfolgreichen Software-Firmen. Dort sitzen die Großhirne als Entwickler an den Bildschirmen oder im Rechenzentrum. Niemand läßt sie in die Nähe von Kunden. Die quirligen Zwischenhirne beackern den Markt und treiben Werbung. Die Stammhirne gehen mit Aktenköfferchen los und verkaufen.

Auch können Sie sich ein Beispiel an einer Sparkasse oder Bank nehmen. Die freundlichen Stammhirne bedienen am Schalter, die machtorientierten Zwischenhirne bekämpfen sich gegenseitig in den Führungsetagen, und die maulfaulen, aber gründlichen Großhirne brüten in der Revision über Zahlenkolonnen.

So muß auch das Team eines Entführungsprojektes organisiert werden. Das Opfer (entspricht dem Kunden) sieht nur den Sympathieträger. Die Tat selber wird vom Energiebündel erledigt, und der Stratege denkt sich im stillen Kämmerlein alles aus.

Nun kann man fragen: Wozu sollte man die Arbeit überhaupt auf sich nehmen, wenn man am Ende doch vor Gericht kommt?

Gute Frage. Die beste Antwort: Lassen Sie es einfach sein. Es ist ein riesiger Aufwand mit unnötig vielen Mitwissern und viel zu wenig Ertrag. Außerdem kann man Pech haben wie die Entführer eines Fabrikanten im Schwarzwald. Die Frau wollte den Mann gar nicht wiederhaben. Ihr hätte es völlig gereicht, ein sicheres Zeichen seines Ablebens zu erhalten, um sogleich die Fabrik und die Lebensversicherung zu vereinnahmen. Können Sie sich die Enttäuschung der Gauner vorstellen?

6. Bei Wind und Wetter, und dann die Schlepperei

Man sollte es nicht beschönigen: Einbruch ist fast immer Dreckarbeit und wird von Menschen erledigt, die intellektuell eher übersichtlich ausgestattet sind.

Es gibt natürlich auch die Edeleinbrüche in Museen oder in die Schatzkammern des Hochadels oder in die Kellerräume der Polizei. Diese besonderen Einbrüche erfordern wirklich Intelligenz. Man muß zunächst einmal wissen, wo es sich lohnt, den Aufwand zu betreiben. Welche Beute zu erwarten ist, wo sie später verscherbelt werden kann, und wie die Gewinnchancen sind. Danach muß man sich in verzwickte Sicherheitssysteme einarbeiten und Pläne schmieden, wie Alarmanlagen, Codeschlösser oder sonstige Vorrichtungen ausgeschaltet werden können. Fast immer braucht man für solche Aufgaben ein Team von Mittätern. Das ist bereits das größte Problem. Selten bekommt man die Leute, die so qualifiziert, kollegial, verschwiegen und nervenstabil sind, wie man sie braucht. Da hat man einen Profi für Alarmanlagen, aber der ist versoffen und redet zu viel. Da hat man einen Spezialisten für den Weiterverkauf der Beute, aber der ist so abgebrüht, einen Großteil der Geschäfte allein abzuwickeln ... Man hat nichts als Probleme mit den Leuten. Und dann muß man die Beute auch noch teilen. Und wenn alles gut gelaufen ist, kann man feststellen, daß sich eine stärkere Mafia einem an die Füße hängt, weil sie glaubt, man sei in ihr Revier eingedrungen. Das ist viel zu viel Aufwand und Risiko.

Hochqualifizierte Einbrüche kommen ohnehin nur sehr selten vor. Sie müssen so lange vorausgeplant werden, daß die meisten Leute es sich gar nicht leisten können, die nötige Zeit zu investieren. Üblicherweise werden Einbrüche bei Nacht und Nebel, bei Wind und Wetter, in Wohngegenden oder in Geschäftsvierteln durchgeführt. Ein oder zwei Täter klettern fluchend über Zäune, kriechen durch Kellerfenster, verheddern sich in Spinnweben, greifen in rostige Nägel, treten auf glitschige Fliesen und kommen schließlich an die beachtliche Beute von drei Halsketten, vier Ohrringen und Opas erstem Goldzahn. Manche Täter nehmen auch CD-Player, PCs oder Videoanlagen mit. Das ganze Zeug wird aus dem Haus gezerrt und fortgeschleppt. Ein wirklich schöner Job.

Als nächstes sucht man sich einen Hehler und läßt sich dort über den Tisch ziehen. Dann stellt sich heraus, daß es für den tollen Fernseher nur hundert Mark gibt, für die Goldkettchen und die Ohrringe zusammen hundertfünfzig Mark.

Wie weit kommt man mit diesen Beträgen? Davon kann man sich ein paar Bier kaufen, vielleicht auch irgendwelche Schulden bezahlen. Aber schon dämmert der Abend, und man muß wieder los zum nächsten Bruch.

Da sollte man sich nichts vormachen. Einbrecher sind arme Teufel. Die meisten werden von Bossen losgeschickt und arbeiten härter, als es selbst im am schlechtesten bezahlten bürgerlichen Beruf denkbar ist. Sehr viele Einbrecher sind außerdem drogensüchtig und hangeln sich von Minibeute zu Minibeute.

Es ist absolut müßig, sich darüber Gedanken zu machen, welche Hirnteile für das Einbrechen optimal geeignet sind. Mit dem Job kann man sowieso nicht erfolgreich werden. Wie in jeder Branche, so gilt auch in der Gaunerei: Wer nicht denken kann, muß schuften, und wer schuftet, kann nicht Karriere machen.

7. Maßarbeit

Es gibt Menschen, denen macht es Spaß, allein, konzentriert und mit großer Sorgfalt Details zu bearbeiten. In bürgerlichen Berufen können sie Uhrmacher sein oder Zahntechniker oder Pathologen oder Grafiker oder Insektenforscher ... Dabei geht es nicht um kooperativen Arbeitsstil in Teams, sondern darum, daß sich jemand in aller Ruhe um höchste Qualität bemühen kann. Natürlich sind es die eher großhirnorientierten Menschen, die Freude an solchen Fummel- oder Tüftelaufgaben haben. Im Bereich der Kriminalität finden sie sich oft im Fälschergewerbe. Sie stellen Pässe her, kopieren Autopapiere, fertigen Bescheinigungen für illegale Auslandsgeschäfte an und drucken Geld.

Die Tragik dieser Menschen liegt oft darin, daß es ihnen nicht gelingt, wirklich reich mit ihrer Arbeit zu werden. So wie in bürgerlichen Firmen auch immer wieder in abgelegenen Büros tiefdenkende Buchhalter, Laboranten oder Programmierer vor sich hinarbeiten und bei jeder Beförderung vergessen werden, so erlebt man auch im kriminellen Gewerbe, daß die Detailverliebten eher in ablegenen Stübchen vor sich hin werkeln. Ihnen fehlt vielfach der Sinn für das Praktische, für die Selbstdarstellung und für die Durchsetzung ihrer Qualitäten. Ein guter Geldfälscher ist oft ein lausiger Tauscher in echte Banknoten. Dann sitzt er da auf einer Kiste voller makellos schöner Scheine und kann sich nichts dafür kaufen. Ein perfekter Hersteller von Pässen steigt fast nie mit neuer Identität und viel Geld ins Flugzeug, um am anderen Ende der Welt Lebensträume zu verwirklichen. Wer Transferpapiere für illegale Waffenausfuhr herstellt, bekommt vom großen Kuchen dieser Geschäfte fast gar nichts ab.

Wahrscheinlich ist es möglich, als großhirniger Erbsenzähler glücklich zu werden. Wer würde das auch machen, wenn er keine Lust dazu hätte? Nur: Reich wird man damit nicht. Man ist immer wieder darauf angewiesen, Menschen zu finden, die einem die kunstvollen Fälschungen abnehmen. Ich kenne einen Mann, der in einem Kellerraum unter einer grellen Lampe sitzt und mit vor das Auge geklemmter Linse an winzigen Computerteilen irgendwelche Kennungen verändert. Er hat sich darauf spezialisiert, Diebe und Schieber von Elektronikgeräten zu beliefern. Wenn ich sehe, wie dieser Kellermensch darunter leidet, seine Kunstwerke stets »tätowierten Halbaffen« (seine Worte) zu überlassen, dann tut er mir fast leid. Es bleibt ihm jedoch nichts anderes übrig. Er kann nur fälschen. Er kann weder stehlen noch verkaufen. Er kann weder schnell arbeiten noch mit Menschen umgehen. Also ist er zuständig für Detailarbeiten. Und so sieht das Schicksal beinahe aller Fälscher aus. Sie machen einen guten Job, aber reich werden die Leute, die mit den Ergebnissen etwas anfangen können.

Somit gilt im kriminellen Bereich genau wie in der bürgerlichen Berufswelt: Je sorgfältiger ein Mensch arbeitet, desto höher die Chance, daß er niemals reich und mächtig wird.

8. Mit der richtigen Kutte glauben die alles

Man soll es nicht für möglich halten, aber es ist wahr: Die durch Nepper-Schlepper-Bauernfänger aufgeklärte Nation, die keine Aktenzeichen-XY-Sendung verpaßt, läßt sich immer wieder wunderbar in den eigenen vier Wänden hereinlegen. Auch, wenn jüngere Menschen selbstsicher die Meinung vertreten, nur Omas ließen sich an der Tür übertölpeln, so stimmt dennoch: Man kann auch junge Menschen ausnehmen, selbst die sich immer für so klug haltenden Männer.

Im Bereich der Haustürbetrügerei unterscheidet man im wesentlichen zwei Varianten:

1. Zwei Täter kommen. Der eine plaudert den Wohnungsinhaber fest, während der andere die Schränke durchwühlt. Dieser Trick funktioniert tatsächlich am leichtesten bei älteren Menschen, weil die oft nicht mehr so gut hören und es gar nicht merken, wenn im Nebenraum Schubladen bewegt werden.
2. Es kommt ein Täter allein und verkauft etwas oder holt sich für irgendeine Bürgerinitiative die Unterschrift oder sammelt für einen guten Zweck.

Bei beiden Varianten kommt es darauf an, daß man zunächst die Schwelle überschreiten und die Wohnung betreten darf. Leider sind die meisten Menschen heute sehr ängstlich und von Mißtrauen geprägt. Das ist ein Hindernis. Auf der anderen Seite sind fast alle Menschen von ihrer Intelligenz überzeugt. Sie glauben fest, niemals dumm genug zu sein, auf einen Betrüger hereinzufallen. Das ist ein Vorteil. Am besten lassen sich nämlich die Leute austricksen, die gar nicht damit rechnen, daß ihnen das passieren kann.

Auf den alten Trick mit den zwei Frauen, von denen eine angeblich schwanger ist und dringend zur Toilette muß, fällt kaum noch jemand herein. Auch vor einem Mann in Polizeiuniform nimmt man sich heute in acht. Ebenso würde man einen unangemeldeten Handwerker nicht mehr hereinlassen. Zum Glück fällt einem guten Gauner immer wieder etwas Neues ein. In meinem Heimatort wurde ein Ehepaar von einem Mann beraubt, der im Mercedes vorgefahren war. Er trug einen eleganten dunklen Anzug und gab sich als Anlageberater der örtlichen Sparkasse aus. Er bot dem Ehepaar sogar sein Handy an, damit sie auf seine Kosten die Sparkasse anrufen und sich über ihn erkundigen könnten. Das wollten die guten Leute dem netten Mann nicht antun. Geblendet von Auto, Anzug und freundlicher Offenheit, ließen sie ihn herein. Später, als ihnen ihr Fehler klar wurde, da konnten sie immer nur fassungslos sagen: »Er sah doch so gepflegt aus und war so höflich!«

Daß ein Gauner, der Hausbesuche macht, sich ordentlich anzieht und sich gut benimmt, ist ja wohl das mindeste, was man erwarten kann. Dieser Mann hatte sich die Tatsache zunutze gemacht, daß noch immer viele Menschen bei Verbrechern finstere Blicke, schlampige Klamotten und grobe Manieren erwarten.

Außerdem stellen sich viele Menschen unter Gangstern sofort böse junge Männer vor. Die würden sie nicht ins Haus lassen. Aber das Abbild eines Bankmanagers mit grauen Schläfen weckt dann doch Vertrauen. Auch kleine, pummelige Frauen mit muttihaften Dauerwellen und großen Handtaschen werden bedenkenlos ins Haus gelassen.

Tricks an der Haustür sind eine ideale Beschäftigung für Stammhirne. Nur sie haben die harmlos-freundliche Ausstrahlung, die anderen Menschen die Angst vor Fremden nimmt. Nur sie können sich in die Rolle von netten und ehrlichen Menschen hineinbegeben. Sie finden sofort die richtigen Worte, erkennen die Befürchtungen ihrer Opfer und können liebevoll, seriös oder unterwürfig darauf eingehen. Stammhirne wissen auch, daß gerade einsame Menschen sich freuen, wenn einmal jemand zu ihnen kommt und mit ihnen redet. Ein Stammhirn setzt sich zu dem pensionierten Studienrat in die Küche und hört ihm zu, wenn der sich über die ungebildeten Nachbarn beklagt. Ein Stammhirn interessiert sich für den Ärger der alten Dame, die sich einmal über die Bosheit der Schwiegersöhne aussprechen möchte. Ein Stammhirn wird nicht ungeduldig, sondern läßt sich auch Zeit für eine Tasse Kaffee.

Ich kenne einen Mann, der hat auf seinen Gaunertouren die Leute nicht nur bestohlen, er hat ihnen auch geholfen. Bei einer Dame hat er nach der klappernden Waschmaschine geschaut, einem passionierten Gärtner konnte er Tips gegen die Moosplacken im Rasen geben, einem seiner Opfer hat er dabei geholfen, dem Hund zwecks Tabletteneinnahme die Schnauze aufzuhalten.

Dieser Gauner jedoch tat des Guten zu viel. Er wurde festgenommen, als er gerade bei einer alten Frau rittlings auf dem Klodeckel saß und die Spülung reparierte.

Merken wir uns also: Trickbetrügerei an der Haustür lohnt sich immer noch. Man muß dabei einen möglichst freundlichen Eindruck machen, man darf jedoch nicht so freundlich sein, daß man vor lauter guten Taten die eigenen Ziele aus den Augen verliert. Außerdem ist es wichtig, daß man sich richtig kleidet. Als Nonne oder Müllmann oder Postbeamter sollte man nicht mehr gehen. Für ältere Herren ist ein gepflegter Anzug ideal. Für Damen empfiehlt sich ein konservatives Kleid oder ein Mantel in gedeckten Farben. Kostümiert darf man nicht aussehen und auch nicht zu modern. Konservativ und sauber ist immer gut.

9. Ausführen, abkassieren und basta

Wie in bürgerlichen Berufen, so gibt es auch in der Welt der Kriminalität ganz sture Jobs, bei denen jemand, ohne groß nachzufragen, genau das tut, wozu er beauftragt ist. Der bekannteste Job in diesem Bereich ist der bezahlte Killer. Man läßt sich sagen, wer das Opfer sein soll, vereinbart den Preis und erledigt dann das Geschäft. Eine andere Form der Auftragsarbeit ist die Brandstiftung. Die wird heute im wesentlichen im Rahmen von Versicherungsbetrügereien verübt. Der Eigentümer des Objektes kann natürlich nicht selbst mit Benzinkanister und Feuerzeug zum Tatort schreiten. Er muß während der Tatzeit, möglichst weit vom Brandherd entfernt, von möglichst vielen Menschen gesehen werden. Das Feuer wird zwischenzeitlich von einer Person gelegt, die weder mit dem Objekt noch mit dem Besitzer in Zusammenhang gebracht werden kann. Deshalb sollte es sich auch um einen professionellen Brandstifter handeln und nicht um Schwager oder Schwiegermutter des Eigentümers. Professionelle Brandstifter arbeiten auch im Auftrag von Schutzgelderpressern. Diese Jobs werden heute jedoch kaum in Deutschland vergeben. Das machen die zuständigen Banden fast immer in ihren Heimatländern aus. Sie lassen, wenn ein Wirt oder Diskobesitzer nicht zahlen will, den Täter speziell für die eine Tat einfliegen, das Feuer legen, und fast ehe die Profis von der Kripo zur Stelle sind, steigt der Brandstifter in Zypern schon wieder aus dem Flugzeug. Dort verliert sich seine Spur. Kann sein, daß er das Schiff nach Kreta oder den Flieger nach Moskau genommen hat. Vielleicht liegt er auch hinter dem Hotel Poseidon in der Sonne.

Auftragsarbeiten gibt es auch für Autoschieber. Ein arbeitsloser Kfz-

Mechaniker mietet eine Garage und bekommt beständig Autos angeliefert, die er zu verändern hat. Eine Feinmechanikerin in Frankfurt lebt davon, daß sie Schlüssel herstellt. Wer diese Schlüssel braucht und wo die dazugehörigen Türen oder Schränke stehen, weiß sie nicht. Eine andere Frau lebt seit Jahren auf den spanischen Inseln. Sie wechselt von einem Hotel zum nächsten und lernt so, da sie ein geselliger Mensch ist, schnell andere Touristen kennen. Obwohl oft davor gewarnt wird, daß man auf Reisen niemals darüber sprechen soll, wo man wohnt und wie die Wohnung während der Abwesenheit versorgt wird, vertrauen sich Leute der netten Dame an. Man plaudert dies und das, und am Abend ruft die reizende Dame in Deutschland an und gibt ihrem Auftraggeber durch, welches Haus oder welche Wohnung als nächstes ausgeräumt werden kann und was dort zu holen ist.

Unter einem bezahlten Killer stellt man sich meistens einen schrecklichen Mann aus dem Rotlichtmilieu vor. Das muß nicht so sein. Ich kenne eine Lehrerin, die jahrelang Ärger mit ihrem Mann hatte. Als Vertreter war er viel unterwegs und hatte ständig irgendwelche Freundinnen in den diversen Städten seines Wirkens. Aus unerfindlichen Gründen kam die Lehrerin von dem Mann nicht los. Von Zeit zu Zeit bereute er seine Sünden, gestand ihr alles und wollte ein neues Leben anfangen. Das ging stets so lange gut, bis er wieder eine Dunkelhaarige mit rauchiger Stimme kennenlernte. Als die Mauer fiel, wurde der ungetreue Gatte von seiner Firma in den Osten geschickt, um dort die Geschäfte in Schwung zu bringen. Seine Frau half ihm noch, in Leipzig eine Behelfswohnung einzurichten, wo er von Montag bis Freitag leben sollte. Die Wochenenden würde er natürlich zu Hause bei seiner Familie verbringen. Ein anonymer Anrufer informierte die Lehrerin schon bald darüber, daß ihr Mann während der Woche mit einer anderen Frau in Leipzig zusammenlebte. Am Sonntag darauf, es war der Konfirmationstag des Sohnes, starb der Mann. Plötzlicher Herzstillstand, hieß es. Ich dachte mir so im stillen, daß es doch merkwürdig sei, wie plötzlich einer Lehrerin für Chemie und Physik der Mann tot umfällt. Auf der anderen Seite hatte ich im Laufe der Jahre erlebt, wie sehr sie und die Kinder unter ihm gelitten hatten. Moralisch entrüstet war ich deshalb nicht. Der Mann wurde begraben, beerbt und vergessen. Plötzlicher Herzstillstand, so erfuhr ich, sei heute eine durchaus übliche Todesart bei Karrieremännern zwischen vierzig und fünfzig.

Etwa zwei Jahre später hatte ich einen Feind. Ich will die Sache hier nicht ausbreiten, aber der Mann war mir beruflich mehr als im Weg. Einmal sprach ich mit einem Bekannten darüber, wie sehr ich mir wünschte, der Feind solle endlich bei seiner Raserei auf der Autobahn zu Tode kommen. Der Bekannte sprach mit einem weiteren Bekannten darüber. Eines Tages erzählte mir jemand, daß eine Lösung für mein Problem gefunden werden könnte. Es gebe da eine Frau, die kenne sich mit solchen Sachen aus . . . Ich war doch sehr erstaunt, als ich in dem Zusammenhang erfuhr, daß man die besagte Lehrerin meinte.

Nun wissen wir also, daß professionelle Killer nicht unbedingt bullige Typen von St. Pauli sind. Es kann sich dabei auch um eine Lehrerin mit Brille und konfirmierten Kindern handeln.

Auftragsarbeiten sind eine Chance, haupt- oder nebenberuflich Geld zu verdienen. Man hat einerseits den Vorteil, daß man sich auf eine Sache ausschließlich konzentrieren kann. Man kann sich voll der Kunst des Fälschens oder des Tötens oder des Zündelns widmen. Auf der anderen Seite jedoch nutzt das beste Handwerk nichts, wenn man nicht ausreichend Kunden findet. Also muß man sehen, daß man als Profi in einschlägigen Kreisen bekannt wird. Da man nicht offen Werbung betreiben kann, ist man auf Mund-zu-Mund-Propaganda angewiesen. Und das ist das Problem. Schließlich wissen viel zu viele Menschen Bescheid.

10. Schönheit ist da nicht mal wichtig

Das Stammhirn findet seine Erfüllung als Heiratsschwindler. Mit Charme, sympathischer Ausstrahlung und anteilnehmender Gesprächsführung gerät das Opfer in einen Sog des Vertrauens. Es fühlt sich geliebt, umsorgt, geschmeichelt. Schönheit ist tatsächlich völlig nebensächlich. Wenn mal wieder ein Heiratsschwindler aufgeflogen ist und mit Foto in der Presse erscheint, dann fragt man sich: Wie konnte dieser kurzbeinige Glatzkopf so viele Frauen betören und betrügen? Es liegt wirklich nicht an dem Aussehen, sondern an der Fähigkeit, mit Menschen umzugehen. Die meisten Opfer legen gar nicht so großen Wert darauf, einen wunderschönen Mann zu bewundern. Es reicht ihnen, wenn irgendein Mann daherkommt und sie bewundert.

Anders ist es bei Frauen, die sich heute auf dem Markt des Heiratsschwindels tummeln. Hier kommt es weniger darauf an, daß ein Mann von einer Frau bewundert werden will. Hier geht es fast immer um handfestere Probleme. Die Opfer sind zum Großteil erbende Söhne auf Bauernhöfen. Früher war der Jungbauer eine gute Partie für ein Landmädchen. Die Zeiten sind jedoch vorbei. Welche junge Frau hat noch Lust, einen Mann zu heiraten, der beruflich an eine öde Landschaft gebunden ist, deren wesentlicher kultureller Mittelpunkt der häusliche Videoapparat ist? Die großen gesellschaftlichen Ereignisse sind Schützenfest, Hochzeiten und Beerdigungen in der Nachbarschaft. Da es heute weder Knechte noch Mägde gibt, ist an Urlaub nicht zu denken. Man kann eine Bullenzucht oder Tausende von Hühnern nicht allein lassen. Fast immer sind die Eltern mit im Haus. Die Schwiegermutter regiert in der Küche. Der Schwiegervater sitzt jeden Abend mit im Wohnzimmer und schaltet die Fernsehprogramme durch. Man kann es sich nicht leisten, mit der älteren Generation zu streiten, weil die in allen Kegelclubs, Handarbeitvereinen und Chören der Feuerwehr, der Kirche und der Schützenbruderschaft vertreten sind. Wer sich mit den Schwiegereltern anlegt, macht sich leicht im ganzen Dorf unbeliebt und hat unversehens den Gemeindepfarrer zur Familienberatung auf dem Hals. Auf dem Hof kann man ohne den alten Bauern nichts entscheiden, weil dem schließlich alles gehört. Von den Geschwistern des eigenen Mannes wird man milde belächelt. Die haben, anders als der Erbsohn, einen Beruf gelernt und wohnen längst in der Stadt, verdienen gutes Geld, tragen modischere Kleidung, machen Urlaube und gehen selbstverständlich davon aus, daß die alten Eltern später von der eingeheirateten Schwiegertochter versorgt, aber nicht beerbt werden. Welche junge Frau hat darauf Lust? Fast keine mehr. Also finden wir heute überall in den Dörfern ledige Bauern zwischen vierzig und fünfzig, die noch immer keine Frau zur Aufzucht von Hoferben und zur Pflege der inzwischen greisen Eltern haben.

Das ist das häufigste Betätigungsfeld von Heiratsschwindlerinnen. Einige der Damen arbeiten selbständig, viele gehören Banden an. Das Verfahren funktioniert meistens wie folgt: In einer bestimmten Gegend wird ausspioniert, auf welchem Hof welcher alternde Junggeselle sitzt. Außerdem werden die finanzielle und die familiäre Situation untersucht. Das ist ganz einfach, weil in ländlichen Gebieten jeder alles über jeden weiß, und einen Schwätzer findet man immer. Als nächstes folgt die persönliche Kontaktaufnahme. Das wird meistens über eine Zeitungsannonce geregelt. In katholischen Gebieten werden speziell Polinnen angeboten. Die gelten als fromm, häuslich, fleißig und bescheiden. In evangelischen Gebieten werden auch andere Nationalitäten aus Osteuropa genommen. Asiatinnen fallen in der dörflichen Umgebung zu sehr auf, außerdem wollen die Bauern nicht unbedingt einen Hoferben mit Schlitzaugen.

Wenn Bauer und Braut sich erst einmal kennengelernt haben, folgen Einladungen zu Kaffee und Kuchen mit den Eltern. Die sind auch nicht mehr so wählerisch wie vielleicht vor zwanzig Jahren, als der Sohn noch ein junger Mann war. Im wesentlichen soll die Frau noch auf Jahre hinaus gebärfähig sein und bei der Arbeit zupacken können. Das tut sie dann auch bald. Sie zieht ein, natürlich in ein abgelegenes Zimmer. Nach kurzer Zeit hat sich herausgestellt, daß sie gut kochen und gründlich putzen kann, keine Widerworte gibt und sonntags mit zur Kirche geht. Der Heirat steht dann nichts mehr im Wege. So weit kommt es dann jedoch nicht mehr, weil die Dame zuvor mit dem Familienschmuck, ein paar Antiquitäten und großen Teilen des Vermögens verschwindet. Im Dorf hört man dann meist nur, daß die »jungen Leute« wohl doch nicht so gut zusammengepaßt haben.

Ein wesentlicher Vorteil des Heiratsschwindels ist, daß die meisten Opfer ein gesundes Schamgefühl haben und nicht die Peinlichkeit auf sich nehmen, die Tat – und damit ihre eigene Dummheit – anzuzeigen.

Dennoch sollte man die Probleme nicht unterschätzen. Männliche Heiratsschwindler müssen vergleichsweise schnell herausfinden, ob die angepeilte Dame überhaupt genug Geld hat und es sich folglich lohnt, Zeit mit ihr zu verbringen. Für Männer gibt es auch einige Vorinvestitionen: Einladungen zum Essen, ins Konzert ... Man geht mit dem Opfer spazieren, plaudert amüsant, macht Komplimente und kleine Geschenke. Irgendwann muß man dann mit der Geschichte herausrücken über die gemeinsame Zukunft und das dafür zu erwerbende Geschäft oder Haus oder was auch immer. Einerseits muß man der Dame glaubhaft machen, daß man ein wohlhabender und kluger Geschäftsmann ist, andererseits sie dazu bringen, sich von ihrem Geld zu trennen. Während der Zeit der Werbung und Einschmeichelei muß man ständig auf der Hut sein vor mißtrauischen Angehörigen, die sich Sorgen machen um Tante Gertruds Ersparnisse. Es bedarf diplomatischen Geschicks, der Dame sowohl den Eindruck zu vermitteln, daß sie einen Mann gefunden hat, auf den sie stolz sein kann, wie zugleich dafür zu sorgen, daß man nicht zu viel mit ihr gesehen wird. Ein männlicher Heiratsschwindler hat gegenüber weiblichen aber meist den Vorteil, daß er sich immer wieder in sein Privatleben zurückziehen kann.

Eine Heiratsschwindlerin, die sich auf Landwirte spezialisiert hat, geht hingegen völlig in der Familie auf. Sie steht mit in der Küche, sitzt abends mit vor dem Video, geht mit zur Probe des Kirchenchores . . . Das bedeutet auch, daß sie während der gesamten Zeit auf Sex verzichten muß. Mit dem zukünftigen Ehemann kann sie in der Regel nicht schlafen, weil auf dem Land noch heute davon ausgegangen wird, daß Frauen keinen Geschlechtstrieb haben und nur Schlampen »sich hingeben«. Am Ende ist der Bauer nicht mehr bereit, die »Hure«, die mit ihm im Bett war, zur Mutter seines zukünftigen Hoferben zu machen. Er wirft sie raus, bevor sie ihre Beute ergaunert hat. Wenn die Frau abends allein weggeht, heißt es gleich: Sie treibt sich herum.

Großhirn beim Scheitern als Heiratsschwindler

Auf der anderen Seite muß eine Frau nicht so viel an Gefühl und Romantik produzieren. Ein Bauer, der vierzig und mehr Jahre alt geworden ist, ohne eine Frau zu lieben, hat bis dahin ein Frauenbild entworfen, das von der alten Mutter geprägt ist, die zu Hause kocht und putzt, und durch ständig wechselnde Mädchen in den diversen Clubs, die es heute überall in den ländlichen Gemeinden gibt. Wenn man sich dann klar macht, daß der Bauer nicht etwa eine Frau sucht, um die Barmädchen zu ersetzen, sondern damit auch nach Mutters Tod der Haushalt weitergeht, dann kann man sich vorstellen, unter welchem Blickwinkel die angebliche Zukünftige betrachtet wird.

Heiratsschwindel ist ein Nervenjob. Man muß nicht gewalttätig werden, braucht kaum polizeiliche Verfolgung zu befürchten, hat aber emotional einen hohen Aufwand zu betreiben. Für Außenstehende mag es einfach aussehen. Aber es ist Knochenarbeit, über lange Zeit die freundlichsten Gefühle zu heucheln und innerlich mit wachem Verstand zu beobachten, daß man nie aus der Rolle fällt. Das können nur stammhirngesteuerte Menschen. Zwischenhirne werden zu leicht wütend, wenn etwas nicht in ihrem Sinne läuft. Sie verlieren die Nerven und schreien womöglich in einem Anfall von Zorn aus sich heraus, was sie schon immer über ihr bescheuertes Opfer gedacht haben. Das geht natürlich nicht. Großhirnorientierte denken zu viel. Das sieht man ihnen an, und das nimmt ihnen den Charme. Großhirnorientierten fällt es schwer, süßen Unsinn zu plaudern. Bei ihnen muß das, was sie reden, immer logisch sein. Heiratsschwindel funktioniert jedoch nicht über Logik und Verstand, sondern über Gefühle, und da klafft es bei Großhirnen. Sie spüren selbst kaum Gefühle und können bei anderen Menschen nur selten welche erzeugen.

Die Technik des Heiratschwindels muß sich nicht immer am Heiratswunsch eines Opfers orientieren. Prostituierte wenden sie auch an, wenn sie stammhirnige Freier (»Stamm«-Kunden) haben, die immer wieder zu ihnen kommen, die lieber unverrichteter Dinge nach Hause gehen, als sich von einer Urlaubsvertreterin betreuen zu lassen. Solche Männer entwickeln emotionale Bindungen an jeweils eine bestimmte Dame, die sich mit der Zeit immer besser finanziell nutzen lassen.

Ich habe vor Jahren als Entwicklungshelferin in Botswana gearbeitet. Vor der Ausreise wurden wir – etwa neunzig Personen – drei Monate in Berlin vom Deutschen Entwicklungsdienst vorbereitet. Während dieser drei Monate schwärmten die männlichen Entwicklungshelfer pausenlos davon, daß sie bald zum »Negerweiberbumsen« losziehen würden. In Botswana reiste ich mit drei Automechanikern und einem Arzt ein. Alle vier Männer verloren noch in der ersten Woche ihre gesamte Barschaft an einheimische Frauen, die davon lebten, sich künstlich dumm und liebevoll zu stellen, um frisch eingereisten Weißen die Kohle abzunehmen.

Da liegt wiederum ein Vorteil für Frauen in diesem Geschäft: Sie können davon ausgehen, daß Männer überzeugt sind, keine Frau der Welt habe ausreichend Intelligenz, sie übers Ohr zu hauen. Das macht Männer im Umgang mit Frauen oft leichtsinnig. Gut so.

5 Lernen und trainieren

1. Jetzt fangen wir mit einem Beispiel an

In Seminaren für Manager wird nicht nur Theorie vermittelt. Es werden Übungen, Rollenspiele, Planspiele etc. durchgeführt, um die Theorie gleich in der praktischen Anwendung auszuprobieren. Das sollten Sie auch tun, bevor Sie Ihr kriminelles Vorhaben starten. Besonders wenn Sie bereits mehrfach wegen ähnlicher Missetaten vorbestraft sind, lohnt es sich, die Sache noch einmal in Ruhe zu überdenken. Vielleicht gelingt es Ihnen dann zukünftig, daß Sie nicht mehr erwischt werden, oder Ihnen wird klar, daß das, was Sie bisher getan haben, gar nicht zu Ihnen paßt.

In den letzten drei Kapiteln haben Sie über psychologische Phänomene gelesen und sicherlich darüber nachgedacht, was für ein »Typ Mensch« Sie sind. Vielleicht haben Sie auch über die Persönlichkeitsstrukturen Ihrer Komplizen und/oder Ihrer Opfer nachgedacht. Sie haben über das Finden und Konkretisieren von Zielen gelesen und hoffentlich für sich selbst welche entwickelt. Die speziellen Projektziele für bestimmte Vorhaben entwickeln Sie später. Dennoch haben Sie bereits über verschiedene kriminelle Taten nachgedacht.

Eigentlich sollten Sie nun eine Vorstellung davon haben, ob Sie besser betrügen oder bedrohen, erpressen oder erschwindeln können. Leider verhält es sich auch im Bereich der Kriminalität oft genauso wie im bürgerlichen Beruf: Wir haben womöglich gar nicht die Chance, die Arbeit zu tun, die uns am meisten liegt. Vielleicht fehlt eine bestimmte Grundausbildung, oder wir sind zu alt dazu, vielleicht fehlen die richtigen Kontakte . . .

Es kann auch sein, daß jemand zwar weiß, was der eigenen Begabung entsprechen würde, aber dazu keine Lust hat, oder man hat durch Zufall eine Chance, Gaunereien zu begehen, weil man sich im richtigen Moment im richtigen Umfeld befindet. Zum Beispiel hat nicht jeder bestechliche Beamte als junger Mensch seine Laufbahn begonnen, weil er die Absicht hatte, durch Schmiergeld reich zu werden. Das hat sich dann irgendwann durch Zufall ergeben, weil man auf einem Arbeitsplatz gelandet ist, wo bestochen wird.

Unser Bekanntenkreis, unser Arbeitsplatz, eine plötzliche Idee, ein bestimmtes Wissen etc. können uns beeinflussen, eine kriminelle Laufbahn einzuschlagen, die eben nicht von Anfang an strategisch durchgeplant ist.

Was auch immer Sie veranlaßt, sich auf kriminelle Art zu bereichern, Sie tun gut daran, vor der Tat in Ruhe ein gewisses Training zu absolvieren. Ich schlage vor, daß Sie sich jetzt überlegen, was Ihr heimliches Vorhaben sein soll. Fangen Sie noch nicht damit an, sondern spielen Sie die Tat wie in einem Planspiel eines Seminars durch. Legen Sie die Ziele fest, entwickeln Sie Pläne.

Wenn Sie Ihre Entscheidung getroffen haben, sollten Sie sich überlegen, ob Sie ausreichend für die Tat gerüstet sind. Das ist in zweierlei Hinsicht zu bedenken: Erstens prüfen Sie, ob Sie das notwendige Fachwissen haben. Zweitens überlegen Sie, ob Ihre Persönlichkeit und Ihre Ausstrahlung für die beabsichtigte Tat richtig sind. Wirken Sie vielleicht zu sanft für eine beabsichtigte Einschüchterungstat? Wirken Sie vielleicht zu brutal für eine beabsichtigte Trickbetrügerei?

2. Die meisten Räder sind schon erfunden

Ein Staatsanwalt sagte einmal zu mir: »Die meisten Gauner scheitern an ihrer Inkompetenz.« Das kann alles mögliche bedeuten. Vielleicht hat man geplaudert, war zu unbedacht oder hat sich in der Streßsituation am Tatort falsch verhalten. Eine ganz große Form der Inkompetenz ist jedoch die pure Dummheit. Deshalb sollten Sie, auch wenn Sie immer schon ein intelligenter Mensch waren, sich nicht zu fein dafür sein, sich ständig weiterzubilden. »Wissen ist Macht«, heißt es völlig richtig. Für Gauner kann man sogar hinzufügen: »Wissen ist Macht, Geld und Freiheit.«

Das Lesen von Kriminalromanen kann sinnvoll sein. Es reicht aber nicht. Lesen Sie Zeitungen und Fachbücher. Finden Sie heraus, welche Tricks die Kriminellen und die Ermittlungsbehörden anwenden. In Fernsehkrimis werden die Täter oft durch ihre eigene Zunge oder durch Zeugen überführt. In der Realität hat die Kripo viel mehr drauf, als sich im Fernsehfilm zeigen läßt. Die holen Insekteneier aus Leichen und stellen so fest, seit wann der Tote da liegt, was er gegessen und getrunken hat, ob es geregnet hat, und womöglich noch, was sein letzter Gedanke war. Die lesen Erpresserbriefe und finden an der Wortwahl heraus, wann der Schreiber wo geboren und wer die Lehrerin im ersten Schuljahr war.

Vielleicht übertreibe ich jetzt, aber als Laie macht man sich gar nicht klar, was Kriminalisten heute alles herausfinden können. Wir bekommen doch immer nur altmodische Polizeiwachen mit lachhaften technischen Ausstattungen zu sehen. Das läßt uns leicht auch die Menschen altmodisch und lachhaft erscheinen. Vorsicht!

Sie sollten sich ebenso schlau machen, welche Tricks man heute hat als Gauner. Sie sollten wissen, womit andere schon erfolgreich waren, was die Bevölkerung bereits kennt, was in festen Banden organisiert ist und für Einzeltäter nicht mehr in Frage kommt. Bevor Sie mit Ihren Taten loslegen, sollten Sie in fachlicher Hinsicht Profi sein. Bedenken Sie: Was in der Zeitung steht, ist bereits gescheitert. Gelungene Taten sind unentdeckte Taten.

Bei der Weiterbildung haben verschiedene Menschen verschiedene Probleme. Zwischenhirnorientierte bringen meist nicht die Geduld auf, sich in komplexe Sachverhalte einzuarbeiten. Sie geben sich zu leicht mit einem allgemeinen Halbwissen über dies und das zufrieden. Großhirnorientierte leben oft so abgeschlossen in ihrer eigenen Welt, daß ihnen zum Teil nicht bewußt ist, was alles schon erfunden, erforscht und als Allgemeinwissen verfügbar ist. Ich habe einmal das Büro mit einem großhirnorientierten DV-Spezialisten geteilt. In seinem Fachgebiet war er ein Topprofi. Jenseits seines Fachgebietes war er eher ein zerstreuter Professor, der jedes Problem mit Sorgfalt und Inkompetenz allein zu lösen versuchte. Eines Tages sollte er ein Gutachten schreiben. Tagelang grübelte er darüber nach, wie das zu gliedern sei. Er kam nicht mal auf die Idee, sich bei den Kollegen danach zu erkundigen. Als Mitarbeiter einer Unternehmensberatung, die davon lebt, pausenlos nützliche und überflüssige Gutachten zu schreiben, zu kopieren und leicht verändert überall am Markt anzubieten, hätte er für seine Aufgabe mindestens zwanzig Vorlagen in den diversen Schränken des Unternehmens finden können. Der Gedanke kam ihm gar nicht. Er hatte sich noch nie überlegt, was eigentlich all die Leute tun, die rechts und links von ihm in den Büros saßen und auch Geld verdienten. Wenn Sie sich selbst inzwischen als Großhirn erkannt haben, dann sollten Sie wirklich versuchen, Ihre intellektuelle Isolation zu überwinden. Fast alle Tricks und Weisheiten, die Sie brauchen, sind bekannt. Erfinden Sie nicht, was es schon gibt, bauen Sie lieber auf Erfahrungen auf, und verfeinern Sie diese für Ihre Vorhaben.

3. Jeder hat eine Chance, sich zu verbessern

Für Manager, Verkaufsprofis, Politiker etc. ist Verhaltenstraining eine obligatorische Maßnahme zur Steigerung der eigenen Qualifikation. Beim Verhaltenstraining geht es nicht um das Einpauken von Wissen, sondern um das konsequente Üben von bestimmten Verhaltensweisen. Es kann sich dabei um das Trainieren von konstruktiver Gesprächsführung oder von besserer Zeiteinteilung oder von eindrucksvollerem Auftreten etc. handeln.

Wenn zum Beispiel eine Person mit sehr hohem Sachwissen und einer Liebe zum Detail im Laufe ihrer Karriere zur Führungskraft wird, dann muß sie sich von der Sacharbeit verabschieden. Sie muß es statt dessen lernen, andere Menschen als Mitarbeiter zu führen, sie zu motivieren, ihnen ein Vorbild zu sein. Vielen Führungskräften gelingt das nur schwer. Das sind dann die Chefs, die bis tief in die Nacht an ihren Schreibtischen sitzen und jeden Zettel, jede Bilanz, jedes Protokoll persönlich kontrollieren. Sie schaffen es nicht, ihren Mitarbeitern zuzutrauen, daß diese auch richtig arbeiten. Nicht selten werden solche Führungskräfte dann auch noch bestätigt. Sie finden tatsächlich pausenlos Fehler in dem, was die Mitarbeiter gemacht haben. Das liegt jedoch nicht am Schwachsinn der Mitarbeiter, sondern eher an deren Intelligenz: Wer wird so dumm sein, sorgfältig zu arbeiten, wenn man weiß, daß sowieso »der Alte« alles noch einmal kontrolliert?

Ich kenne Sparkassenleiter, die ihre Abende mit dem Nachrechnen von Kalkulationen ihrer Mitarbeiter verbringen. Ich kenne Leiter von DV-Abteilungen, die sich nachts durch die Module ihrer Programmierer filzen.

Es gibt auch Führungskräfte, die durch ihr Verhalten dafür sorgen, daß qualifizierte Leute fluchtartig ihre Abteilungen verlassen oder sich auf Dienst nach Vorschrift beschränken. Das sind die Kasernenhof-Chefs. Sie kommandieren ihre Untergebenen herum und bestrafen jeden, dem ein Fehler unterlaufen ist. Auf der anderen Seite stehen die sanftmütigen Chefs. Sie sehen sich eher als Nestbauer oder Therapeuten ihrer Mitarbeiter. Ihnen ist das Wohlbefinden der Menschen so wichtig, daß sie lieber auf Leistung verzichten, als einmal einem Mitarbeiter durch Kritik das Herz zu brechen.

Denken Sie an einen Politiker, der es sich in den Kopf gesetzt hat, Kanzler zu werden. Dann muß er – egal, wie klug er auch sein mag – es lernen, bei Reden und Interviews oder auf Fotos wie ein kompetenter Staatsmann zu wirken (ob er es ist, steht bei der Wahl gar nicht zur Debatte), und nicht wie ein hautumspannter Roboter.

Diese Beispiele sollen genügen. Allgemein kann man sagen: Je höher die Position einer Person in der Unternehmenshierarchie ist oder je höher die Ziele einer Person sind, desto wichtiger ist das richtige Verhalten, desto unwichtiger einpaukbares Fachwissen.

Das Verhalten ist auch für Kriminelle oft fast wichtiger als reines Wissen um die Fakten. Richtiges Verhalten, gepaart mit Dummheit, ist selbstredend ein sicherer Weg ins Unglück. Trotzdem: Das beste Wissen taugt nichts, wenn das Verhalten dazu führt, daß wir bei anderen Menschen nicht die Wirkung erzielen, die wir erreichen wollen.

Wenn Sie Chef einer Gaunerbande sein wollen, dann brauchen Sie unbedingt die Ausstrahlung von Führungsautorität. Einen zerstreuten Professor akzeptiert man in der Position einfach nicht. Wenn Sie Heiratsschwindler oder Betrüger an der Haustür werden wollen, dürfen Sie kein

Griesgram sein. Ihr Verhalten muß es anderen Menschen angenehm machen, mit Ihnen zusammen zu sein, Ihnen das Herz und dann das Sparbuch zu öffnen. Wenn Sie Steuerhinterzieher beraten wollen, müssen Sie eine entsprechend seriöse Ausstrahlung haben. Sie dürfen weder als leutseliger Trinkkumpane (außer: Sie sind bereits bei Peanut-Größen angelangt und betrinken sich in der richtigen Altherrenrunde) noch als magenkranker Buchhalter oder als bedrohlicher Zinseneintreiber auftreten.

Aufgrund Ihrer Hirndominanz, Ihrer Erziehung und Lebenserfahrung verfügen Sie bereits über ein Verhaltensrepertoire, das von Ihrem sonstigen Benehmen, dem Umgang mit anderen Menschen und dem mit Problemen geprägt ist.

Nun kann es sein, daß Sie sich zu einer Form der Kriminalität entschlossen haben, für die Ihr bisheriges Verhalten nicht geeignet ist. Dann brauchen Sie – genau wie ein Manager – ein Verhaltenstraining.

Das Verhaltenstraining wird die Steuerungsdominanz Ihres Hirns nicht verändern. Aber Sie können lernen, bestimmte Merkmale zu zeigen. Sie können zum Beispiel Freundlichkeit simulieren, die Sie gar nicht empfinden. Sie können Machtsignale aussenden, die von anderen unbewußt wahrgenommen werden. Sie können interessiertes Zuhören oder das Vortäuschen von Zuhören üben. Diese Kunst lernen zum Beispiel Eheberater, Bearbeiter von Reklamationen, Kundenbetreuer in Versicherungen und Banken . . . Trickbetrüger brauchen diese Fertigkeit auch.

Durch Verhaltenstraining soll erreicht werden, daß man sich selbst besser in den Griff bekommt, sich selbst besser steuern kann, und daß man andere Menschen besser in den Griff bekommt und den eigenen Zielen entsprechend steuern kann.

Das Verhalten eines erwachsenen Menschen hat sich über Jahre und Jahrzehnte hinweg entwickelt und eingeschliffen. Man kann es aufgrund von logischen Erkenntnissen nicht einfach ändern. Stellen Sie sich einen Menschen vor, der zu Jähzorn neigt. Glauben Sie wirklich, daß man ihm nur einmal in aller Ruhe erklären muß, daß Jähzorn schädlich ist, und dann ist dieser Mensch, nachdem er es begriffen hat, stets ruhig und gelassen?

Stellen Sie sich einen Angestellten vor, der mit eingezogenen Schultern an der Wand entlang in sein Büro schleicht. Wenn so einer nun zur Führungskraft erhoben werden möchte, kann man ihm erklären, daß ein aufrechter Gang, feste Schritte, raumfüllendes Auftreten etc. zunächst einmal die Grundvoraussetzung dafür ist, daß man ihm Führung überhaupt zutraut. Glauben Sie, daß dieser Mensch dann ab sofort eine andere Gangart hat und Machtsignale ausstrahlt?

Verhaltenstraining fängt zwar damit an, daß man einige Grundlagen der Psychologie versteht und sachlich begreift, für welche Situationen oder Positionen welches Verhalten das richtige ist und welche Verhaltensweisen wie auf andere Menschen wirken. Die tatsächliche Veränderung im täglichen Leben und ganz besonders bei Streß bedarf einer langen Übung. Man sagt, daß ein Mensch, der sein Verhalten ändern will, sich an folgende Regeln halten sollte:

1. Ändere nicht dein gesamtes Verhalten auf einmal, sondern nimm dir nur eine bestimmte Sache vor.
   Beispiel: Man sollte sich nicht vornehmen, ab sofort ein freundlicher Mensch zu sein, sondern bewußt nur das freundliche Lächeln üben. Erst wenn das zu einer festen Gewohnheit geworden ist, kommt der nächste Teil des »Freundlichkeitstrainings«.
2. Man muß das, was man trainieren will, täglich mindestens zehn Minuten lang bewußt tun oder sich eine »Mindestens-Regelung« vornehmen.
   Beispiel: Ich werde ab sofort mindestens fünf Personen täglich bewußt freundlich anlächeln.
3. Man muß nach jeder Niederlage oder nach jeder Nachlässigkeit sofort das Training wieder neu beginnen. Man darf sich nicht von eigenen Faulheiten oder Fehlschlägen entmutigen lassen.

In der Regel wird man dann nach etwa sechs Wochen von anderen Menschen hören, daß man sich »irgendwie« verändert hat. Die anderen können oft nicht einmal sagen, was ihnen auffällt. Sie bemerken nur: Da hat sich etwas geändert.

Nach etwa acht Monaten hat sich ein täglich trainiertes Verhalten endlich verfestigt. Erst dann kann man sagen, daß die Person sich wirklich geändert hat.

Sie kennen es vielleicht aus Ihrem bürgerlichen Beruf: Da geht der Chef für drei Tage zum Führungsseminar, kommt wieder und ist genau wie vorher. Das erbittert die Mitarbeiter manchmal. Sie meinen dann,

»dem Alten« muß doch gesagt worden sein, wie man motiviert und die Arbeitsfreude steigert. Seien Sie nicht enttäuscht. Beobachten Sie Ihren Chef im Laufe der nächsten Wochen und Monate. Erst wenn Sie dann feststellen, daß sich nichts geändert hat, wissen Sie, daß das Seminar für ihn sinnlos war.

Nun soll es jedoch nicht um Chefs oder andere schreckliche Menschen gehen, sondern um Sie. Wenn Sie für Ihre kriminellen Ziele ein anderes Verhalten oder Auftreten brauchen, lassen Sie sich von den folgenden drei Kapiteln inspirieren.

4. Wie wird man ein Killer-Typ?

Menschen werden dann gewalttätig, wenn sie zu dumm sind, ihre Probleme mit Intelligenz zu lösen. Sollten Sie ein friedlicher Typ sein, meilenweit von einem Killer entfernt, dann können Sie sich getrost selbst gratulieren.

Auf der anderen Seite kann es gelegentlich nützlich sein, wenn Ihre Mitmenschen einen gesunden Respekt vor Ihrem Zorn haben. Sie sollten deshalb auf keinen Fall die Ausstrahlung eines sanftmütigen Schafes oder eines scheuen Rehs haben. Seien Sie liebenswürdig und nett, aber machen Sie deutlich, daß Sie es nicht dulden werden, wenn man versucht, Ihnen »die Wurst vom Brot« zu nehmen.

Ich hatte einmal einen Teilnehmer in einem Seminar für Projektleiter, der sich bitterlich darüber beklagte, daß er nie die notwendigen Ressourcen für seine Aufgaben bekam, daß ihm die besten Mitarbeiter immer wieder aus seinen Projekten abgezogen wurden, und daß der Vorstand ihm dauernd in die Leitung seines Teams hineinregierte. Dieser Mann wollte wissen, ob das denn richtig und fair von seinen Vorgesetzten sei. Was sollte ich dazu sagen? Nein, es ist nicht fair, wenn Vorstände einen Projektleiter mit einer Aufgabe beauftragen und ihm dann Knüppel zwischen die Beine werfen.

Machen Vorstände das aus Bosheit?

Das tun sie nicht. Meistens stehen sie selbst unter Druck und müssen knappe Ressourcen verteilen, Prioritäten setzen und gute Fachleute gezielt dort einsetzen, wo sie gebraucht werden.

Auch wenn es einem manchmal nicht so vorkommt, sollte man doch wissen, daß fast alle Vorstände fast aller Unternehmen letztlich Faulpelze und Feiglinge sind. Sie versuchen – wie wir übrigens auch – mit möglichst wenig Anstrengung und Aufwand die Dinge zu regeln, die sie zu regeln haben. Deshalb ist es auch kein Wunder, daß sie knappe Ressourcen nicht so verteilen, wie es am vernünftigsten wäre, sondern so, wie es ihnen am wenigsten Ärger bereitet. Wenn zum Beispiel zwei Projektleiter gleichzeitig einen bestimmten Computer (oder eine sonstige Ressource) brauchen, dann wird nicht derjenige ihn bekommen, der den dringendsten Bedarf hat oder der das wichtigste Projekt leitet, sondern der, der den größten Ärger verursachen würde, bekäme er ihn nicht.

Genauso ist es beim Gehalt, dem Geschäftswagen, den schönsten Büros und den modernsten PCs. Alle diese Dinge müssen erkämpft werden. Deshalb gewinnen solche Trophäen auch nicht die qualifiziertesten Mitarbeiter, sondern jene, die am härtesten ihre Ansprüche durchsetzen können. Maulen, jammern, beleidigt sein bringt nicht weiter.

Da ich im Verlauf des Seminars den oben erwähnten Projektleiter in verschiedenen Situationen beobachten konnte, wurde mir schnell klar, warum er in seinem Arbeitsumfeld immer wieder der Verlierer war. Schon allein wie er mit eingefallenen Schultern am Tisch hing! Dann hatte er auch noch eine kraftlose Stimme, leise und monoton. In jeder Gruppenübung wurde er von den anderen Teilnehmern an die Wand gespielt. Beim Essen kam es mehrfach vor, daß der Kellner ihn bei der Getränkebestellung übersah.

Wenn ich sein Chef gewesen wäre, hätte ich auch lieber ihn als andere verärgert. Zu Widerstand war er nicht fähig, und sein Seelenschmerz über die Ungerechtigkeiten dieser Welt hätte mich weniger gestört als die Auseinandersetzungen mit energischeren Projektleitern.

Fazit: Man sollte kein Killer-Typ sein, aber man sollte im Bedarfsfall so wirken können. Der Begriff »Killer« ist auch zu hart. Es geht darum, daß man fähig sein sollte, Kraft und Energie auszustrahlen. Man sollte Kampfgeist zeigen und Machtsignale aussenden können. Man sollte anderen Menschen deutlich machen können, daß man sich nicht alles gefallen läßt, daß man respektiert und berücksichtigt werden will, und daß man bereit ist, knallhart für die eigenen Ziele zu kämpfen.

Somit geht es um das Trainieren der »Zwischenhirnigkeit«. Sie werden dennoch bei Ihren bisherigen Verhaltensdominanzen bleiben, aber Sie verändern Ihre Ausstrahlung und somit das Verhalten anderer Ihnen gegenüber.

Dynamik, Energie, Kraft, Autorität und Aggressivität signalisiert man im wesentlichen durch körperliche Signale. Trainieren Sie:

- Ihre Körperhaltung
  Stehen, sitzen und gehen Sie aufrecht. Ziehen Sie Ihre Schultern weder hoch noch krumm nach vorne. Setzen Sie sich nicht auf die vorderste Stuhlkante, und kippeln Sie nicht mit den Möbeln herum. Stehen Sie fest auf beiden Beinen und tänzeln Sie nicht auf der Stelle.
- Ihre Gestik
  Nehmen Sie mit Armen und Beinen so viel Raum wie nur möglich ein. Beim Gestikulieren mit den Armen achten Sie darauf, daß die Ellenbogen sich vom Körper entfernen. Die Gestik muß aus den Schultern kommen und nicht nur die Unterarme einbeziehen. Achten Sie darauf, daß Sie im Kino oder im Flugzeug rechts und links beide Armlehnen für sich haben. Scheuen Sie sich nicht vor dem damit verbundenen Körperkontakt. Nach einer gewissen Zeit wird die andere Person ihre Arme einziehen (außer sie trainiert auch gerade die Zwischenhirnausstrahlung. Dann viel Spaß).
- Ihre Gangart
  Gehen Sie bewußt durch die Mitte der Flure. Gehen Sie so zielstrebig auf andere zu, daß die Ihnen ausweichen und nicht umgekehrt. Sie sollten weder huschen noch schleichen. Treten Sie fest auf. Lassen Sie Ihre Schritte ruhig hörbar sein.
- Ihre Stimme
  Drehen Sie das Radio oder den Fernseher etwas lauter als üblich, setzen Sie sich dicht neben das Gerät, und lesen Sie laut aus einem Buch vor. Achten Sie darauf, daß Sie den Geräuschpegel deutlich übertönen. Das tun Sie jeden Tag etwa zehn Minuten lang. Reden Sie sich nicht ein, daß leises Sprechen eine Taktik ist, mit der man die Aufmerksam-

keit anderer auf sich konzentrieren kann. Das haben sich die Lauten ausgedacht, um die Stillen noch stiller zu machen.

- Ihre Standfestigkeit
  Sagen Sie täglich mindestens einmal nein. Das sollten Sie ganz besonders dann tun, wenn ein guter Freund oder ein Vorgesetzter etwas von Ihnen will. Nein, Sie lassen keine Zigaretten von sich schnorren; nein, Sie werden nicht das Bier für den Kegelabend besorgen; nein, Sie werden nicht im Meeting das Protokoll schreiben ... Argumentieren Sie nicht, und begründen Sie Ihre Ablehnung nicht. Nein und basta.

Jeden Abend überlegen Sie: War ich heute mindestens einmal lauter als andere? Habe ich heute mindestens einmal eine Person auf mich ärgerlich gemacht und mich dann nicht entschuldigt? Wenn ja, dann ist es gut.

Speziell Frauen haben oft in jungen Jahren schon gelernt, daß sie sich damenhaft verhalten sollen. Als Erwachsene stellen Sie dann erbost fest, daß Männer oft erfolgreicher sind als sie selbst. Das liegt nicht nur an der Ungerechtigkeit der Mächtigen, sondern auch daran, daß Männer sich fast nie darum bemühen, damenhaft zu sein. Folgen Sie diesem Beispiel.

5. Sie brauchen Charme

Für viele bürgerliche Berufe und für viele kriminelle Vorhaben ist es notwendig, daß man von anderen Menschen akzeptiert und gemocht wird. Dafür gibt es eine Erfolgsformel: E = Q x A.

Das bedeutet: Erfolg = Qualität mal Akzeptanz.

Damit ist gemeint, daß alle Qualifikation, Klugheit, Intelligenz, Hilfsbereitschaft oder sonstigen positiven Eigenschaften wenig nutzen, wenn es einem nicht gelingt, menschlich von anderen akzeptiert und angenommen zu werden. Wenn man sich von Ihnen abwendet, wenn man den Umgang mit Ihnen meidet oder sogar bewußt gegen Sie arbeitet, dann kann das für Ihren Erfolg sehr schädlich sein.

Oft kann man beobachten, wie fiese Leute von anderen abgelehnt werden. Das läßt sie immer wieder scheitern. Niemand hilft ihnen, keiner gibt ihnen Tips, niemand hat Lust, mit ihnen zusammenzuarbeiten. Das ständige Versagen und Scheitern macht die Leute noch ekliger und verbitterter, also werden sie noch konsequenter abgelehnt, also versagen sie noch mehr . . .

Wenn Sie eine bürgerliche oder kriminelle Laufbahn einschlagen wollen, in der es wichtig ist, daß andere Sie mögen und Ihnen glauben und gern mit Ihnen zusammen sind, brauchen Sie Charme besonders. Das ist nicht leicht, wenn Ihre Stammhirnsteuerung nur schwach ausgebildet ist. Entweder neigen Sie dazu, andere Menschen niederzudrücken, oder Sie zeigen deutlich, daß andere Ihnen völlig egal sind. Beides ist nicht gut.

Auch wenn Sie weiterhin nicht im geringsten an den Belangen anderer interessiert sind oder wenn Sie weiterhin am liebsten alle Menschen unter Ihrer Fuchtel haben, können Sie einen gewissen Charme antrainieren. Es geht dabei darum, daß Sie ein Verhalten entwickeln, das es anderen Menschen angenehm macht, sich in Ihrer Gesellschaft zu befinden.

Wie macht man das?

Mit dem Lächeln fängt es an. Üben Sie das nicht vor dem Spiegel. Gehen Sie auf die Straße, und fragen Sie lächelnd nach dem Weg. Sie werden bemerken, daß mit zunehmender Übung das Lächeln der von Ihnen Angesprochenen freundlicher und offener wird. Wenn mit der Zeit gelegentlich die Gefragten von sich aus ein Gespräch mit Ihnen anfangen, dann ist das ein Zeichen dafür, daß Sie eine freundliche Ausstrahlung entwickelt haben. Probieren Sie es auch bei Kindern aus. Die haben oft einen besonders guten Blick dafür, ob ein Lächeln echt ist oder ob nur die Muskeln der unteren Gesichtshälfte verzogen werden. Wenn Ihnen zum Beispiel in der S-Bahn aus einem Kinderwagen zurückgelächelt wird, sind Sie auf dem richtigen Weg.

Telefonieren Sie grundsätzlich mit einem Lächeln auf den Lippen. Echtes Lächeln kann tatsächlich fernmündlich übertragen werden. Telefonverkäufer wissen das und leben weitgehend davon.

Außerdem sollten Sie Interesse an anderen Menschen entwickeln. Ohne sich aufzudrängen oder plumpe Anquatscherei zu betreiben, sollten Sie täglich mindestens einmal bewußt das Gespräch mit einer Person suchen, die eigentlich zu dumm oder zu langweilig für Sie ist. Verzichten Sie bewußt darauf, diese Person in irgendeiner Form zu belehren oder zu beeindrucken. Erzählen Sie nicht von den Abenteuern Ihres Lebens oder von den Leistungen Ihres Verstandes. Statt dessen versuchen Sie herauszufinden, auf welchem Gebiet die andere Person etwas weiß, was Sie nicht wissen. Vielleicht kennt sie einen Ihnen unbekannten Ort. Vielleicht pflegt sie ein Hobby, von dem Sie nichts wissen. Ganz egal, ob es Sie interessiert oder nicht: Setzen Sie Ihren Ehrgeiz darein, sich möglichst viel von der betreffenden Person erzählen zu lassen. Stellen Sie Fragen, aus denen Ihr (notfalls simuliertes) Interesse deutlich wird, die jedoch nicht wie Verhöre wirken. Verzichten Sie auf Wortgefechte oder Berichte über Ihre Erfahrungen. Lassen Sie das Gespräch ganz vom anderen bestimmen.

Abgesehen davon, daß Sie durch solche Übungen mit der Zeit eine erstaunliche Erweiterung Ihres Wissenshorizontes erfahren, machen Sie sich bei den Gesprächspartnern beliebt. Den meisten Menschen macht es nämlich Spaß, möglichst viel zu reden, wenn jemand zuhört. Am liebsten reden sie über sich selbst oder über ihre eigenen Interessen. Die größte Wertschätzung, die man anderen erweisen kann, ist das aufmerksame Zuhören. Man wird es Ihnen mit Sympathie lohnen. Sie werden wahrscheinlich mit der Zeit erkennen, daß viele Leute letztlich nicht so dumm und langweilig sind, wie Sie geglaubt hatten.

Jeden Abend überlegen Sie: Wer hat sich heute in meiner Gesellschaft wohl gefühlt? Was habe ich heute von einem Menschen hinzugelernt? Wem bin ich heute sympathisch gewesen?

6. Über manche Dinge muß man einfach nachdenken

Allein mit Durchsetzungskraft und mit guten Beziehungen kommt man oft nicht weiter. Man braucht Fachwissen, einen Überblick über Zusammenhänge und Ursachen von Phänomenen, und man braucht saubere Pläne und Zukunftsvisionen.

Dafür muß das Großhirn fit sein. Nun ist es sehr viel schwieriger, Großhirnverhalten nachzutrainieren, als das Verhalten entsprechend den anderen Dominanzen zu verändern. Der wesentliche Unterschied besteht darin: Beim Einüben von stammhirn- oder von zwischenhirnorientiertem Verhalten soll erreicht werden, daß Menschen einen anderen Eindruck von uns bekommen. Sie sollen uns für kämpferischer oder für freundlicher halten, als wir es sind. Entsprechend kann man sich geeignetes Verhalten überlegen und im Grunde wie ein Schauspieler darstellen. Beim Training von Großhirnverhalten geht es nicht um die Wirkung auf andere, sondern um eine echte Verhaltensänderung innerhalb der eigenen Person. Man soll zum Beispiel nicht mehr blitzschnell unüberlegte Entschlüsse fassen, nicht mehr tausend Dinge gleichzeitig anfangen, nicht mehr großzügig über Details hinweggehen etc.

Nehmen Sie das Training von Großhirnverhalten wie »Hirnjogging«. Das soll ja sehr gesund sein und die geistigen Kräfte bis ins hohe Alter frisch halten. Suchen Sie sich knifflige Probleme, die Sie allein lösen. Entwickeln Sie für sich selbst oder für Ihr Unternehmen mit großer Sorgfalt Zukunftspläne. Suchen Sie sich einen bisher für Sie unbekannten Sachverhalt, und finden Sie beharrlich alles darüber heraus, was man nur herausfinden kann.

Ein Bekannter von mir hat sich beispielsweise das Sachgebiet: »Traditionelle Gesundheits- und Heilungsrezepte im ländlichen Südoldenburg« herausgesucht. Er hat alles an Literatur darüber besorgt, hat mit Menschen gesprochen, sich Tagebücher verstorbener Bäuerinnen beschafft etc. Eigentlich wollte er wirklich nur Hirnjogging betreiben. Schließlich hatte er so viel Material zusammengetragen, daß er darüber ein Buch schreiben konnte. Heute wirkt er recht lukrativ in einer eigenen »Wunderheiler-Praxis«. Die Patienten laufen ihm zu, weil er mit seinem eigentlichen Stammhirn-Charme fast über hypnotische Fähigkeiten verfügt. Ursprünglich wollte der Mann die kriminelle Laufbahn der Sektengründung einschlagen, weil es ihm einfach imponiert hatte, wie reich man damit werden kann.

Nun kann man überlegen, was die größere Gaunerei ist: Wunderheilungen (viele seiner Anwendungen wirken allerdings tatsächlich) oder geldgierige Gottesverkündigungen.

Führungskräften wird in Management-Seminaren eher davon abgeraten, ihr Großhirn zu trainieren. Im Bereich Führen und Managen sind Großhirnorientierte oft weniger mit Erfolg gesegnet als andere. Besser ist es, zu bleiben wie man ist und sich Mitarbeiter zu suchen, die das Tüfteln und Grübeln übernehmen. Sie sind oft gründlich, leisten Qualitätsarbeit und werden für die Karriere des Chefs nicht gefährlich.

Wenn Sie dennoch Ihren Denk- und Tüftelapparat trainieren wollen, dann gilt:

- Ich fange immer nur ein Vorhaben an und bringe es zu Ende, bevor das nächste Vorhaben in Angriff genommen wird.
- Ich verzichte bewußt auf Hilfe und löse Probleme allein.
- Ich überschlafe grundsätzlich jede Entscheidung und besorge mir vor einer Entscheidung mindestens fünf positive und fünf negative Argumente.
- Ich mache mich in mindestens einem Sachgebiet, das mich bisher nicht interessiert hat, zum Experten mit möglichst hohem Detailwissen.
- Ich lese Fachbücher, Zeitungen etc. Zeile für Zeile und durchdenke danach den frisch aufgenommenen Inhalt.

Jeden Abend überlegen Sie: Welches Problem habe ich heute durch Denken oder Nachforschen gelöst? Was weiß ich jetzt, was mir heute morgen noch unbekannt war? Auf welchem Sachgebiet bin ich heute ein wenig mehr Experte geworden?

Außerdem ist das Vorgehen nach einem Konzept des Projektmanagements ebenfalls eine gute Trainingsmöglichkeit für das Großhirn. Lesen Sie nun in Kapitel 6, wie das gemacht wird.

6 Ein guter Plan ist die halbe Tat

1. Projektmanagement – nur für Manager?

Seminare zum Thema Projektmanagement werden ständig gehalten. Bücher werden zu dem Thema geschrieben, Unternehmensberater leben davon, Projekte zu leiten. In den Zeitungen kann man gelegentlich lesen, daß ein Projekt gescheitert ist. Nehmen wir als Beispiel den Messeturm in Frankfurt. Als riesiges Prestigegebäude sollte der Turm Ruhm und Reichtum seiner Erbauer und der Stadt Frankfurt mehren. Der Bau des Messeturms war sicherlich ein Projekt. Ist es aber gelungen? Zunächst kann man sagen: Der Turm steht unübersehbar da. Trotzdem: Der Bau wurde teurer als geplant. Man hat längst nicht die vielen Mieter für die einzelnen Etagen gefunden, die man erwartet hatte. Man mußte die Mieten drastisch senken. Der Turm bringt auf keinen Fall das ein, was man sich von ihm versprochen hat.

Ähnliche Ruinen gescheiterter Projekte stehen heute in fast jeder deutschen Großstadt. Von außen sieht man edle Fassaden neuester Bürohausarchitektur. Innen warten gespenstisch leere Flure und Räume auf Mietinteressenten.

Gescheiterte Projekte gibt es auch in der Presselandschaft. Mit großem Werberummel wird eine neue Illustrierte an den Markt gebracht. Nach einigen Monaten ist sie plötzlich verschwunden.

Damit solche teuren Niederlagen möglichst nicht passieren, werden Manager zu Seminaren geschickt. Bei diesen Seminaren geht es nicht um Fach- oder Sachwissen. Es wird nicht gelehrt, wie man noch schönere oder noch höhere Türme baut oder noch spannendere Zeitungen entwickelt. In diesen Seminaren geht es um die Frage: Wie kann man geplante Projekte erfolgreich umsetzen?

Was ist eigentlich ein Projekt?

Mit einem Projekt wird ein Vorhaben bezeichnet, das sich in seiner Art von den üblichen Tagesaufgaben abhebt. Für einen Finanzbeamten ist es kein Projekt, wenn er täglich am Schreibtisch sitzt und eine Steuererklärung nach der anderen erledigt. Ein Bankangestellter, der seine Kunden betreut, hat damit kein Projekt in Arbeit. Ein Wirt am Zapfhahn geht ebenfalls seinen normalen Aufgaben nach.

Das sind zum Beispiel Projekte:
- die Eröffnung einer neuen Kneipe
- die Umstellung der Datenverarbeitung eines Unternehmens auf neue Rechner
- der Umzug einer Behörde in ein anderes Gebäude
- der Bau eines Luxusschiffs in einer Werft
- die Vermarktung einer neuen Margarine durch einen Lebensmittelkonzern
- die Durchführung einer Werbekampagne

In unserem täglichen Leben haben wir auch gelegentlich Projekte erfolgreich zu managen:
- Bau eines Eigenheims
- Kauf eines Autos
- Organisieren einer Party mit vielen Gästen
- Suchen eines neuen Arbeitsplatzes

Würden Sie eine Urlaubsreise als Projekt bezeichnen?
Ich meine: Es kommt auf den Typ des Urlaubs an. Wenn zum ersten Mal Brasilien bereist werden soll, dann ist das sicherlich ein Projekt. Wenn man jedoch den Urlaub jedes Jahr in Zimmer 8 der Pension Alpenblick verbringt, dann würde ich das eher zur allgemeinen Routine zählen.

Ist Kaffeekochen ein Projekt?

Für mich ist das kein Projekt. Ich koche im Laufe des Tages mindestens dreimal Kaffee für mich und für andere. Wenn ein Teetrinker jedoch die halbe Verwandtschaft zu Kaffee und Kuchen eingeladen hat und dabei bedenken muß, daß einige der Gäste magenschonenden, andere herzschonenden und wieder andere aufputschenden Kaffee brauchen, dann wird das Kaffeekochen für den Teetrinker zum Projekt.

Projekte heben sich von dem ab, was wir beruflich oder privat routinemäßig tun. Projekte stellen uns vor ungewohnte Aufgaben und erfordern oft unsere ganze Aufmerksamkeit. Im beruflichen Umfeld spricht man dann von Projekten, wenn ein Vorhaben durch bestimmte Merkmale gekennzeichnet ist:

- einmalig
- neuartig
- komplex
- terminiert
- budgetiert
- zielorientiert
- riskant

Nicht für jedes Projekt treffen alle Merkmale in gleicher Intensität zu. Dennoch kann man sagen, daß Projekte höhere Anforderungen an Manager stellen als das Leiten einer ganz normalen Abteilung mit Aufgaben, für die jeder Mitarbeiter ausreichend Erfahrung hat.

Es sind die einzelnen Merkmale, die es manchen Menschen schwer oder gar unmöglich machen, erfolgreich Projekte durchzuführen.

- einmalig

Auch wenn eine Werft immer wieder Schiffe baut, so ist doch jedes Schiffbauprojekt in sich einmalig. Der Eigner will seine individuellen Ansprüche umgesetzt sehen, der Gesetzgeber stellt neue Sicherheitsanforderungen, die Technik hat sich seit dem letzten Schiff ähnlichen Typs weiterentwickelt.

So ist es auch für jeden von uns immer wieder eine einmalige Aufgabe, wenn wir uns ein neues Auto kaufen. Seit dem letzten Mal hat sich so viel verändert, daß wir uns mit dem Thema Auto ganz aufs neue befassen müssen.

In der relativen Einmaligkeit von Projekten kann für Kriminelle eine Gefahr liegen. Sie führen das erste Mal ihre Tat sehr sorgfältig durch. Danach jedoch halten sie sich für routinierte Profis und wollen das Strickmuster der ersten Tat für die folgenden Vorhaben wiederholen. Sie unterschätzen die Einmaligkeit eines jeden Projektes. Kein Wunder, daß die Kriminalbeamten es darauf anlegen, bei Verbrechen immer nach der »Handschrift« des Täters zu suchen. An ihren Wiederholungstaten gehen viele Gauner zugrunde.

• neuartig

Gerade wegen seiner Einmaligkeit stellt uns jedes Projekt vor neue Aufgaben. Wir müssen uns mit Dingen befassen, mit denen wir noch nie zu tun hatten. Wir müssen uns in Wissen einarbeiten, das für uns völlig neu ist. Wer ein Haus baut, sieht sich vor das Problem gestellt, herauszufinden, welche Heiztechnik die beste ist, welche Kachelsorte sich empfiehlt, wie man die Finanzierung regelt, wie man herausfindet, ob die Handwerker pfuschen ... Das sind Fragen, mit denen man sich noch nie befaßt hat. Man muß sich einarbeiten und möglichst schnell möglichst viel lernen und begreifen. Hier liegt die Schwäche von Menschen, die nie mit Projekten erfolgreich sind. Sie vergurken ihre Hochzeit, müssen das Eigenheim versteigern und scheitern am Projekt der Jobsuche. Das sind oft Menschen, die zu faul sind, sich in neues Wissen einzuarbeiten, oder die zu dumm dazu sind. An der Neuartigkeit der Probleme, die sich mit jedem Projekt einstellen, scheitern auch viele Kriminelle. Ein guter Gauner muß lernfähig und lernwillig sein. Es ist einfach notwendig, ob im bürgerlichen Beruf oder im kriminellen Umfeld, sein Wissen beständig zu erweitern und neue Dinge hinzuzulernen.

• komplex

Projekte sind häufig verzwickt. Die Zusammenhänge sind kompliziert, und einzelne Aspekte sind zu berücksichtigen. Außerdem müssen im Rahmen eines Projektes oft sehr verschiedene Aufgaben gelöst werden, und Profis aus verschiedenen Bereichen sind zu koordinieren.

Wenn man zum Beispiel ein Haus baut, dann hat man sich mit Maurern, Fliesenlegern, Architekten, Bankangestellten etc. auseinanderzusetzen. Man muß mit diesen Menschen reden und sie verstehen können. Jeder von ihnen arbeitet nach eigenen Methoden und Techniken, hat eine eigene Fachsprache, und alle müssen so unter einen Hut gebracht werden, daß am Ende das Haus, wie geplant, auch steht.

Typisch für Projekte ist: Sie sind komplex, sie erfordern unterschiedliche Arbeitsmethoden und -techniken, sie machen den Einsatz von Spezialisten aus verschiedenen Bereichen erforderlich. Denken Sie nur einmal daran, was dazu gehört, einen Film zu drehen: Beleuchter, Schauspieler, Kostümbildner, Tontechniker ... Komplexe Verbrechen sind häufig nur im Rahmen einer streng geführten Mafia möglich. Es ist für Einzelpersonen viel zu kompliziert, eine Bande von mehr oder weniger intelligenten und mehr oder weniger zuverlässigen Gangstern zu koordinieren. Jeder will dann plötzlich seine eigenen Ideen durchsetzen, es gibt Streit im Team, die Doofen merken, daß sie von den Klugen für die Dreckarbeiten eingesetzt werden ... In normalen Unternehmen ist das zwar auch so, aber da kann man Mitarbeiter mit fester Hand führen und notfalls feuern oder zur freiwilligen Kündigung mobben. In einer Mafia werden die Mitarbeiter, die lästig sind, umgebracht. Was aber können Sie tun, wenn Sie mitten in den Vorbereitungen für einen komplizierten Kunstraub feststellen, daß einer Ihrer Spezialisten für das Projekt fachlich oder menschlich doch nicht geeignet ist?

Ein Krimineller, vor allem, wenn er offiziell in einem normalen bürgerlichen Beruf arbeitet, sollte sich für seine Gaunereien das Motto wählen, das auch Managern empfohlen wird: KISS. KISS steht für: Keep it simple and stupid. Je komplexer ein Projekt, desto größer ist die Gefahr, daß man sich darin verheddert oder es mit Leuten zu tun bekommt, die man nicht mehr richtig steuern kann. Denken Sie an Dagobert. Der Mann ist auch im wesentlichen an der Komplexität seiner Technik gescheitert.

• terminiert

Projekte haben immer einen ganz bestimmten Start- und Endtermin. Man arbeitet nicht nur vor sich hin, sondern fängt an einem bestimmten Tag an und muß zu einem bestimmten Termin fertig sein.

Dieses Merkmal gilt für einige, aber nicht alle kriminellen Aktivitäten. Wer zum Beispiel von Falschgeld leben will, sollte im Rahmen eines Projektes seine Druckerwerkstatt eingerichtet haben und nicht ewig daran herumbauen. Danach kann routinemäßig Geld gedruckt werden. Wer sich auf Kaufhausdiebstahl verlegt, hat nicht unbedingt feste Start- und Endtermine. Aber diese Arbeit ist auch eher mit der Routine in einem bürgerlichen Beruf zu vergleichen. Wer jedoch einen richtig großen Coup landen will, der für den Rest des Lebens ausreichend Geld einbringen soll, der muß sich sehr wohl eine sorgfältige Zeitplanung überlegen.

- budgetiert

Wir haben fast nie genug Geld, um alle Wünsche zu befriedigen. Wer ein Haus bauen will, muß sich ausrechnen, wie teuer alles zusammen werden darf. Entsprechend muß geplant werden. In der Regel gilt, daß ein Projekt mehr Geld einbringen muß, als es verschlungen hat. Denken Sie an den Messeturm in Frankfurt. Letztlich muß durch die Vermietung der Büro- und Geschäftsräume mehr Geld erwirtschaftet werden, als der Turm gekostet hat und weiterhin im Unterhalt kosten wird.
Ich kenne einen Mann, der sich als Projekt die Eröffnung eines Buchladens vorgenommen hat. Leider stimmten seine Berechnungen nicht. Die Anmietung und Renovierung des Ladens, der Kauf der Bücher und Regale, die Werbung kosteten viel mehr, als der Verkauf der Bücher einbrachte. Das Projekt scheiterte.
In einem Dorf bei Oldenburg überfiel ein Mann einen Spielsalon. Die Beute betrug nur wenige hundert Mark. Allein der Mietwagen, die Pistole und die Maskierung waren teurer.
Bei jedem Projekt ist genau durchzurechnen: Was muß investiert werden? Was bringt es am Ende ein?

- zielorientiert

Projekte sind dann erfolgreich, wenn sie zur Erreichung der vorgesehenen Ziele führen. Wenn ich mir als Projekt vornehme, einen neuen Job zu suchen, weil ich Karriere machen oder mehr Geld verdienen will, dann ist mein Projekt erfolgreich, wenn ich eine Stelle finde, die mir die angestrebte Position und das erhoffte Gehalt verschafft.
In unternehmerischen Projekten werden ebenfalls klare Ziele formuliert. Es wird genau festgelegt, was bis wann und zu welchem Preis zu erreichen ist.

- riskant

Bei den meisten Projekten besteht das größte Risiko darin, daß man sich finanziell übernimmt. Unerwartet kommen Kosten hinzu, oder der Gewinn ist niedriger als berechnet. In vielen Firmen werden die Manager zu Projektmanagement-Seminaren geschickt, weil die Verluste durch gescheiterte Projekte zu hoch sind. Man hat nicht richtig gerechnet, schlecht geplant, die Mitarbeiter falsch eingesetzt ...
An mißlungenen Projekten sind schon viele Firmen in Konkurs gegangen. Das gilt auch für private Projekte. Denken Sie nur an die Nächte, die ein

Bauherr wach liegt, von der Angst geplagt, sich mit seinen Schulden übernommen zu haben.
Ein Risiko kann auch in der Gefährlichkeit der Aufgaben liegen. Beim Drehen eines Filmes können Schauspieler verunglücken.
In einer Stadt wurden vor einigen Jahren zwei fast mumifizierte Leichen in einem Kanalschacht gefunden. Es stellte sich heraus, daß es sich bei den Toten um zwei Männer handelte, die vermutlich dabei gewesen waren, sich in einen Bankkeller durchzubuddeln. Sie hatten das Risiko der Gase in einem Kanal unterschätzt.
Daß kriminelle Tätigkeiten immer riskant sind, dürfte jedem klar sein. Man muß einerseits bereit sein, Risiken einzugehen. Andererseits darf man nicht blind werden für die Gefahren. Ich glaube, daß die meisten Kriminellen die Risiken bei ihren Taten nicht wahrhaben wollen. Sie mögen sich nicht damit befassen, was alles schiefgehen kann. Fast immer unterschätzen sie auch die Intelligenz anderer Menschen. Sei es die Intelligenz der von ihnen Betrogenen, Bestohlenen und Hereingelegten, sei es die Intelligenz von Kriminalbeamten und Staatsanwälten. Darin liegt meines Erachtens das größte Risiko bei den meisten Gaunern.

2. Die Grundregeln des Projektmanagements

Bevor wir zur Theorie des Projektmanagements kommen, möchte ich das Prinzip an einem Beispiel aus dem bürgerlichen Leben kurz erläutern. Stellen Sie sich vor, jemand wohnt zur Miete und spielt mit dem Gedanken, sich Eigentum anzuschaffen. Man kann ein Haus kaufen oder eines bauen. Man kann ein Reihenhaus oder eine Etagenwohnung erwerben oder bei einem Projekt nach dem Bauherrenmodell mitmachen. Auf jeden Fall wird der Weg von der Mietwohnung zum Eigentum von folgenden Stationen geprägt:

1. Man macht sich schlau:

- Welche Möglichkeiten zum Erwerb von Eigentum gibt es?
- Was kostet es?
- Was sind die Vor- und die Nachteile der verschiedenen Möglichkeiten?

- Welche Finanzierungsmöglichkeiten stehen zur Verfügung?
- Wie stellt man sich das Leben im Eigentum vor? Als Trompetenspieler ohne nahe Nachbarn? Als Hühnerzüchter mit Stallungen? Brauchen die Kinder einen Garten? Soll ein Keller mit Hobbyraum dabei sein?
- Welche ist die beste Wohngegend der Stadt?

Und so weiter und so fort. Während dieser Phase geht man noch nicht aktiv an die Arbeit, sondern besorgt sich Informationen, macht sich viele Gedanken, befragt Bekannte, die schon gebaut haben, spricht mit dem Steuerberater... Kurz: Man orientiert sich über die Möglichkeiten und Chancen des Erwerbs von Eigentum.

2. Man setzt sich ein Ziel:

Durch das Schlaumachen hat man nun eine Menge an Ideen gesammelt und sich einen Überblick über die realen Möglichkeiten verschafft. Das Projekt nimmt Gestalt an. Jetzt muß man von allen Möglichkeiten, auf die man bisher gekommen ist, sich diejenige aussuchen, die am besten zu einem paßt.

Man entschließt sich zum Beispiel zum Reihenhaus.

Das ist das Projektziel. Vergleichen Sie dazu die Hinweise in Kapitel 3.1. Nach dem Ziel sind die Pläne zu entwickeln. Das folgt im nächsten Schritt. Zunächst sollte man aber das Ziel genauer definieren.

Zu einer genauen Zielsetzung gehören:

a) eine klare Vorstellung, wie das Ergebnis sein soll

Beispiel: Das Reihenhaus soll mit Keller sein, mindestens 200 Quadratmeter Garten und eine Terrasse zur Südseite hin haben, maximal zwei Kilometer von der S-Bahn entfernt sein...

Kurz: Man beschreibt so genau wie möglich, was man erreichen will.

b) eine klare Terminbegrenzung

Es wäre sinnlos, jahrelang über das ideale Reihenhaus nachzudenken. Man muß sich einen Termin setzen, bis wann das Objekt gekauft und bezogen sein soll.

c) eine klare Kostenbegrenzung

Das beste Reihenhaus taugt nichts, wenn es den Käufer ruiniert. Man muß durchrechnen, wieviel Geld man ausgeben kann und will.

Zur Zielsetzung gehört demnach die Festlegung dessen, was man in welcher Zeit und unter welchen Kosten erreichen will.

3. Man entwickelt Pläne:

   Jetzt kommt die Denkphase des Projektes. Man weiß ja nun, was man will, und hat sich auch orientiert, wie es zu machen wäre. Nun legt man für sich selbst fest, was der Reihe nach zu tun ist, um das Ziel zu erreichen.

   Beim Kauf eines Reihenhauses plant man nun zum Beispiel, welche Zeitungen man studieren, welche Makler man in Anspruch nehmen will etc. Gleichzeitig muß geplant werden, wann welche Geldbeträge locker zu machen sind, wann die bisherige Wohnung gekündigt werden muß . . .

   Zur Planungsphase gehört unbedingt auch, daß man sich mit den möglichen Risiken befaßt. Was kann schiefgehen?

   Beispiel: Was ist, wenn ich arbeitslos werde? Wie finanziere ich dann weiter? Was ist, wenn die jetzigen Bewohner nicht rechtzeitig ausziehen, ich aber schon meine alte Wohnung gekündigt habe . . . ?

4. Man setzt die Pläne in die Tat um:

   Wenn alle Pläne fertig sind, tut man, was man geplant hat.

   Man darf auf keinen Fall blind und stur nach Plan vorgehen, sondern muß stets die Realität im Auge behalten. Manchmal muß man etwas vom Plan abweichen, manchmal konsequent am Konzept bleiben.

   Die Erfahrung lehrt, daß man Projekte am erfolgreichsten über die Bühne bringt, wenn man zum einen sauber geplant hat und zum anderen flexibel genug ist, in der Ausführung der Pläne schnell auf Änderungen der Gegebenheiten reagieren zu können.

5. Man arbeitet das Projekt nach:

   Wenn das Reihenhaus erworben und bezogen ist, sollte man auf keinen Fall vor Freude den Kopf verlieren. Man sollte sich ganz ruhig hinsetzen und alles gründlich prüfen. Vielleicht gibt es Mängel, die erst nachträglich ans Licht gekommen sind. Vielleicht muß man doch noch einiges unternehmen, um den Erfolg zu sichern.

6. Man schaut zurück:

   Jetzt wird das, was man erreicht hat, mit dem, was man erreichen wollte, verglichen. Man schaut sich auch noch mal die Pläne an und

analysiert, ob diese während des Vorgehens eingehalten werden konnten; wenn nein: Warum nicht?
Der Sinn dieser Rückschau ist, daß man für die Zukunft lernt.
Manche Leute sind zu faul, eine Rückschau zu machen. Sie meinen, da sie nie wieder ein Haus kaufen wollen, brauchen sie auch nicht aus diesem Projekt zu lernen. Diese Einstellung ist falsch. Clever wird, wer nach jedem Projekt lernt.

An diesem Beispiel haben Sie bereits das ganze Projektmanagement kennengelernt. Mehr steckt nicht dahinter. Projektmanagement ist keine Geheimwissenschaft, sondern die Umsetzung des praktischen Verstandes. Wichtig ist, daß man nicht einfach drauflos handelt und dann über die eigenen Füße stolpert. Wichtig ist auch, daß man sich nicht in zu komplizierten Plänen verrennt.

Das Vorgehen nach den Regeln des Projektmanagements bedeutet:

1. Orientierung
   Man macht sich schlau über alle wichtigen Zusammenhänge.
2. Zielsetzung
   Man setzt sich genaue Ziele, an denen das weitere Vorgehen konsequent ausgerichtet wird.
3. Planung
   Man entwickelt nun alle notwendigen Pläne, die zur Zielerreichung dienen. Das können Lage-, Zeit- oder Vorgehenspläne sein.
4. Durchführung
   Jetzt werden die Pläne in die Tat umgesetzt.
5. Nacharbeiten
   In Ruhe und mit Sorgfalt wird nach der Zielerreichung der Erfolg dauerhaft gesichert.
   Merke: Viele Gauner scheitern nicht während der Tat, sondern danach, wenn sie den Kopf verlieren und zum Beispiel mit der Beute prahlen oder ihr Falschgeld zu schlampig einsetzen oder untereinander streiten oder den Mund nicht halten können . . .
6. Rückschau
   Das entspricht einer Manöverkritik. Damit soll gesichert werden, daß man nicht immer wieder im Leben die gleichen Fehler macht.

Nach diesem Vorgehensmodell bauen Mineralölkonzerne neue Tankstellen oder Raffinerien, entwickeln Software-Firmen neue Programmsysteme, ziehen Parteien ihre Wahlwerbung durch etc.

Nach diesem System können Sie Postsäcke klauen, sich ein Schutzgeldrevier einrichten oder sogar ein bürgerliches Leben neu aufbauen.

In den folgenden Kapiteln werde ich auf jede der einzelnen Projektphasen genauer eingehen. Das macht Ihnen das allgemeine Prinzip anschaulich, und Sie können dann die Grundregeln auf Ihr Handwerk übertragen.

Um die Sache ganz deutlich zu machen, folgen in den Kapiteln 6.9. und 6.10. konkrete Beispiele von zwei sehr unterschiedlichen Gaunereien, die beide nach den sechs Schritten des Projektmanagements abgewickelt wurden.

Danach probieren Sie es selbst an einem Übungsbeispiel aus.

3. Funktioniert das überhaupt?

Auch intelligente Menschen scheitern immer wieder an Ahnungslosigkeit und Dummheit. Man fängt Dinge an, die man nicht ganz verstanden hat, geht von Vermutungen aus, die nicht stimmen, läßt sich von Menschen beraten, die auch keine Ahnung haben oder einen hereinlegen wollen.

Ein Projekt sollte damit beginnen, daß man sich erst einmal über den Gesamtzusammenhang informiert. Wer den Urlaub in Brasilien verbringen will, sollte sich vorab über Klima, Einreisebestimmungen, gesundheitliche Risiken, Flugverbindungen etc. schlau machen.

Auch in Unternehmen steht vor jedem Projekt eine Phase der Informationssammlung. Sie wird Orientierungsphase, Machbarkeitsstudie, Problemuntersuchung oder Vorstudie genannt. In dieser Phase der Informationssammlung werden Analysen erarbeitet:

- Ist-Analyse
  Wie ist die derzeitige Situation? Welche Probleme und Schwachstellen gibt es? Was soll durch das Projekt verbessert werden? Wer will das Projekt haben? Warum? Wieviel darf es kosten?

- Soll-Analyse
  Wie soll die Situation sein, wenn das Projekt abgeschlossen ist? Wer hat welche Erwartungen an das Vorhaben und sein Ergebnis? Woran soll später der Erfolg gemessen werden?
- Markt-Analyse
  Wenn zum Beispiel neue Produkte entwickelt und verkauft werden sollen, wird ein Unternehmen zuerst prüfen, ob man das Produkt überhaupt sinnvoll anbieten kann. Gibt es genug Kunden? Was bietet die Konkurrenz an? Was erwarten die Käufer von einem solchen Produkt?
- Machbarkeits-Analyse
  Läßt sich das Vorhaben technisch überhaupt umsetzen? Sprechen Gesetze oder Traditionen oder andere Gründe gegen das Projekt? Sind ausreichend Mittel und Menschen verfügbar?

Man kann eine Reihe von Untersuchungen anstellen, die alle darauf abzielen, herauszufinden, ob das Projekt sinnvoll und machbar ist. Gleichzeitig sollen durch diese Studien alle Informationen gesammelt werden, die später für die Durchführung notwendig sind.

Für kriminelle Vorhaben kann das bedeuten, daß man sich schlau macht im Hinblick auf:

- Gegebenheiten des Tatorts
- Anschleich- und Fluchtwege
- Technik von Schutz- und Sicherheitssystemen
- spezielle Risiken
- Höhe und Art der zu erwartenden Beute
- Verkaufschancen von Sachwerten
- das mögliche Verhalten von Opfern, Zeugen und Mittätern
- fachliche Zusammenhänge
  Beispiele: Wie sieht ein französischer Scheck aus? Wie kommt man mit einem gestohlenen Auto über die polnische Grenze? Was kostet die Herstellung eines Führerscheins? Wie heißt der bestechliche Finanzbeamte in Pinneberg, und was ist sein Arbeitsbereich?

Zur Orientierung sollte immer auch die Überlegung gehören, was nach der Tat zu tun ist. Wie verhält man sich unauffällig? Wie verhindert man, daß Mittäter die Nerven verlieren? Wie bringt man heiße Ware unter? Wie soll die Beute verteilt werden? Wo läßt man Arbeitskleidung, Werkzeuge etc. verschwinden?

Ein Profi sollte sich auch mit der Frage befassen, wie weit die Kriminalistik sich entwickelt hat. Es reicht nicht, daß man selber Bomben basteln kann, man sollte auch wissen, wie die Überreste später analysiert werden können. Man sollte wissen, wie verstellte Stimmen rekonstruiert werden oder wie eine Spurensuche heute funktioniert. Das Lesen von Krimis reicht dabei nicht aus.

Ein Profi sollte auch die rechtlichen Konsequenzen seiner Taten kennen. Wie hoch ist die Strafe für welche Gaunerei? Meistens kann man ausgehen von dem Merksatz: »Je höher die Beute, desto geringer die Strafe.« Ein ertappter Handtaschenräuber wird fast immer strenger bestraft als ein ertappter Manager, der Millionen veruntreut hat.

Ganz eindeutig läßt sich wohl nicht sagen, woran das liegt. Man sollte jedoch bedenken, daß Richter und Staatsanwälte studierte Leute sind. Wenn ein tätowierter Einfaltspinsel mit Goldkettchen auf haariger Brust vor ihnen steht, dann fällt es ihnen vermutlich leichter, eine hohe Strafe zu verhängen, als wenn sie vor sich eine gepflegte Person mit Anzug und Aktenköfferchen sehen.

Für manche Taten muß man auch körperliche Fähigkeiten trainieren. Dabei kann es sich um das Erklimmen einer Mauer handeln, um das Wuchten schwerer Gegenstände oder um das Ertasten feiner Markierungen. Es sollte Ihnen nicht so ergehen wie einem Wohnungseinbrecher in Passau. Der Mann ist mit seinem Mofa gestürzt. Er hatte nie ausprobiert, wie es sich fährt, wenn es vollbepackt ist und die Ladung rechts und links die Hecken des Fluchtweges streift.

Für manche Taten muß man Benimmregeln, Sitten und Gebräuche kennen.

Es sollte Ihnen nicht so ergehen wie der Frau, die sich als Diakonisse verkleidete und versuchte, ältere Menschen an der Haustür zu betrügen. Einer Dame fiel es auf, daß die Diakonisse sich auf den Papst berief. Die Dame wußte, daß der Papst Chef der katholischen Kirche ist, Diakonissen aber evangelisch sind.

Ein Mann wollte im Altersheim die Nachttische und Schränke der Bewohner plündern. Er zog sich einen eleganten Anzug an und gab sich vor den Pflegern als Notar aus. Man bot ihm in der Stationsküche Kaffee an.

Dort fiel dann auf, daß der Mann seine Zigarette zwischen den Spitzen von Daumen, Ring- und Mittelfinger hielt. So raucht man auf Baustellen, aber nicht in Kanzleien.

Für Sie gilt: Fangen Sie niemals eine kriminelle Tat an, wenn Sie sich nicht vorab weitestgehend zum allwissenden Profi auf dem betreffenden Gebiet gemacht haben.

4. Ziele setzen

An anderer Stelle haben Sie bereits über Lebensziele gelesen.
Dabei geht es darum, der Frage nachzugehen, was man im Leben eigentlich erreichen will. Projektziele sollten sich natürlich immer an den Lebenszielen orientieren. Projekte sollen helfen, die Lebensziele zu erreichen.

In Unternehmen werden Projektziele immer daran gemessen, ob sie den allgemeinen und strategischen Unternehmenszielen dienlich sind. Ich möchte es am Beispiel einer Sparkasse erläutern. Die Sparkasse hatte es sich zum strategischen Ziel gesetzt, regional den höchsten Marktanteil an Privatkunden und Kleinanlegern zu erreichen. Im Vergleich zu den Banken wollte die Sparkasse überall leicht für ihre Kunden zugänglich sein. Wenn zwischen Bäckerei und Reinigung der Bürger in seinem Dorf auch gleich die Sparkasse findet, dann ist die Chance hoch, daß er sich nicht an eine Bank wendet, deren nächste Filiale in der Kreisstadt ist.

Nun wurde bei der Sparkasse ein Rotstift-Projekt geplant. Man wollte möglichst wirtschaftlich arbeiten und unrentable Geschäftsstellen aufgeben. Unrentabel waren die vielen Mini-Niederlassungen mit nur zwei oder drei Angestellten. Man nahm sich ein Beispiel an der Post. Die hatte souverän überall im Lande kleine Zweigstellen geschlossen.

Die Frage war: Können wir als Sparkasse uns die gleiche Kundenverärgerung leisten wie die Post? Nein, sie konnten nicht. Also mußten die Projektziele entsprechend angepaßt werden. Einerseits sollte so viel gespart werden wie möglich, andererseits durften die strategischen Ziele der regionalen Marktdominanz nicht gefährdet werden.

Wenn es Ihr Lebensziel ist, einmal als Pianist berühmt zu werden, und Sie wollen nur schnell durch eine kriminelle Tat das notwendige Geld für eine Ausbildung und ein gutes Klavier ergaunern, dann sollten Sie sich nicht unbedingt ein Projekt vornehmen, bei dem Sie sich die Finger brechen könnten.

Überlegen Sie bei jedem Vorhaben: Könnten dadurch meine großen Lebensziele gefährdet werden?

Wenn das abgeklärt ist, dann formulieren Sie die Ziele für das spezielle Projekt. Schreiben Sie genau auf, was die Tat einbringen muß, wann sie abgeschlossen sein soll, wieviel Vorbereitungen, Ausrüstung etc. maximal kosten dürfen und was für Sie die Erfolgskriterien sind.

Ich habe einmal einen jungen Mann kennengelernt, der mir mit glänzenden Augen schilderte, wie wunderbar er in letzter Sekunde seine Festnahme verhindern konnte. Er war in ein Gartenhaus eingebrochen und wollte sich gerade mit einem Fernseher und zwei Flaschen Wein aus dem Staub machen, als ein Nachbar auf ihn aufmerksam wurde und sich ihm sogleich an die Fersen heftete. Der Einbrecher mußte die Beute scheppernd zu Boden gehen lassen und sehen, daß er wegkam. Meines Erachtens hat der junge Mann seine Ziele nicht erreicht. Mir war absolut unverständlich, worauf er eigentlich stolz war. Es kann doch nicht das Ziel einer Straftat sein, sich selbst zu beweisen, daß man schnellere Beine hat als ein Schrebergärtner!

Bitte setzen Sie sich ordentliche Ziele für Ihre Projekte. Diese Ziele sollten mindestens enthalten:

- Höhe der Beute
  Begnügen Sie sich dabei nicht mit der Festlegung des Kilowerts von gestohlenem Gold oder mit der Anzahl gestohlener Gemälde, sondern definieren Sie den DM-Betrag, den Sie durch den Verkauf erwirtschaften wollen.
- maximaler Aufwand
  Es ist immer zu überlegen, ob sich die Arbeit überhaupt lohnt. Sie sollten sich nicht für Straftaten abmühen, die letztlich anstrengender oder unangenehmer sind als eine bürgerliche Tätigkeit mit gleichen Gewinnchancen.
- Straffreiheit
  Die beste Tat taugt nichts, wenn man dafür im Knast sitzt. Straffreiheit

kann auch bedeuten, daß Sie nicht einer bestehenden Mafia ins Gehege kommen. Ein Messer im Rücken ist nicht vorteilhafter als ein richterlich abgesegnetes Urteil.

In Unternehmen werden gelegentlich auch Maximal- und Minimalziele für Projekte definiert. Maximalziele sind das Optimum. Wenn alles richtig läuft, werden die Maximalziele erreicht. Sollte es doch Probleme oder Pannen geben, dann sollten mindestens die Minimalziele erreicht werden.

Beispiel:

Ein Unternehmen bringt eine neue Schönheitscreme auf den Markt. Man kann nie vorhersagen, ob das Produkt ein Erfolg wird oder nicht. Aber man kann sich das Ziel setzen: Mindestens 17000 Töpfchen müssen in den ersten beiden Monaten verkauft sein. Wenn das nicht erreicht wird, ist das Projekt ein Flop. Gleichzeitig hat man sich durch Marktanalysen einen Überblick verschafft, wieviel Schönheitscremes neben den bestehenden Produkten noch verkauft werden können. Daraus wurden die Maximalziele abgeleitet. In jedem Projekt gilt die Regel, daß die Maximalziele mit aller Kraft anzustreben sind. Die Minimalziele werden notfalls in Kauf genommen.

Der Volksmund kennt einen Spruch dazu: Man muß das Unmögliche wollen, um wenigstens das Mögliche zu erreichen.

So ganz stimmt der Spruch natürlich nicht. Wer das Unmögliche will, läuft Gefahr, an Selbstüberschätzung zu scheitern. Wer sich jedoch immer auf das beschränkt, was ganz bestimmt möglich ist, bremst sich selbst. Setzen Sie sich anspruchsvolle Ziele, aber bleiben Sie so bescheiden, daß die Ziele auch realistisch sind.

5. Pläne austüfteln

Pläne werden im Großhirn entwickelt. Das Großhirn ist unser jüngstes Gehirn. Das mag der Grund dafür sein, daß viele Menschen ihr Großhirn nicht so gerne oder nur unter Anstrengung benutzen. Deshalb haben Zeitungen mit einfachen Texten und markigen Botschaften viel mehr Käufer als Zeitungen, die beim Lesen ein Mitdenken erforderlich machen. Stumpfe Klamauksendungen im Fernsehen finden ein breiteres Publikum als anspruchsvolle Beiträge. Sie müssen keine Intelligenzbestie sein. Aber Sie sollten sich nicht nur auf Ihre Instinkte und Gefühle verlassen. Sie haben ein Großhirn, also sollten Sie es auch benutzen. Planen ist reine Denkarbeit. Man muß sich hinsetzen und im Geiste das geplante Projekt durchgehen:

- Was ist zu tun?
- Welche Reihenfolgen müssen eingehalten werden?
- Womit ist zu rechnen?
- Wie kann man auf unvorhergesehene Ereignisse reagieren?
- Bis wann muß was fertig sein?
- Wie sehen die Räumlichkeiten und die Umgebung des Tatorts aus?
- Wie kommt man hin? Wie kommt man weg?
- Welche Hilfsmittel müssen wann zur Verfügung stehen?

Zur Planung gehört, daß man innerlich ein klares Bild von dem Vorhaben und von allen relevanten Details des Umfeldes hat. Man sollte außerdem Pläne bereithalten für den Fall, daß etwas schiefgeht.

Fluggesellschaften haben Pläne für das Verhalten bei einem Absturz. Das heißt nicht, daß sie beabsichtigen, ihre Flieger vom Himmel fallen zu lassen. Sie sind lediglich klug genug, sich auch für Notfälle, wenn Chaos droht, Pläne bereitzulegen. Das sollten Sie auch tun.

Nun ist es gerade bei kriminellen Projekten so, daß die eigentliche Tat schnell durchgeführt werden muß. Sie können nicht mit der Leiter in den Park einer Villa einsteigen, sich dort ins Gras setzen und ihre Pläne studieren. Die müssen Sie im Kopf haben.

Aber Sie sollten nicht im Kopf planen. Planen Sie mit Bleistift und Papier. Das zwingt zu Genauigkeit. Sie werden viel leichter Schwachstellen in Ihrer Planung entdecken.

Wenn Ihre Pläne fertig sind, lernen Sie sie auswendig. Dann vernichten Sie sie. Sie wären nicht der erste Gauner, der daran scheitert, daß Pläne bei ihm gefunden werden.

Wenn Sie die Tat nicht allein begehen, dann müssen Sie unbedingt sicherstellen, daß alle Mitglieder des Projektteams die Pläne kennen, begriffen haben und unter Streß noch umsetzen können. Es darf Ihnen nicht so ergehen wie einem Brandstifter in Niedersachsen. Er sollte in eine Diskothek eindringen, Feuer legen und dann quer durch ein Wäldchen zum im Fluchtauto wartenden Kumpel laufen. Von Anfang an stimmten schon die Zeiten nicht. Dem Brandstifter war nicht bekannt, wann genau »viertel zwei« sein sollte. Er kam um viertel nach zwei zum Tatort. Anschließend verlief er sich im Wald.

Schlechte oder schlecht gelernte Pläne sind immer ein Zeichen von Inkompetenz.

Auf keinen Fall sollten Sie sich auf den faulen Standpunkt zurückziehen: Ich plane nicht gern, weil ich lieber kreativ arbeite. Nach dem Motto scheitern in Firmen speziell die Projekte in der Datenverarbeitung. Da wimmelt es nur so von »Künstlern«, die sich nicht in Pläne zwängen lassen wollen. Denkfaulheit und Schlamperei stecken dahinter.

Sie brauchen für Ihre Vorhaben mindestens:

- Lage- und Wegeplan
- Vorgehensplan
- Zeitplan
- Einsatz- und Aufgabenpläne für Mittäter (falls Sie solche haben)
- Absatzplan für die Beute
- Ausweichpläne für Krisensituationen
- Verhaltensplan

Immer wieder kann man feststellen: Wer gut geplant hat, kann sich notfalls leichter auf unerwartete Ereignisse einstellen als einer, der zum Planen zu faul war.

6. Ziele erreichen

Wenn die Pläne für ein Projekt stehen, dann müssen sie in die Tat umgesetzt werden. Es gibt Gurus in der Wissenschaft des Projektmanagements, die den Merksatz vertreten: Nach der Planung hört die Kreativität auf.

Das ist sehr hart ausgedrückt und muß relativiert werden. Damit ist gemeint, daß die Pläne so gut entwickelt und abgesichert sein müssen, daß sie sauber angewendet werden können. Außerdem meint der Merksatz, daß die Pläne diszipliniert befolgt werden müssen.

Stellen Sie sich vor, Sie wollen ein Haus bauen und haben mit Ihrem Architekten genau geplant, wie das Haus sein soll. Dann würde es Ihnen auch nicht gefallen, wenn mitten im Bau ein Maurer pötzlich kreativ wird und Ihnen ein Türmchen über das Küchenfenster setzt. Sie erwarten, daß man die Pläne gewissenhaft befolgt.

Auf der anderen Seite braucht man natürlich dennoch in der Durchführungsphase Kreativität. Es gibt immer wieder im Verlauf des Projektes Ereignisse, die spontanes Handeln notwendig machen.

Wenn während Ihres Banküberfalls draußen Ihr Fluchtauto zugeparkt wird, dann müssen Sie sich schnell etwas einfallen lassen und den bisherigen Fluchtplan aufgeben.

Für alle Ihre Projekte sollten Sie es sich jedoch zur Regel machen, daß Sie stets kontinuierlich nach Plan vorgehen. Das ist im wesentlichen eine Frage der Disziplin. Wenn Sie Ihre Projekte nicht allein durchführen, dann sollten Sie vorab mit Ihren Mittätern vereinbart haben, wer bei unerwarteten Situationen schnell die Führung übernimmt und neue Handlungsanweisungen gibt. Das sollte die intelligenteste und die schlagfertigste Person des Teams sein. Auf keinen Fall sollten Sie – wie zwei Entführer im Sauerland – mitten in der Durchführung untereinander Streit anfangen.

Um ganz sicher zu gehen, daß am Tag X alles nach Plan läuft, sollte man vielleicht trainieren. Vergleichen Sie es mit Schiffen. Da gibt es auch Übungen mit den Passagieren für den Fall, daß alle in die Boote müssen.

Je mehr Menschen an einem Vorhaben beteiligt sind, desto größer sind die Chancen auf Chaos, Uneinigkeit und Desaster. Im Management gilt die Regel: Ein Projektleiter sollte dann nicht mehr selber mitarbeiten, wenn sein Team mehr als sechs Personen umfaßt. Dann ist der Projektleiter voll damit beschäftigt, diese sechs Personen zu führen. Das sollte auch für kriminelle Projekte gelten. Dabei muß ich allerdings sagen, daß ich niemals bei einer Gaunerei mitmachen würde, die so viele Personen erforderlich macht. Ein Schwätzer ist bestimmt dabei.

Grundsätzlich gilt für die Durchführung von Projekten:

1. Man befolgt konsequent die Pläne.
2. Man kontrolliert ständig, ob sich etwas ergeben hat, was das Abweichen von den Plänen erforderlich macht.
3. Man sollte bei notwendigen Abweichungen stets versuchen, so schnell wie möglich zu den Plänen zurückzukehren.

7. Zum Schluß nicht den Kopf verlieren

Viele Kriminelle scheitern nicht an der Tat, sondern an dem, was danach kommt. Da gibt es Prahler, die sich mit der Beute sofort dicke Autos kaufen. Da gibt es Ängstliche, die ihr Gewissen nicht in den Griff bekommen. Und es gibt Menschen, die nie genug haben. Sie wiederholen eine gelungene Tat so oft, bis sie daran scheitern.

Zu einem gelungenen Projektmanagement gehört auch die Planung der Zeit nach dem Abschluß der Arbeiten. Wenn ein Mineralölkonzern im Rahmen eines Projektes eine neue Tankstelle baut, dann gehört nach der Eröffnungsfeier unbedingt die Gewährleistungsphase dazu. Es geht darum, die Fehler aufzufangen, die vielleicht erst später auftreten oder sichtbar werden. Für Projekte, bei denen in Unternehmen neue Techniken und Verfahren eingeführt werden, wird immer eine »Standby«-Phase eingeplant. Dabei soll sichergestellt werden, daß die neuen Techniken und Verfahren von den Benutzern richtig verstanden und angewendet werden. Als zum Beispiel in einer Versicherung bei allen Sachbearbeitern neue PCs installiert wurden, gab es während der »Standby«-Phase einen Benutzerservice. Eigens geschulte und sehr geduldige PC-Profis standen pausenlos für Fragen, Hilfestellungen und Erklärungen zur Verfügung.

Bei kriminellen Projekten wird es kaum Gewährleistungs- oder »Standby«-Phasen geben. Das heißt nicht, daß nach der Tat alles erledigt ist. Sie müssen immer damit rechnen, daß die erfolgreiche Abwicklung Ihres Projektes ein neues Projekt bei der Kripo nach sich zieht. Man sucht nach Ihnen. Man sichert Spuren, fragt Zeugen, vergleicht die Tat mit bisherigen Taten ... Grundsätzlich müssen Sie bei Ihrer Projektplanung immer auch die Zeit nach der Tat mitbedenken. Und Sie müssen konsequent lernen, die Ruhe zu bewahren. Man darf Ihnen weder Angst vor Entdeckung noch Triumph über den Erfolg anmerken. Gerade das letzte ist oft nicht leicht. Merke: Euphorie ist die Mutter des Wahnsinns.

Menschen wollen gelobt und bewundert werden. Kleine Kinder kommen mit selbstgemalten Bildern zu ihren Eltern: »Guck mal, was ich gemacht habe.« Dieser Wunsch nach einem Menschen, der sich unser Werk anschaut und uns lobt, steckt auch im Erwachsenenalter noch in uns.

Führungskräften wird in Seminaren immer wieder beigebracht, wie wichtig es ist, daß sie ihre Mitarbeiter loben.

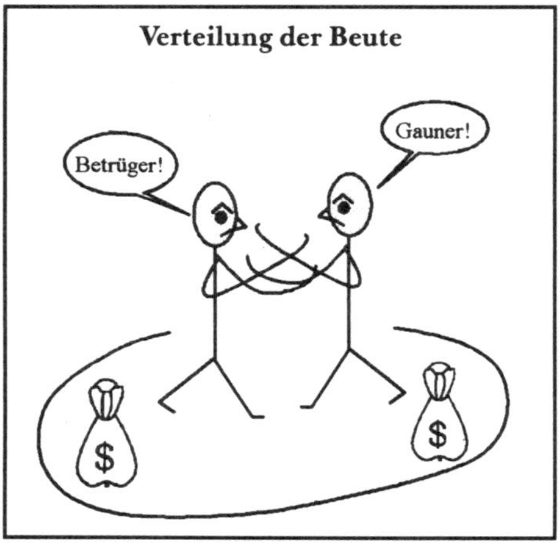

Krise bei Projektende

Sie, als Krimineller, müssen es lernen, ungelobt gute Leistung zu bringen. Gleichzeitig sollten Sie stets darauf achten, wie sich Ihre Mittäter verhalten. Notfalls müssen Sie echte oder falsche Bewunderung zeigen, um deren Wunsch nach Lob zu befriedigen.

Wirklich abgeschlossen ist ein kriminelles Projekt erst nach Ablauf der Verjährungsfrist. Und das dauert!

8. Der Profi macht nur neue Fehler

Dieser Merksatz meint, daß ein Profi niemals seine Fehler wiederholt. Ein Profi lernt aus seinen Fehlern, analysiert die Ursachen und vermeidet sie in Zukunft. Natürlich kann man nicht ganz fehlerfrei arbeiten. Aber man kann verhindern, daß man immer wieder in die gleichen Fallen tappt.

Bei einer Unternehmensberatung habe ich die beharrliche Wiederholung von Fehlern beobachtet. Da wurde ein riesiges Projekt bei einer Bank so heftig in den Sand gefahren, daß sogar die Presse Schimpf und Schande über die Berater brachte. Somit hatte das Unternehmen nicht nur einen Verlust von etlichen Millionen Mark zu verkraften, es mußte auch noch um seinen Ruf bei potentiellen anderen Kunden fürchten. Wenn man nun glaubt, in dem Beratungsunternehmen hätte sich etwas für die Zukunft geändert, dann irrt man. Es rollten nicht einmal Köpfe. Zielsicher wurde kurze Zeit später ein ähnliches Projekt bei einer Versicherung in den Sumpf gesetzt. Unter der Hand munkelten alle Mitarbeiter monatelang, daß es mit diesem Projekt genauso werden würde wie mit der Bankenkatastrophe.

Wie war das möglich? Warum griffen die Geschäftsführer nicht rechtzeitig ein? Hatten sie Spaß daran, Millionen zu verlieren?

Mich erinnerte diese Wiederholung vergleichbarer Projektpleiten an den Bankräuber, der nach mißglücktem Überfall stets im Knast landete und dort jedesmal überzeugt war, beim letzten Fall habe es ganz besonders unglückliche Umstände gegeben, die sich so bestimmt nie wiederholen würden. Und beharrlich machte er weiter mit seinen stümperhaften Überfällen.

Warum sind Menschen so?

Von einem Bankräuber kann man denken: Armer Trottel. Er weiß es nicht besser.

Was aber soll man von den erfahrenen Fachleuten einer Beratungsfirma denken?

Den meisten Menschen fällt es schwer zuzugeben, daß sie überhaupt Fehler machen. Sie glauben an widrige Umstände, an Dummheit, Faulheit und Bosheit anderer Menschen, an Zufälle, Horoskope oder an die Macht des Schicksals. Ihr eigenes Tun halten sie für gut durchdacht, intelligent und vernünftig. Um nur ja keinen Zweifel an sich selbst aufkommen zu lassen, finden sie nach jeder Niederlage ausreichend Begründungen und Entschuldigungen für ihr Verhalten.

In besagter Unternehmensberatung einigte man sich intern darauf, daß die Schuld für das gescheiterte Projekt bei den Managern der Bank lag. Die hätten nicht richtig mitgearbeitet, seien entscheidungsschwach gewesen und hätten immer nur Kuddelmuddel im Projekt verursacht.

Als sich das große Versicherungsprojekt in eine ähnliche Richtung bewegte, da munkelten zwar die Berater: »Das ist genau die gleiche Sache wie bei der Bank. Das geht genauso in die Hose.« Die Geschäftsführer jedoch übten sich in der Kunst des positiven Denkens. Nur nicht schwarzsehen. Probleme hat man immer mal. Man wird die Sache schon noch in den Griff bekommen.

Man bekam sie nicht in den Griff, verlor eine Menge Geld und kam wieder zu dem Schluß: Das haben die Manager beim Kunden vergurkt.

Wenn die Wirtschaft boomt, haben viele Unternehmen es nicht nötig, sich mit eigenen Niederlagen auseinanderzusetzen. Sie verdienen an anderer Stelle genug, um solche Verluste wegstecken zu können. Klug ist diese Ignoranz jedoch nicht.

Sie sollten grundsätzlich nach jeder Tat eine »Manöverkritik« durchführen. Gehen Sie den folgenden Fragen nach:

- Was wollte ich mit dem Coup erreichen?
- Welche meiner Ziele habe ich erreicht und welche nicht?
- Wie haben sich meine Pläne bewährt?
- Welche Dinge haben sich unerwartet ergeben?
- Wie konnte es dazu kommen, daß Unerwartetes überhaupt passiert ist?
- Wenn ich mit dem Wissen von heute die gleiche Tat noch einmal begehen könnte: Was würde ich besser machen können?
- Wenn ich mir jetzt anschaue, was ich erreicht habe, kann ich mir wirklich sagen, daß es sich gelohnt hat?
- Welche Erfahrungen nehme ich aus der Tat für meine zukünftigen Vorhaben mit?

Diese Überlegungen gelten nicht nur für kriminelle Projekte. Man sollte sie auch ansonsten immer anstellen, wenn man ein Vorhaben umgesetzt hat. Manche Menschen könnten dabei zu der Erkenntnis gelangen, warum sie immer auf den falschen Partner hereinfallen, warum jeder Urlaub zur Enttäuschung wird, warum sie zu fast jeder Verabredung zu spät kommen und warum sie immer wieder bei Prüfungen versagen ...

9. Geld oder Leben!

Nach den Grundregeln des Projektmanagements ging eine Frau vor, die seit Jahren auf einer spanischen Insel erfolgreich tätig ist. Ihr Projekt fing damit an, daß sie am Ende eines sonnigen Urlaubs keine Lust mehr hatte, zu ihrem Ehemann in die unbezahlte Wohnung zurückzukehren und sich in einem Supermarkt an der Kasse krumm zu schuften. Sie flog noch einmal heim, raffte soviel Geld und Eigentum zusammen wie möglich und lebt seither bescheiden in einer kleinen Pension abseits vom Touristenrummel. Aber auch das kostet Geld.

1. Sich schlau machen

   Die Frau dachte zunächst über sich selbst nach. Sie kannte die Theorie von MacLean und wußte, daß sie zwischenhirnorientiert war und zusätzlich durch ihre Körpergröße, ihr Gewicht und die tiefe Stimme bedrohlich wirken konnte. Somit kam für sie am ehesten etwas in Frage, was mit Schnelligkeit und Angst zu tun hatte. Da bietet sich der Überfall an.

   Wen sollte sie überfallen? Und wo?

   Sie erforschte die Insel, alle Bars, abgelegene Wege und unübersichtliche Ecken. Außerdem beobachtete sie das Verhalten der betrunkenen Kegelclubhorden, die eine Vorliebe für diese Insel zu haben scheinen.

2. Ziele setzen

   Die Frau setzte sich das Ziel, daß sie weiter nichts wollte, als ein ruhiges Leben auf der Insel und ein kleines Geldpolster für Notfälle. Bewußt verzichtete sie auf die riskante Anhäufung von Reichtümern.

3. Pläne austüfteln

   Die Frau zeichnete Straßenpläne mit allen alten Gemäuern und verfallenen Kellern oder Brunnen. Sie notierte die Trampelpfade zwischen den Bars, Bordellen und Massenhotels. Sie verschaffte sich Einblick in die Beleg- und Anreisepläne der Reiseunternehmen. Entsprechend tüftelte sie ihre Pläne aus, wo sie wann in welcher Aufmachung auf der Lauer liegen, aus dem Hinterhalt auftauchen und im Dunkel der Nacht verschwinden wollte.

4. Zur Tat schreiten

   Da sie eigentlich eine nette Person war und nicht gerne andere Menschen in Angst und Schrecken versetzte, fiel es ihr anfangs schwer, die Pläne in die Tat umzusetzen. Aber sie nahm sich zusammen und ging diszipliniert vor. Die meisten Opfer waren viel zu betrunken, um sich noch zur Wehr setzen zu können. Andere hatten auf der Stelle Angst vor den legendären messerstechenden Südländern und trennten sich schnell von ihrem Geld. Die Überfalle klappten planmäßig.

5. Nacharbeiten
   Die Frau war nicht so arrogant, sich selbst für unfehlbar zu halten. Sie rechnete immer damit, daß es einmal herauskommen könnte, daß hinter den Überfällen eine Frau, und zwar eine Deutsche, steckte. Sie baute sich bei ihren Pensionswirten das Image eines fetten, einsamen und schweratmenden Muttchens jenseits der Scheidung auf. Sie war ein solch bedauernswertes Wesen, daß man ihr jede Verrücktheit, jedoch keine Kriminalität zutraute.
6. Manöverkritik
   Nach jeder Tat überlegte sie sorgfältig, was gut und was schlecht gelaufen war. So kam sie mit der Zeit darauf, daß sie die Überfalle irgendwann aufgeben sollte. Es war zu viel Arbeit und zu viel Risiko für zu wenig Geld.

10. Darf ich einen Moment hereinkommen?

Ein ehemaliger Kollege von mir, nennen wir ihn Rundel, wurde durch den Konkurs seines Unternehmens arbeitslos. Leider war er in den achtziger Jahren, als die Geschäfte der Software-Firmen brummten, auf den unseligen Einfall gekommen, sich als Berater selbständig zu machen. Er verdiente als freier Mitarbeiter einer Software-Firma sehr gut, fuhr niemals einen Wagen unter 100.000 DM und baute sich einen alten Bauernhof als Residenz um.

Plötzlich stand der Mann ohne Arbeit da. Er hatte sich zwar gegen Arbeitsunfähigkeit versichert, aber das nutzte ihm nichts. Er war arbeitsfähig, bekam jedoch mit seinen zweiundfünfzig Jahren keine Aufträge mehr.

Einem Unternehmensberater geht das projektbezogene Arbeiten in Fleisch und Blut über. Auch Herr Rundel machte sich planmäßig daran, sein Leben zu überdenken und sich neue Ziele zu setzen.

1. Sich schlau machen

   Nach dem Schock des Konkurses machte Herr Rundel zunächst eine allgemeine Manöverkritik zu seinem bisherigen Leben. Wie war es nur möglich, daß er viele Jahre hindurch dickes Geld verdient hatte und am Ende die Nächte angstzitternd in seinem Designerbett verbrachte, weil er nicht wußte, wie es mit ihm weitergehen sollte?

   Herr Rundel erkannte den grundlegenden Fehler seines Lebensstils: Er hatte viel zu aufwendig gelebt. Das Geld, das hereinkam, war immer schnell wieder in Luxus umgesetzt worden. Teure Autos, teure Möbel, teure Urlaube. Dazu kam seine Frau, ein elegantes und auch arbeitsscheues Geschöpf. Sie hatte den kurzbeinigen, beleibten Mann geheiratet, weil er ihr ein Luxusleben bieten konnte.

   Herr Rundel dachte über seine Stärken nach. Er war ein sehr gepflegter Herr, der in jedem Kinofilm glaubhaft die Rolle eines Bankers übernehmen konnte. Seine Ausstrahlung war ruhig, seriös, kompetent, wohlhabend. Außerdem verfügte Herr Rundel über Erfahrungen mit reichen Menschen, Geld, Steuergesetzen, Geschäften und über Techniken der überzeugenden Gesprächsführung.

   Herr Rundel erforschte den Markt speziell in den Bereichen Vermögensverwaltung und Steuerhinterziehung. Wer hatte vermutlich Beratungsbedarf? Welche Schwindelfirmen waren in diesem Bereich bereits tätig? Wie war die aktuelle Haltung der Banken in bezug auf Geldverschiebungen und Geldwäsche?

2. Ziele setzen

   Herr Rundel setzte sich neue Ziele im Hinblick auf seinen gesamten Lebensstil und im Hinblick auf die Gründung einer eigenen Beratungsfirma für Erfolgsmenschen, die ihr Vermögen vor der Gier des Fiskus in Sicherheit bringen wollten.

3. Pläne austüfteln

   Herr Rundel entwickelte sorgfältig seine Pläne zu:

- Vorgehen bei der Firmengründung
- Vermarktung seiner Beratungsleistungen
- Akquise der Kunden

- Konzept zur Zusammenarbeit mit Sparkassen und Banken
- Absicherung seiner eigenen finanziellen Lage für die Zukunft
- Konzept zum eventuellen Abtauchen bei Gefahr

4. Zur Tat schreiten
   Kompetent und zielsicher ging Herr Rundel an die Arbeit. Aufgrund seiner früheren Tätigkeiten verfügte er noch über gute Kontakte zu betuchten Geschäftsleuten, reichen Managern und gehobenen Hierarchen der Geldinstitute.
   Herr Rundel druckte geschäftsmäßig wirkende Prospekte und Formulare. Er nahm zunächst meist telefonisch Verbindung mit potentiellen Kunden auf. Er stellte sich als Berater vor, vereinbarte einen Termin und besuchte die reichen Herren vorzugsweise in ihren Chefbüros und Führungsetagen.
   Herr Rundel baute sich eine Klientel von Personen auf, die zur Elite des deutschen Wirtschaftslebens gehörten und gehören.
5. Nacharbeiten
   Mit jedem seiner Kunden pflegte Herr Rundel auch nach dem Abschluß von Verträgen guten Kontakt. Er wurde für viele Menschen der Vertraute in Sachen Geld. Seine seriöse Erscheinung, seine fachliche Kompetenz und seine stammhirnige Altherrenfreundlichkeit machten ihn bei Geschäftsleuten, Bankern und Prominenten zum gerngesehenen Gast selbst bei privaten Anlässen.
   Eines Tages jedoch wurden überall im Land Sparkassen und Banken durchsucht. Dem deutschen Staat stand (steht) das Wasser bis zum Hals. Von ehrlichen Steuerzahlern kommt einfach nicht genug herein. Man begann, sich der Steuerhinterzieher anzunehmen. Wer verschiebt welche Summen nach Luxemburg oder sonstwo hin?
   Herr Rundel gab sein Geschäft auf.
6. Manöverkritik
   Heute lebt er in einer hübschen Wohnung in Venezuela. Er muß nicht damit rechnen, eines Tages vor einem deutschen Gericht zu stehen. Die von ihm betrogenen Menschen legen gar keinen Wert darauf, ihn anzuzeigen. Welches Vorstandsmitglied eines Konzerns geht denn wohl zur Polizei und sagt: »Ich wollte die Steuer umgehen, und da hat mich der Rundel beklaut?«
   Ob Herr Rundel heute, wenn er so neben seiner Frau in der Sonne

sitzt, kritisch seine Gaunerkarriere betrachtet, weiß ich nicht. Ich habe lange nichts mehr von ihm gehört. Als Berater war er wie ein väterlicher Freund zu mir. Als Unternehmer legte er keinen Wert mehr auf unbedeutende Leute wie mich. So spielt das Leben.

11. Und jetzt Sie

Dieses Buch ist als Lehr- und Trainingsbuch gemeint. Benutzen Sie es für die ganz persönliche Weiterbildung und Verbesserung Ihres Arbeitsstils. Sie haben sich bisher mit Ihrer Persönlichkeit befaßt, Sie haben Ihre Lebensziele überdacht und stehen nun am Anfang einer deutlich erfolgreicheren Karriere.

Die Gefahr bei allen Seminaren und Lehrbüchern ist, daß man beim Zuhören oder Lesen das Gefühl hat, daß das Erklärte sehr vernünftig und richtig klingt. Man glaubt, man habe es verstanden. Aber dann soll man es in der Praxis anwenden und stellt fest, daß es doch nicht so einfach ist.

Denken Sie an die zweite Säule des »Tempels des Erfolgs«. Man muß nicht nur wissen und wollen, man muß auch können. Jetzt kommt Ihre Trainingsphase. Lassen Sie sich ein paar Tage Zeit mit der folgenden Übung. Notieren Sie Ihre Ideen, und gehen Sie die Sache immer wieder gedanklich durch. Arbeiten Sie so lange an Ihrem Übungsbeispiel, bis Sie das sichere Gefühl haben, daß alles perfekt durchgeplant ist.

Nehmen Sie Ihr persönliches Trainingsbeispiel aus Kapitel 5. Entwickeln Sie jetzt einen perfekten Projektplan dazu. An Ihrer Stelle würde ich die Tat noch nicht ausführen. Ich meine, Sie sollten das Vorhaben erstmal in aller Ruhe als rein gedankliches Modell bearbeiten. Umsetzen können Sie es später immer noch.

Nehmen Sie sich ausreichend Papier, und entwickeln Sie schriftlich die notwendigen Unterlagen zu den ersten Phasen eines Projektes:

1. Sich schlau machen
   Gehen Sie tatsächlich an die Arbeit. Machen Sie sich zum Topprofi im Hinblick auf die von Ihnen favorisierte Gaunerei. Sammeln Sie

Informationen, Fachwissen, Beispiele und Vorbilder. Gehen Sie in die Buchhandlungen, und schauen Sie in relevante Sachbücher. Lesen Sie Zeitungen, reden Sie mit Fachleuten (verraten Sie jedoch nicht, worauf Sie hinauswollen). Und schauen Sie im Fernsehen die Sendungen an, aus denen Sie etwas lernen können. Dabei meine ich XY oder Wirtschaftssendungen und nicht spannende Krimis aus alten Zeiten.

2. Ziele setzen
   Denken Sie immer daran, daß eine Gaunerei nur dann gut ist, wenn sie Geld einbringt und nicht in den Knast führt.
3. Pläne austüfteln
   Mit Ernsthaftigkeit und Fleiß sollten Sie nun schriftlich die Tat komplett durchplanen. Planen Sie genau, was Sie zu tun hätten, wie Sie vorgehen würden und wie Sie bei Problemen reagieren könnten. Pfuschen Sie gerade bei den Plänen nicht. Das Planen ist ein mühseliger Prozeß und läßt immer wieder Zweifel aufkommen, ob es überhaupt realistisch ist, von diesen oder jenen Annahmen auszugehen. Sie werden feststellen, daß später mit jedem weiteren gut organisierten Projekt das Planen leichter fällt. Auch darin entwickelt man eine gewisse Routine.

Zur Tat sollten Sie jetzt noch nicht schreiten. Ich schlage vor, daß Sie zunächst das Vorgehen der Manöverkritik üben. Erstellen Sie eine Liste von mindestens drei bereits abgeschlossenen Gaunereien in Ihrer Vergangenheit. Diese Taten sollten Sie jetzt kritisch betrachten. Das heißt nicht, daß Sie über die Fehler oder Gemeinheiten anderer (Mittäter, Polizisten, Opfer etc.) nachdenken. Denken Sie über sich nach. Was wollten Sie damals mit der Tat erreichen? Was haben Sie wirklich erreicht? Was würden Sie heute besser machen?

Sie sollten sich auch nicht damit befassen, jetzt noch Entschuldigungen für Ihr damaliges Vorgehen zu finden. »Aber ich mußte doch die Leiter nehmen, weil ...« Das eigene Verhalten zu entschuldigen, ist immer schon ein Schritt in Richtung Selbsttäuschung.

Wenn Sie Lust haben, können Sie die gleiche Arbeit auch an nicht-kriminellen Projekten durchführen. Üben Sie die ersten drei Phasen an Projekten wie:

- Ich möchte eine Kneipe eröffnen.
- Ich will einen Kegelclub gründen.
- Ich will ein Motorrad kaufen.
- Ich will Lappland bereisen.

Überlegen Sie Projekte, zu denen Sie Lust hätten. Der Vorteil bei nichtkriminellen Projekten liegt darin, daß Sie gefahrlos auch schon die vierte Phase der Durchführung üben können.

Um so mehr verschiedene Projekte Sie gedanklich durchgehen, desto sicherer werden Sie in der Anwendung der Prinzipien der Projektarbeit.

Fangen Sie jetzt an.

7 Schwachstellen gibt es überall

1. Die meisten hauen sich selbst in die Pfanne

An anderer Stelle habe ich bereits darauf hingewiesen, daß falsches Verhalten während und nach der Tat die häufigste Ursache für Entdeckung und Verhaftung ist. Ich gehe davon aus, daß Sie Ihr eigenes Verhalten und das Ihrer Mittäter inzwischen überdacht haben und in Zukunft berücksichtigen werden.

Nun möchte ich zum »Risikomanagement« kommen. Man muß immer davon ausgehen, daß etwas passiert, womit man beim besten Willen nicht rechnen konnte. Diese Erfahrung wiederholt sich im Laufe unseres Lebens mehrfach. Man hat sich zum Beispiel rechtzeitig auf den Weg zum Flughafen gemacht. Alles hätte wunderbar geklappt, würde man nicht plötzlich im Stau stehen. Man kommt zu spät und muß auf eigene Kosten mit der nächsten Maschine hinterherfliegen. Auch den Fall habe ich schon erlebt: Man hat sich ausgerechnet, wieviel Geld man im Urlaub braucht, und steckt sich entsprechend Scheine und Travellerschecks ein. Leider verletzt man sich am Zielort und landet im Krankenhaus. Als Ausländer muß man Arzt, Operation, Pflege, Medikamente etc. bar bezahlen. Das kann knapp werden.

Von Murphy gibt es den bekannten Merksatz: »Alles dauert doppelt so lange und wird doppelt so teuer wie geplant.«

Daraus sollte man für sich die Erkenntnis ableiten, daß man zeitlich und finanziell bei seinen Projekten nicht zu eng plant.

Auch entstehen immer wieder Risiken, die nichts mit Zeit und Geld zu tun haben. Man kann verunglücken, krank werden, von anderen Menschen im Stich gelassen werden, Dinge versehentlich beschädigen, in schlechtes Wetter geraten, von einem Pferd fallen ... Die Möglichkeiten, daß etwas schiefgeht, sind nahezu unbegrenzt.

Man kann immer wieder beobachten, daß Menschen kein sachliches Verhältnis zu Risiken und Gefahren haben. Ich weiß von einem Mann, der sich hinter dem Hamburger Bahnhof drogensüchtige Mädchen aussucht und ihnen Extragagen dafür bezahlt, daß sie auf Kondome verzichten. Der Mann ist pervers genug, sich besonders verkommene und kranke Mädchen auszusuchen. Dieser Mann, der sich souverän dem Tod entgegenvögelt, zittert in seinem Beruf vor jedem Vortrag, den er gelegentlich vor Kunden halten muß.

Eltern lassen ihre Kinder mit unbeleuchteten Fahrrädern fahren oder im Auto auf den Rücksitzen herumturnen. Leute schreien, wenn eine Spinne durchs Schlafzimmer krabbelt und nehmen unbekümmert zur Kenntnis, daß nur wenige Kilometer von ihrem Wohnort entfernt ein Atomkraftwerk steht. Bei heftigem Regen wird hemmungslos auf der Autobahn gerast, als habe man nie von Aquaplaning gehört. Andererseits fürchtet man Radarfallen und Polizisten, die einen um ein paar Scheine ärmer machen könnten. Es gibt Menschen, die einem Aidskranken nicht die Hand geben wollen aus Panik vor Ansteckung, und dann sieht man die gleichen Leute mit am Unterarm baumelndem Helm Motorrad fahren.

Wie auch immer. Die Psychologen haben sicher viele gute Erklärungen für merkwürdiges Verhalten echten und eingebildeten Gefahren gegenüber.

Ich habe festgestellt, daß sehr viele Menschen eine fast abergläubische Einstellung zur Risikoanalyse haben. Als glaubten sie, durch das Nachdenken über mögliche Gefahren diese erst heraufzubeschwören. Vielleicht sind wir zu sehr vom Trend des positiven Denkens beeinflußt. Ich habe es während meiner Laufbahn als Unternehmensberaterin fast nie erlebt, daß im Hinblick auf Projekte Risikoanalysen durchgeführt wurden. Im Gegenteil, wenn jemand auf drohende Gefahren für oder durch ein Projekt hinwies, dann wurde der betreffende Mitarbeiter meist als Angsthase verlacht. Man müsse doch nicht immer mit dem Schlimmsten rechnen, hieß es.

Mich fasziniert bis heute, daß in den meisten Firmen, in denen ich tätig war, noch nicht mal gescheiterte Projekte dazu führten, daß Risikoanalysen von der Geschäftsleitung angeordnet wurden.

Empfinden wir unser zivilisiertes Leben zwischen Schrankwand im Wohnzimmer und Dienstplan am Arbeitsplatz als so langweilig, daß wir vielleicht deshalb eine geheime Sehnsucht nach Gefahr haben?

Dieser Frage sollen sich die Psychologen widmen. Sie sollten sich bewußt machen, daß kriminelle Handlungen immer riskant sind. Sie sollten weder sich selbst für unfehlbar noch die Zukunft für kontrollierbar halten. Bedenken Sie bei jedem Projekt stets auch die möglichen Gefahren. Wenn Sie das nicht tun, sind Sie für das Scheitern Ihrer Projekte selbst verantwortlich.

Merksatz: Reif ist, wer gelernt hat, auch das Unerwartete zu erwarten.

2. Gefahr erkannt – Gefahr gebannt

Diesen Merksatz haben Sie sicherlich schon mal gehört. Damit ist gemeint, daß wir am leichtesten mit den Gefahren umgehen können, auf die wir uns innerlich eingestellt haben, oder daß wir vielen Gefahren bei vorausschauendem Denken aus dem Weg gehen können.

Beispiel:

Jedes Jahr im Sommer verunglücken zahlreiche junge Männer dadurch, daß sie Kopfsprünge in fremde Gewässer machen. Manche sterben, andere bleiben querschnittgelähmt. Wie ist es nur möglich, daß normale junge Leute sich so dumm verhalten? Sie erkennen die Gefahr nicht oder wollen sie nicht wahrhaben.

Außerdem ertrinken jeden Sommer Schwimmer in Baggerseen, vergiften sich Pilzsammler und sterben Ausflügler an Zeckenfieber. Auch brechen in jedem Winter überall im Lande Kinder im Eis ein.

Ob es sich um kindliche Unerfahrenheit, männliche Imponiersucht oder um reine Ahnungslosigkeit handelt: Menschen begeben sich in Gefahr, weil sie diese oft gar nicht erkennen. Sie sehen die Gefahr oft auch dann nicht, wenn sich Außenstehende verblüfft fragen: Wie kann man nur?!

Gefahren nicht zu erkennen und ihnen nicht auszuweichen, ist eine Form der Dummheit. Manchmal steckt auch falsche Sparsamkeit dahinter. In unserem Kegelclub hat sich einer beinahe vergiftet, weil er vergammeltes Fleisch gegessen hat.

Stellen Sie sich doch einmal morgens oder mittags vor einen Kindergarten. Sie werden staunen, wieviele besorgte Mütter vorfahren und sich das Auto mit drei oder vier oder noch mehr Kindern volladen. Sie haben weder Kindersitze noch Sicherheitsgurte in ausreichender Anzahl im Wagen. Ich glaube nicht, daß bittere Armut der Autofahrerinnen oder der Eltern der mitgenommenen Kinder dahintersteckt. Ich glaube auch nicht, daß die Leute von einem kinderfreien Leben träumen. Ich vermute eher, daß sie die Gefahren für die Kleinen nicht erkennen.

Es können geistige Faulheit, Dummheit oder die oben erwähnte Vorliebe für positives Denken als Ursachen in Frage kommen, wenn Menschen sich selbst oder ihre Angehörigen in Gefahr bringen.

Ein vollkommen ungefährliches Leben gibt es nicht. Es kann einem immer etwas auf den Kopf fallen oder ins Essen geraten. Die beste Vorbeugung kann nicht verhindern, daß wir uns doch mal einen Virus einfangen. Das sorgfältigste Vorgehen bei Projekten kann nicht immer verhindern, daß uns selbst oder anderen eine Panne passiert. Auch wenn man Gefahren nicht ganz ausschließen kann, so kann man das Risiko durch eine rechtzeitige Risikoanalyse sehr wohl vermindern.

Die Risikoanalyse gehört mit zur Planungsphase eines Projektes. Sie sollte damit jedoch nicht abgeschlossen sein. Risikosituationen können sich im Verlauf der Durchführung oder sogar nach Beendigung des Projektes verändern. Klug ist der Projektleiter, der Gefahren erkennt, bevor sie passieren, der es schafft, Gefahren zu vermeiden, und der im Risikofall schnell einen Notplan zur Schadensbegrenzung zur Hand hat.

Nehmen Sie jetzt die Unterlagen zu Ihrem Trainingsbeispiel aus Kapitel 6.11. zur Hand und führen Sie eine Risikoanalyse durch. Die Risikoanalyse geht folgenden Fragen nach:

- Was kann überhaupt schiefgehen? Denken Sie dabei über Minimalpannen nach und auch über den GAU (größter anzunehmender Unfall).
- Welcher Schaden kann entstehen?
- Für wen und zu welchem Zeitpunkt wird der Schaden entstehen oder sichtbar werden?

- Durch welche Ursachen oder durch welches Zusammentreffen von Ereignissen kann der Risikofall eintreten?
- Durch welche Hinweise kann ich im Verlauf des Projektes erkennen, daß ein Schaden oder eine Panne sich anbahnt?
- Wie hoch ist die Wahrscheinlichkeit, daß der Risikofall eintritt? Unterscheiden Sie hier zwischen den verschiedenen möglichen Gefahren. Manche sind sehr realistisch, bei anderen kann man davon ausgehen, daß sie letztlich doch nicht passieren.

Wenn man sich gründlich mit den möglichen Gefahren, ihren Ursachen, ihren möglichen Auswirkungen und ihren Wahrscheinlichkeiten befaßt hat, dann muß man sich überlegen:

- Was kann ich tun, damit der Risikofall gar nicht eintritt?
- Was kann ich tun, damit im Falle, daß »es« doch passiert ist, der Schaden möglichst gering bleibt?
- Welche Risiken muß ich bewußt eingehen? Welchen kann ich ausweichen?
- Worauf muß ich speziell achten, damit ich rechtzeitig gewarnt bin?

Der dritte Schritt ist die Planung von Vorgehen und Verhalten im Pannen- oder im Katastrophenfall. Dazu sollte man eine Liste der möglichen Katastrophen anlegen. Zu jedem dieser möglichen Ereignisse wird ein eigener Plan angefertigt. Das gehört, wie oben gesagt, zu den allgemeinen Projektplänen.

3. Rechnen Sie mit allem

Die Lehre des Projektmanagements kennt den Merksatz: »Projekte scheitern an Menschen und nicht an Technik.« Das gilt auch für kriminelle Projekte. Die Chance, daß der Motor Ihres Fluchtautos plötzlich ausfällt, ist geringer als die Chance, daß Sie selbst oder einer Ihrer Komplizen durch einen Fehler alles verderben. Bei den Projekten unseres bürgerlichen Lebens gilt das ebenfalls. Eine junge Frau stand im Projekt, sich einen neuen Arbeitsplatz zu suchen. Der PC, an dem sie die Bewerbungen schrieb, funktionierte problemlos. Leider waren die Texte so einfallslos, daß kein Arbeitgeber sie einstellen wollte. Das Projekt scheiterte.

Ein mit mir befreundetes Ehepaar hatte sich als Projekt eine Fotosafari nach Kenia vorgenommen. Sie hatten eine hochwertige und einwandfrei funktionierende Kamera dabei. Es passierte ihnen auch nicht, daß der Apparat geklaut wurde. Leider schickten sie nach dem Urlaub ihren kleinen Sohn zum Fotogeschäft, um die entwickelten Bilder abzuholen. Das Kind trödelte auf dem Heimweg, besuchte einen Schulkameraden, bestieg einen Baum und kann sich bis auf den heutigen Tag nicht erinnern, wo es zum letzten Mal die Tüte mit den Fotos gesehen hat.

Denken Sie an die Autoindustrie. Ständig werden noch bessere und noch sicherere Autos entwickelt. Die Hersteller überschlagen sich förmlich mit Hinweisen auf die erhöhte Fahrsicherheit. Wenn man an ABS, Airbag, Knautschzone, Sicherheitsgurte, Kopfstützen, Seitenaufprallschutz etc. denkt, dann müßte das Autofahren bald sicherer als das Schlafen im eigenen Bett sein. Das ist es aber nicht, weil viele Menschen am Steuer zu Neandertalern werden. Vermutlich wird das Autofahren erst dann zu einer sicheren Art der Fortbewegung, wenn man die Lenkräder ausbaut und statt dessen satellitengesteuerte, automatische Lenksysteme einführt. Züge, Flugzeuge, Raketen, U-Bahnen fahren am sichersten, wenn sie von Computern kontrolliert werden.

Wenn Sie Ihre Risikoanalyse durchführen, sollten Sie sich dabei besonders den Menschen widmen. Wer kann durch Unachtsamkeit, durch Sabotage oder Angst oder andere Gefühle das Projekt zum Scheitern bringen? Mit welchen Menschen haben Sie es im Laufe Ihres Projektes überhaupt zu tun?

- Die Hauptperson sind Sie selbst.
- Gibt es Mittäter?
- Kennen Sie die Hehler?
- Können Zeugen der Tat gefährlich werden?
- Mit welchen Reaktionen Ihrer Opfer müssen Sie rechnen?
- Wie wird sich die Kripo verhalten?
- Gibt es viele Passanten in der Nähe Ihres Tatorts?
- Könnte Ihrem Bekanntenkreis auffallen, daß Sie kriminell sind?

- Arbeiten Sie mit Lieferanten von zum Beispiel falschen Papieren oder Rohmaterialien zusammen?
- Gibt es andere Kriminelle, die Ihnen gefährlich werden können?

Sie sollten sich auch mit den örtlichen Gegebenheiten Ihres Projektes befassen. In der Nähe von Ludwigslust scheiterte unlängst ein Gangster daran, daß er auf den engen Straßen mit den schönen Alleen und dem heftigen Gegenverkehr nicht vom Fleck kam. Ein Hoteldieb scheiterte, als er zum ersten Mal in seinem Leben auf einer Ostseefähre tätig werden wollte. Er hatte nicht damit gerechnet, daß diese großen Schiffe völlig unübersichtlich sind mit ihren Treppen, Gängen, Winkeln, Fluren und Zwischendecks. Zuerst verirrte er sich, dann mußte er sich in einer engen Nische ohne Frischluftzufuhr verstecken, dann wurde ihm vom Seegang schlecht. Der Geruch seines Erbrochenen lockte einen Hund herbei, und er wurde schließlich erwischt. In einem alten Berliner Bürohaus rutschte ein Dieb die soeben gewischte Steintreppe hinunter. In einem Hamburger Kaufhaus verhedderte sich ein Räuber mit seinem Beutesack in der Rolltreppe. In der Villa meiner Cousine tappte ein Einbrecher durch die Glastür.

Machen Sie sich unbedingt rechtzeitig mit den möglichen Tücken Ihres Tatorts und Ihres Fluchtweges vertraut.

Gibt es im Verlauf Ihrer kriminellen Aktionen besonders kritische Situationen? Müssen Sie irgendwann besonders schnell sein? Haben Sie zu irgendeinem Zeitpunkt Zeugen oder Opfer hinter Ihrem Rücken? Müssen Sie die Beute mit sich herumtragen, wenn Sie zum Beispiel zum Hehler gehen? Wie ist die Geldübergabe zum Beispiel bei Erpressungen vorgesehen? Haben Sie im Rahmen einer Geldwäsche mit Bankangestellten zu tun?

Zum Schluß sollten Sie sich kritisch mit allen Gegenständen und Geräten beschäftigen, die bei der Tat eine Rolle spielen. Ist Ihre Kleidung irgendwie auffällig? Es darf nicht passieren, daß die von Ihrer Mutter liebevoll gestrickte Jacke im Fernsehen bei XY vorgeführt wird. Wenn Sie zur Tarnung einen Motorradhelm tragen wollen, dann sollten Sie sicherheitshalber nicht mit Ihren Fingern darauf herumgepatscht haben. Sitzt die Brille fest auf der Nase? Hat die Taschenlampe eine frische Batterie? Ist der Wagen betankt? Haben Sie die Strickleiter eingepackt?

Probieren Sie den Gebrauch der notwendigen Gegenstände aus. Ein Gauner hat sich selbst ausgetrickst, als er während eines Überfalls zum ersten Mal die Skimaske vor Mund und Nase zog. In Sekundenschnelle war von seinem eigenen Atem die Brille beschlagen. Pech oder Dummheit?

Sie müssen wirklich mit allem rechnen und zusätzlich mit den Dingen, mit denen man einfach nicht rechnen kann. Das Problem bei kriminellen Projekten besteht vor allem darin, daß man oft nicht den Rat von Fachleuten hinzuziehen kann. Vieles muß man allein herausfinden und ausprobieren. Die Zusammenarbeit mit anderen Menschen bedeutet wiederum nur Risiko, so daß es fast besser ist, davon ganz abzusehen. Wenn Sie auch nur vage die Befürchtung haben sollten, vielleicht doch ein wenig zu dumm dafür zu sein, dann sollten Sie sich ernsthaft überlegen, ob Sie nicht lieber einen bürgerlichen Beruf wählen. Erfolgreiches Gaunern stellt ungeheure geistige Ansprüche, denen nicht jeder gewachsen sein kann.

4. Wenn es doch passiert ist

Krisenmanagement ist die Kunst der Zwischenhirne. Diese Menschen sind nicht nur schlagfertig, sie können sich auch in unerwarteten Situationen blitzschnell zurechtfinden und wissen sich zu helfen. In einer Krisensituation hat man nicht die Zeit, sich in Ruhe hinzusetzen, die Lage zu analysieren und einen Plan zu entwerfen. Man muß auf der Stelle etwas tun, was den Schaden begrenzt und das Projekt wieder »auf die Schiene setzt«.

Großhirne neigen oft dazu, auf Dinge gelähmt zu reagieren, mit denen sie nicht gerechnet haben. Sie wollen sich erst einen Überblick verschaffen und dann wohlüberlegt handeln. Es kann auch sein, daß Großhirne eine Krise zunächst nicht als solche erkennen. Ich habe einmal in einem Projekt erlebt, daß mitten in einem Vortrag vor Kunden das Birnchen des Overhead-Projektors durchbrannte. Ein Zwischenhirn würde sofort erkennen: Die Birne ist hin. Wir brauchen eine neue oder machen ohne

Projektor weiter. In diesem Fall war jedoch unser klügstes Großhirn betroffen. Der Mann vergaß das Publikum und seinen Vortrag und fummelte statt dessen an dem Gerät herum. Dabei murmelte er vor sich hin: »Die kann nicht kaputt sein. Die ist neu.«

Ein anderes Mal saß ich auf dem Beifahrersitz neben einem großhirnigen Kollegen. In einer Einbahnstraße kam uns plötzlich ein Auto entgegen. Ich wäre ausgewichen. Das Großhirn hielt stur Kurs. Seine letzten Worte vor dem Aufprall waren: »Der kann doch hier nicht fahren!«

Rechnen Sie bei Ihren Vorhaben damit, daß in Krisensituationen der Eierkopf in Ihrem Team sich nicht flexibel genug umstellen kann. Die Kunst der Großhirne ist, daß sie wunderbare Pläne entwickeln können. Ihre Dummheit ist, daß sie stur an ihnen festhalten, auch wenn die Realität sie längst sinnlos gemacht hat.

Stammhirne reagieren in Krisen mit Angst. Sie werden schnell kopflos und brauchen die Anweisungen eines Chefs. Dahinter steckt der Instinkt, bei unsicheren Situationen nach dem »starken Mann« zu rufen. Dieses Phänomen kennen wir auch aus der Politik. Wenn die Lage unsicher wird, ruft das Volk nach einem Kanzler, der sich nicht in demokratischen Diskussionen verliert, sondern knallhart Befehle erteilt. Viele Menschen empfinden Vorgesetzte oder Politiker, die sich mit rangniedrigeren Personen absprechen, als »führungsschwach«. Sie glauben dann, daß der Chef oder Kanzler auch keine Ahnung hat, was er tun soll, und sich deshalb Ratschläge holen muß: »Unser Häuptling ist ein Greis, der sich nicht zu helfen weiß.«

Besonders Stammhirne brauchen in unsicheren Situationen klare Befehle. Wenn jetzt der Chef ein Großhirn ist und erst einmal darüber nachdenkt, welcher Befehl denn wohl sinnvoll ist, dann hat er schon verloren. Für Stammhirne muß ein Befehl unmißverständlich und nicht sinnvoll sein.

Denken Sie an den Tag, als riesige Menschenmengen »Ja« brüllten auf die Frage, ob sie den totalen Krieg wollten. Den Menschen stand das Wasser bis zum Hals. Sie hungerten, hatten bereits schreckliche Jahre hinter sich, lebten in Angst. Und dann stand einer vor ihnen, der keine Diskussionen anfing, sondern knallhart formulierte, was zu tun war. Das Resultat kennen wir.

Dieser Instinkt, dem Leithammel oder der Leitkuh zu folgen, wird von Managern auch ausgenutzt. Es gibt eigens Seminare für Führungskräfte, denen es schwer fällt, ihre Autorität durchzusetzen. Sie trainieren, Mitarbeiter zuerst in Verwirrung zu stürzen, um sich dann durch knallharte Anweisungen Respekt zu verschaffen.

Der Drill aller Armeen dieser Welt dient dem Zweck, Menschen darauf zu trainieren, in Krisensituationen ihre Zwischen- und Großhirnkomponenten wegzuschalten und ausschließlich stammhirnig zu gehorchen. Eine Armee kann nicht funktionieren, wenn die Soldaten die Anweisungen erst einmal auf Sinn und Unsinn analysieren, sich eine Meinung dazu bilden und dann mit den Offizieren diskutieren. Das muß man ihnen auf dem Exerzierplatz beständig mit gebrüllten Ein-Wort-Befehlen austreiben.

Manchmal spielt das Schicksal einem Menschen entgegen. Erinnern Sie sich an den SPD-Politiker Schmidt? Der hatte damals in der Überflutungskrise in Hamburg kraftvoll die Führung übernommen. Von dieser Demonstration seiner Dynamik zehrte er immer noch, als er sich längst auf großhirnige Logik zurückgezogen hatte.

Managern wird in Seminaren das unterschiedliche Verhalten in Krisen oft am Beispiel eines Schiffs erklärt: Ein Schiff gerät in Seenot. Panik bricht aus. Nun erhebt das Zwischenhirn seine Stimme: »Folgt mir. Hier geht es raus.« Instinktmäßig folgen die Stammhirne der Person, die diesen Befehl erteilt hat. Notfalls folgen sie wie Lemminge in die falsche Richtung. Der Großhirner jedoch folgt nicht. Er setzt sich hin, bedenkt die Lage und kommt zu dem Schluß: »So ein modernes Schiff muß doch seetüchtig sein.« Mit dieser Einsicht säuft er dann ab.

Welche Bedeutung haben diese psychologischen Erkenntnisse für Sie? Sie sollten sich vor Ihren kriminellen Projekten in Ruhe überlegen:

1. Welche Krisen können überhaupt auftreten? Das ist die Risikoanalyse.
2. Was ist im Krisenfall zu tun? Das sind die Krisenpläne, die Sie im Rahmen des Risikomanagements entwickelt haben.
3. Welche Reaktionen sind in Krisensituationen für mich typisch? Reagiere ich eher zwischen-, groß- oder stammhirnig?
4. Mit welchen Reaktionen muß ich bei meinen Mittätern rechnen?
5. Mit welchen Reaktionen muß ich bei Opfern und Zeugen rechnen?

Spielen Sie mögliche Krisensituationen während Ihres Risikomanagements im Geiste durch. Planen Sie die Tat mit einer Gruppe von Kriminellen, dann sollten Sie das Krisenverhalten vorher üben. Es muß sichergestellt sein, daß im Fall des Falles jeder sofort weiß, was zu tun ist und wer die Führung hat. Es darf auf keinen Fall passieren, daß es plötzlich in einer Krisensituation zwischen zwei machtgierigen Zwischenhirnen zu einer Auseinandersetzung kommt. Die unbeaufsichtigten Großhirne könnten sich angeekelt vom Streit abwenden und stur die alten Pläne befolgen. Die verängstigten Stammhirne schauen zwischen den Streitenden hin und her, wissen nicht, wer nun das Sagen hat, und geraten in Panik. Wenn dann plötzlich der Lautsprecher der Polizei ertönt: »Verlassen Sie das Gebäude!«, werden die Stammhirne wie magisch von der lauten Stimme angezogen und gehen tatsächlich raus.

Im Krisenmanagement werden zwei Stadien unterschieden:
1. das akute Stadium
2. die Nachbearbeitung

Im akuten Stadium kommt es darauf an, schnell die Lage wieder in den Griff zu bekommen und die Schäden zu begrenzen. Vergleichen Sie es mit einem Verkehrsunfall. Da muß auch sofort reagiert werden: Die Unfallstelle absichern, Verletzte versorgen, Autonummern aufschreiben . . .

Wie oben gesagt, ist das akute Stadium die Stunde der Zwischenhirne.

Wenn die akute Situation überstanden ist, muß eine Nachbearbeitung erfolgen. Dann muß analysiert werden, wie es eigentlich zu der Krise kommen konnte. Welche Ursachen hinter dem Vorfall steckten und ob ein ähnliches Problem wieder auftreten kann. Diese Analysen sind Sache der Großhirne. Man muß ihnen auf den Grund gehen. Nur so kann verhindert werden, daß sich ähnliche Krisen erneut ereignen.

Bedenken Sie bitte, daß eine schlecht gemanagte Krise in einem kriminellen Projekt das Ende Ihrer Laufbahn sein kann. Das Beste, was Sie tun können, ist ein perfektes Risikomanagement. Krisen lassen sich damit von vornherein vermeiden oder werden souveräner bewältigt.

5. Von der Kunst des Scheiterns

Kennen Sie die Geschichte von dem Fleischdieb, der sich selbst im Kühlhaus einschloß? Haben Sie von dem Einbrecher gehört, der erst am Tatort feststellte, daß die Schnur seiner Bohrmaschine nicht bis zur Steckdose reichte?

Es gibt viele lustige Geschichten von verhinderten Gaunern. Da mußte sich zum Beispiel einer schnell verstecken, kroch in den Silo und erstickte. Da zwängte sich jemand durch ein eingeschlagenes Toilettenfenster und knallte mit dem Kopf auf die Kloschüssel. Ein anderer stieg per Leiter durch ein Fenster und mußte feststellen, daß auf dem Rückweg die Sprossen seinem durch die Beute erhöhten Gewicht nicht mehr standhielten. Ein Einbrecher saß stundenlang im Badezimmer, weil ihn der Hund nicht herausließ. Es gibt immer wieder Rauschgifthändler, die versehentlich mit einem Polizisten einen Deal versuchen. Ein Menschenschmuggler verirrte sich im Grenzgebiet und saß schließlich bis zum Hals im Sumpf fest. Ein entfernter Verwandter von mir stolperte auf der Flucht über einen herumliegenden Fahrradsattel. Er brach sich den Knöchel und sank schluchzend dem helfenden Polizisten in die Arme. Ein Brandstifter fackelte sich die eigenen Haare ab . . .

Diese Geschichten sind für Nichtbetroffene recht unterhaltsam. Für die jeweiligen Gauner jedoch sind sie tragisch und peinlich. Fast immer beruhen sie auf persönlicher Dummheit. Manche sind aber auch wahre Schicksalsschläge.

Auf eine besonders große Gefahr möchte ich an dieser Stelle hinweisen: Einige Gauner haben zwar nicht die Absicht, Menschen zu Schaden kommen zu lassen, aber sie nehmen eine Waffe zur Einschüchterung mit. In der Streßsituation der Tat kann es dann leicht zu einer Kurzschlußhandlung kommen. Auch wenn Ihr Herz kein Mitleid mehr rühren kann, lassen Sie aus eigenem Interesse Waffen zu Hause. Schaffen Sie sich lieber erst gar keine an. Eine andere Gefahr besteht darin, daß man Menschen auch ohne Waffen versehentlich verletzt oder gar tötet. Ein Gefesselter kann am Knebel ersticken, ein Erpreßter kann sich vor Verzweiflung aufhängen, ein Überfallener stirbt am Herzinfarkt, ein vor Ihnen Flüchtender rennt auf die Straße und wird überfahren . . .

Wenn Ihnen das einmal passiert, dann sind Sie eine Niete, ein Versager. Am Ende stehen Sie da mit kümmerlicher Beute und zwölf Jahren Haft. Wollen Sie das?

Bedenken Sie bitte auch, daß der Polizei und den Juristen in unserem Land die Kriminalität längst über den Kopf gewachsen ist. Man hat weder das Personal, alle Fälle zu bearbeiten, noch das Geld, die Polizei zeitgemäß auszurüsten, noch den Platz im Knast, alle gefaßten Täter menschenwürdig unterzubringen. Solange Sie es schaffen, niemals Menschen zu verletzen oder gar zu töten, haben Sie gute Chancen, daß Ihre Tat außer einem Aktenpapier keine weiteren Konsequenzen nach sich zieht.

Merke: Ein guter Gauner wird reich und nicht zum Mörder.

8 Profis am Werk

1. Die Guten kennt man nicht

Wenn ich Ihnen hier Menschen vorstellen möchte, die als erfolgreiche Kriminelle mit einer guten Idee, intelligenter Planung und konsequenter Durchführung reich geworden sind oder sich ein kleines »Zubrot« verdienen, so stellt sich das Problem, daß man die wirklich guten Gauner gar nicht kennt. Die arbeiten diskret und so getarnt, daß weder Mitwisser noch böse Zufälle, noch Wechsel politischer Systeme ihnen gefährlich werden können.

Die Gauner, von denen wir in Zeitungen lesen, sind fast alle schon gescheitert, denn sonst stünden sie gar nicht in der Presse. Uns mag es beeindrucken, wie ein Dagobert kleine Apparate bastelt, wie ein Maulwurfteam sich unterirdisch zur Bank durchbuddelt, ein beleibter Biedermann den Topbankern seriöse Geschäftspraktiken vorgaukelt, ein Yuppie im fernen Asien am PC sitzt, mit Millionen jongliert und schließlich eine ehrwürdige englische Bank kippt . . .

Aber wohin hat es diese Leute gebracht? Führen sie heute das Leben, das sie sich gewünscht haben? Sie sitzen im Knast, flüchten vor der Justiz oder wohnen in irgendeinem exotischen, aber langweiligen Ministaat und freuen sich, wenn mal ein Reporter anruft und wissen will, wie es geht.

Und dennoch gibt es Kriminelle, von denen ich denke: Sie sind erfolgreich. Die meisten betreiben ihre Gaunereien im Nebengewerbe. Sie leben offiziell von einem bürgerlichen Beruf (oder von Sozialhilfe) mit all seinen Vorteilen wie: soziale Absicherung, Anspruch auf Urlaub, nette Kollegen und »ordentliches Ansehen« in der Gesellschaft.

Aber dort, wo ehrliche Menschen Sorgen und Probleme haben, verzichten und sich einschränken müssen, geht es den Kriminellen besser. Sie zahlen ihre Eigenheime schneller ab als andere, können sich teurere Kleidung, schönere Urlaube und dickere Autos leisten. Diese Menschen leben meist absichtlich nicht auffällig. Sie werfen nicht mit Geld um sich und entfernen sich auch nicht sozial von ihren Kollegen, Nachbarn und Verwandten. Sie können sich halt problemlos Dinge leisten, für die andere sparen müssen oder die sie sich über Monate einteilen: Im Januar kann man sich eine heruntergesetzte Lederjacke kaufen, im Februar den Skiurlaub nehmen, im März und April wird das Geld für den neuen PC beiseite gelegt... Solche Sparmaßnahmen brauchen Kriminelle nicht vorzunehmen. Sie leisten sich die Dinge dann, wann sie sie haben wollen.

Ich kenne in Hamburg zwei vergleichbare Verkäuferinnen. Beide sind knapp fünfzig Jahre alt, geschieden, ohne Berufsausbildung und verdienen netto ca. 2200 DM im Monat. Die Ehrliche lebt für 670 DM Miete in einer Einzimmerwohnung, kann sich kein Auto leisten, trägt Kleidung aus Sonderangeboten, verbringt ihre Urlaube im Haus des Bruders (während dessen Abwesenheit) und pflegt dabei den Hund und die Blumen. Die Unehrliche fährt BMW und kauft sich alle zwei Jahre einen Neuwagen. Sie verbringt ihre Freizeit in gepflegten Fitneßclubs oder in ihrer 4-Zimmer-Wohnung mit Blick auf die Alster. Sie kauft sich Kleider,

Stammhirn-Immobilien-Spekulant nach der Flucht

die ihr gefallen und die ihr gut stehen. Zweimal im Jahr sitzt sie im Flieger, um Urlaub in ihrer Zweitwohnung (und Altersruhesitz) am Strand von Venezuela zu machen. Das ist der Unterschied zwischen einer ehrlichen Verkäuferin und einer, die das Kaufhaus beklaut, in dem sie arbeitet.

Meiner Meinung nach ist es falsch, sich ein geregeltes Leben durch Kriminalität zu ruinieren. Nur die wenigsten können wirklich darauf verzichten, ganz normal unter Menschen zu leben und statt dessen ein Dasein in der Unterwelt zu fristen. Deshalb ist für die meisten von uns Kriminalität eher als Neben- denn als Haupterwerb geeignet. Ein Leben ohne Geldsorgen, ohne ständige Preisvergleiche, ohne ständigen Verzicht, das ist für die meisten von uns der Traum und nicht eine Nacht-und-Nebel-Aktion mit Taschenlampe in der Hand und Polizeisirenen im Rücken.

Ich stelle Ihnen ein paar Leute vor, die ich nach meinem Verständnis als erfolgreiche Gauner kennengelernt habe. Sie alle zeichnen sich dadurch aus, daß sie nicht kindischen Träumen vom großen Coup nachhingen, daß sie nicht gleich Millionen scheffeln wollten, sondern ganz bodenständig ihre eigenen Grenzen und die Dummheit der Mitmenschen richtig einschätzten.

Allerdings gibt es auch bei diesen »Erfolgsgaunern« Lücken im Sicherheitssystem. Schon die Tatsache, daß ich sie und ihre Tricks kennengelernt habe, ist riskant. Wenn ich es weiß, wer weiß es dann außerdem? Wer wird dieses Wissen eines Tages gegen sie einsetzen?

Merke: Ein guter Gauner sorgt dafür, daß überhaupt niemand etwas von seinen Taten weiß.

2. Die Versicherungen sind doch selbst Betrüger

Wie schon gesagt, Versicherungsbetrug ist heute eine gesellschaftlich akzeptierte Form der Kriminalität. Man spricht offen darüber, mit welchen Tricks man sich das Geld von der Haftpflicht-, Reisegepäck-, Unfall-, Hausrats-, Krankenversicherung etc. »wieder holt«.

Anständige Bürger lassen sich angeblich die Autos stehlen und den Schaden von der Versicherung bezahlen. Bei Einbrüchen wird auch der Schmuck geklaut, der gar nicht im Hause war. In den verschwundenen Urlaubskoffern befand sich nur die teuerste Kleidung. Das Scheunenfeuer hat der Blitz verursacht. Beim Unfall hat man ein Schleudertrauma und muß monatelang mit Halskrause herumlaufen (die man gleich morgens schon irgendwo ablegt). Außerdem kann man sich über den Verlust einer im Auto zerschmetterten, erzteuren Antiquität kaum hinwegtrösten.

Diese Gaunereien werden nicht nur begangen, sie werden auch im Freundes-, Kollegen- und Verwandtenkreis diskutiert. Man tauscht Tips aus, prahlt mit gelungenen Tricks und teilt sich bei guter Zusammenarbeit sogar die erstatteten Summen.

Ein Bekannter von mir lief kürzlich von einem Arbeitskollegen zum nächsten und bat um Rechnungen für Fernsehapparate, Kameras, PCs etc. Bei ihm war eingebrochen worden, und er wollte den Schaden »lohnend« machen. Skrupel hatten er und seine Mittäter nicht, schließlich zahle man sich bei diesen Versicherungen ja auch immer dumm und dämlich. Die sollten auch mal »bluten«. Sowohl das Einsammeln der Rechnungen als auch später der Streit um das Verteilen der »Beute« fanden öffentlich im Büro statt. Niemand nahm Anstoß daran, mit einem Betrüger gemeinsame Sache gemacht zu haben. Pikant war die Tatsache, daß es sich bei dem Haupttäter ausgerechnet um einen Fachmann handelt, der als Berater wegen seiner Qualifikationen in erster Linie für Versicherungen tätig ist.

Versicherungsbetrug ist wie Steuerhinterziehung, Raubkopieren von Software, Verkauf von personenbezogenen Daten, Handel mit Kinderpornos, das Fahren unter Alkoholeinfluß etc. eine Sache, über die man getrost sprechen kann, ohne sich rechtfertigen zu müssen. Alle tun es, also ist es üblich, und was üblich ist, kann nicht verkehrt sein.

Aber nicht alle können es gut, und nicht alle haben die notwendige Phantasie oder die notwendigen Verbindungen, sich so viel Geld von den Versicherungen zu holen, wie man es möchte. Diesen Bedarf hat eine Frau aus München erkannt.

Jahrelang lebte sie als Anhängerin einer Sekte in einem Ashram in Indien und später in den USA. Nach dem Tod des großen Meisters war auch ihr Bedarf an fernöstlicher Erleuchtung gedeckt, und sie wandte sich wieder den irdischen Dingen zu. Sie wollte Geld verdienen, eine schöne Wohnung haben und elegante Autos fahren. Helga (sie hieß anders, aber ich nenne sie hier so) hatte durch ihre Sektenzeit eine unübersehbar hohe Anzahl von Freunden und Bekannten in gehobenen Positionen und gut bezahlten Jobs, die sich größtenteils auch nach des großen Meisters Tod wieder dem Diesseitigen widmen wollten. In diesen Kreisen machte sich Helga einen Namen als Beraterin für Versicherungsbetrügereien. Jeder einzelne Fall wurde projektmäßig von der Idee, über die Planung bis zur Abwicklung sauber durchgezogen. Ferienhäuser, bestmöblierte Räume, Ateliers, Kneipen und Werkstätten brannten ab oder aus. Autos wurden leergeräumt, komplett geklaut oder zu Schrott gefahren. Rechnungen wurden gefälscht. Unfälle ereigneten sich. Einbrecher kamen bei Nacht oder am Tag. Scheiben gingen zu Bruch. Kunstwerke verschwanden aus Galerien oder Transportkisten. Wasser überflutete kostbar eingerichtete Räume.

Außer Hagelschlag und Erdbeben konnte Helga wirklich jede Katastrophe produzieren. Sie entwickelte Ideen, präparierte Zeugen, stellte Kontakte her und plante Durchführungen. Sie wußte, welcher Optiker Gefälligkeitsrechnungen für Designerbrillen, welcher Zahnarzt ebensolche für Goldzähne und welcher Arzt Bescheinigungen für Schmerzensgeld und Arbeitsunfähigkeit ausstellte. Helga besorgte Expertisen über Kunstwerke, Antiquitäten und Schmuckstücke. Die Versicherungen zahlten, man teilte sich die Beute und dachte über neue Taten nach. Gerne wurden Helgas Dienste auch im Urlaub in Anspruch genommen. Sie kannte an fast jedem sonnigen Fleckchen der Erde Ärzte, Krankenhausmanager und Apotheker, die für eine kleine Anerkennung hohe Rechnungen über komplizierte und langwierige Krankheiten mit und ohne Operationen ausstellten.

Helga starb überraschend an einem Zeckenbiß. Wer heute ihre Geschäfte weiterführt, weiß ich nicht. Ich kann mir jedoch nicht vorstellen, daß das Feld zur Zeit unbeackert ist.

Wenn man mit unterschiedlichsten Leuten über Versicherungsbetrug spricht, dann kann man immer wieder feststellen, daß den meisten in diesem Zusammenhang das Wort »Betrug« zu »hart« oder »übertrieben« erscheint. Man nennt es »mogeln«, »frisieren«, »pfuschen« oder »schummeln«. Die wahren Gauner, so sagen sie, sind in Wirklichkeit die Versicherungen selbst:

- Sie scheffeln zu viel Geld. Das sieht man schon an deren Prunkbauten.
- Sie formulieren ihre Verträge so, daß keiner sie versteht.
- Sie ködern mit Drückerkolonnen und mit falschen Zusagen.
- Sie kassieren zwar die Prämien, suchen jedoch im Schadensfall beim ahnungslosen Kunden nach einem Formfehler und weigern sich dann zu zahlen.

Man kann es so und so sehen. Es scheint aber zwischen Versicherten und Versicherern eine Art »natürliche Feindschaft« zu herrschen wie zwischen Hund und Katze. Und Feinde übers Ohr zu hauen, ist doch o.k. Oder?

3. Drohende Winter und kranke Kinder gehen immer gut

Obwohl man meinen sollte, daß in Deutschland mittlerweile jeder begriffen haben müßte, daß viele der Spendenorganisationen, die Geld für notleidende Kinder (die ziehen mehr Mitleid als Erwachsene im Elend) oder Tiere (speziell: Elefanten, Meeressäuger und Robbenbabys) sammeln, reine Betrügervereine sind, lassen sich die Menschen immer wieder Münzen und Scheine aus den Taschen ziehen. Sei es ein Waisenhaus in Indien oder ein Schutzgebiet für Delphine, sei es die Schulausbildung für knopfäugige Kinder in Kenia oder eine Aufpäppelstation für verfolgte Elefanten in Tansania, irgend etwas findet sich immer, was die Herzen und die Portemonnaies öffnet.

Eine Frau in Hamburg hat in nur einem Jahr so viel Geld gesammelt, daß sie damit ein Strandrestaurant in Sri Lanka eröffnen kann. Sie hat ganz einfach inseriert und um Überweisungen gebeten. In der Zeitungsanzeige stand, daß besonders Mädchen bei der Ausbildung in Afghanistan benachteiligt seien und daß viele von ihnen wegen amputierter Arme und Beine (minenverseuchte Felder) nicht heiraten könnten und deshalb in der islamischen Gesellschaft verelenden müßten.

Nun verhält es sich so, daß Menschen, denen man zuerst offensichtlich die Wahrheit gesagt hat, den Rest der Aussagen dann auch glauben. Das ist eine Regel, die man zum Beispiel in Verkaufsseminaren lernt: Sage dem Interessenten zuerst etwas, wovon er selber weiß, daß es wahr ist. Damit hast du ihn von deiner Ehrlichkeit überzeugt. Danach kannst du über deine Produkte und Angebote das Blaue vom Himmel lügen.

Nach dieser Regel ging auch die Frau aus Hamburg vor. Sie kombinierte Glaubwürdigkeit mit Mitleid und kassierte ordentlich für angebliche Mädchenförderprojekte ab. Diese Frau hat nicht mal ein schlechtes Gewissen. Sie gebe schließlich in ihrem Strandrestaurant etlichen einheimischen Mädchen Arbeit. Daß sie beim Sammeln Afghanistan und nicht Sri Lanka genannt hat, hatte folgende Gründe:

- Viele Deutsche wissen nicht, was oder wo Sri Lanka ist. Das könnte sie vom Spenden abhalten.
- Würde unter der Bezeichnung Ceylon geworben werden, könnte das die »Progressiven« verärgern, weil es sich dabei um den Kolonialnamen des Staates handelt.
- Viele Leute kennen Sri Lanka als Urlaubsinsel mit Palmen, Strand und sanften Menschen. Sie würden dieses Paradies nicht mit Not assoziieren können oder wollen.
- In Sri Lanka gibt es keine kalten Winter. Mit drohenden Schneegestöbern in den Bergen von Afghanistan kann man jedoch gerade die Zeit vor Weihnachten nutzen.
- Die in Sri Lanka verbreiteten Religionen des Buddhismus und des Hinduismus gehören zu den Modereligionen in Deutschland. Man will nicht glauben, daß dort Mädchen diskriminiert werden.
- Viele Deutsche ärgern sich über Asylbewerber und wissen, daß auch etliche aus Sri Lanka legal und illegal einreisen. Menschen aus Afghanistan hingegen sind hier so selten, daß sich kaum jemand über sie aufregen kann.

Auf keinen Fall wäre eine Sammelaktion erfolgreich gewesen, wenn die Frau mit der Information geworben hätte, daß sie selbst Wirtin mit angestellten Küchenhilfen werden wollte.

Ein Kollege von mir finanziert, wie er sagt, seine Sexreisen nach Fernost über Spesen und Spenden. Die Spesen fallen an, weil seine Dienstreisen immer irgendwie Zwischenstationen mit schlechten Anschlußflugverbindungen in Manila notwendig machen. Obwohl der Mann sich selbst an vier- bis sechsjährigen Jungen vergeht, sammelt er für verwaiste Mädchen (Mädchen ziehen mehr Mitleid als Jungen). Er arbeitet nach dem Prinzip der Patenschaften. Von seinen Reisen bringt er hübsche Fotos von niedlichen kleinen Mädchen mit und erfindet dazu Geschichten. Da ist zum Beispiel die kleine Isabella, acht Jahre alt, die gerne zur Schule gehen würde, aber ohne Eltern keine Chance dazu hat. Für nur einhundertundzwanzig Mark (das sind zehn Mark im Monat!) könnte Isabella eine Chance bekommen. Mit der Summe wären Schule und Internatsunterbringung zu finanzieren. Dann gibt es da auch noch die kleine Angela, 12 Jahre alt. Sie hat die Schule schon hinter sich. Leider muß sie ihre ganze Familie (Mutter krank, Vater tot und acht Geschwister) ernähren. Da sie sich die fünfzig Mark im Monat für eine einjährige Nähschule nicht leisten kann, wird sie wohl auf dem Straßenstrich landen, wenn ihr keiner hilft. Wer jedoch Pate der kleinen Angela werden möchte, kann sogar für nur dreihundertundvierzig Mark zusätzlich ihr eine eigene Näherei mit gebrauchter Maschine und Grundausstattung an Garn, Knöpfen und Stoffen einrichten.

Kann man noch billiger gute Werke tun und in den Himmel kommen? Mit diesen Geschichten, so sagt mein Kollege (und er schämt sich weder für das Sammeln noch für den Mißbrauch der Jungen), könnte er fast sogar seinen eigenen Lebensunterhalt bestreiten und Deutschland ganz hinter sich lassen. Aber das möchte er nicht. Er ist schließlich ordentlicher Ehemann und Familienvater und will seinen Kindern das Studium ermöglichen. Außerdem mache ihm sein Job als Trainer für Führungskräfte Spaß.

Das Prinzip der Patenschaften soll, was man so hört, wunderbar funktionieren. Die Spender lieben es, echte Fotos von echten Kindern mit echten Lebensgeschichten zu haben und auf dem Nachtschränkchen aufzustellen. Es ist fast wie ein eigenes Kind, nur ohne den Aufwand, den eigene Kinder mit sich bringen. Manche Eltern mißratener Halbwüchsiger leisten sich sogar Patenschaften zum Trost.

Ich möchte an dieser Stelle ausdrücklich darauf hinweisen, daß wahrscheinlich nicht alle Organisationen, die nach dem Patenschaftsmodell vorgehen, betrügerisch sind. Ich kenne mich da nicht aus und halte es durchaus für möglich, daß einige von ihnen auch tatsächlich Not lindern.

Als Kind habe ich das Patenschaftsprinzip selbst kennengelernt. Ich

wuchs in einer katholischen Familie auf, in der für die »armen Heidenkinder« gesammelt wurde. Dabei gab es auch die Möglichkeit, Heidenkinder zu »kaufen«. Man mußte 21 DM bezahlen und erhielt dafür ein postkartengroßes Foto des Kindes. Für die 21 DM wurde das Kind getauft und konnte somit später in den Himmel kommen (wo Nichtkatholiken damals noch nicht hinkommen konnten). So jedenfalls wurde es mir erklärt. Ich sammelte von meinem Taschengeld und von Prämien für gute Noten 21 DM und durfte sogar selbst aussuchen, auf welchen Namen mein Heidenkind getauft werden sollte. Ich entschied mich für Elisabeth und hielt schon bald ein Foto von ihr in den Händen. Sie war fast noch ein Baby, saß auf dem Arm einer weißen Missionsschwester und drückte einen Teddy an sich.

Ich will hier nicht behaupten, daß die katholische Kirche mich um mein Taschengeld betrogen hat und es womöglich dazu benutzte, weiter in glitzernde Papst- und Bischofsgewänder zu investieren. Ich will nur sagen, daß ich mich betrogen fühlte, als plötzlich eine Schulkameradin auch ein Foto ihres Heidenkindes (auf den Namen Michael getauft) bekam. Es war das gleiche Bild: meine Elisabeth mit Teddy und Nonne!

4. Die wollen alle reich werden

Auf eines kann man sich immer verlassen: Es gibt stets genügend Menschen, die bereit sind, Geld dafür zu bezahlen, daß sie anschließend reich und/oder berühmt werden. Gauner, die sich die Eitelkeit und Geldgier ihrer Opfer zunutze machen, brauchen nicht zu fürchten, daß sie eines Tages keine Dummen mehr für ihre Tricks finden. Das Ausnutzen dieser menschlichen Schwäche scheint kaum riskant. Es gibt Firmen, die inserieren jahrelang unbehelligt und sprechen gezielt »Kunden« an, denen sie das Geld für angebliche Leistungen aus der Tasche ziehen können. Wenn Sie mal die Kleinanzeigen verschiedener Zeitungen lesen, werden Sie leicht erkennen, welche betrügerisch sein müssen oder zumindest sein könnten. Etliche der Gauner arbeiten auch in Grauzonen, in denen sie juristisch vermutlich nicht belangt werden können. Andere können sich darauf verlassen, daß ihre Opfer es nicht einmal bemerken, betrogen worden zu sein. Wieder andere können sicher sein, daß das Schamgefühl ihrer Opfer eine Anzeige verhindert.

Sollten Ihnen Büroarbeiten, Kundenkontakt und verkäuferische Verhandlungen liegen, dann können auch Sie eine Agentur, ein Geschäft, eine Beratungsfirma, ein Schulungszentrum, einen Verlag, ein Kreditinstitut, ein Maklerbüro etc. gründen. Lassen Sie sich nicht davon verwirren, daß die meisten Tricks in diversen Zeitungen und Fernsehsendungen schon X-mal erklärt wurden. Mich rührt es immer wieder, wie zum Beispiel Eduard Zimmermann sich bemüht, die Menschen aufzuklären. Es nutzt nichts. Gegen Dummheit – auch bei gebildeten Menschen – ist nun mal kein Kraut gewachsen.

Gehen Sie nach den Regeln des Projektmanagements vor. Fragen Sie sich in einer gründlichen Orientierungs- und Analysephase: Welche Menschen streben besonders danach, reich und/oder berühmt zu werden?

Es gibt zum Beispiel Tausende junger Mädchen und zunehmend auch Jungen, die Starmodels werden wollen. Sie probieren Frisuren, Körperhaltungen und Gesichtsausdrücke vor dem Spiegel aus und kommen zu dem Schluß: Ich bin bildschön, habe Klasse und strahle das gewisse Etwas aus. Es fehlt nur noch jemand, der sie entdeckt, ihnen den letzten Schliff gibt und sie mit den richtigen Leuten bekannt macht. Wäre das nicht eine schöne Aufgabe für Sie?

Die meisten dieser zukünftigen Starmodels sind (noch!) in grauen Berufen angestellt. Als Arzthelferin, Bürokraft, Möbelpacker, Friseuse oder Schallplattenverkäufer verdienen sie zwar nicht sehr viel, aber genug, um ein paar Gauner davon ernähren zu können. Sie zahlen für »Probeaufnahmen«, »private Model-Seminare« und die Aufnahme in »Kontaktdatenbanken«.

Es gibt Tausende junger Männer, die liebend gern Autotestfahrer werden würden. Es gibt Tausende Mütter und Väter, die ihre noch unentdeckten Wunderkinder auf die Bühne, ins Fernsehen, auf den Tennisplatz oder auf die Eisbahn bringen möchten. Es gibt Tausende alte Männer, die der Nachwelt dringend ihre Lebenserinnerungen oder erotischen Gedichte als repräsentativ gebundene Bücher hinterlassen möchten. Es gibt Tausende junger und alter Menschen, die genau wissen, daß es eine

Formel geben muß, die Millionen im Lotto oder an der Spielbank einbringen wird. Für diese Formel kann man schon ein wenig bezahlen. Nicht wahr?

Lassen Sie sich Zeit mit der Analyse. Versuchen Sie herauszufinden, wovon die Menschen träumen in ihrer Sehnsucht nach Ruhm und/oder Reichtum. Finden Sie heraus, wer sich bereits um solche Sehnsüchte kümmert. Welche Agenturen, Büros, Makler, Vermittler, Geschäfte, Institute und Firmen gibt es in diesen Bereichen schon? Wie werden deren Dienstleistungen vermarktet? Mit welchen Konzepten, Erfolgen und Risiken arbeiten sie?

Nach Ihrer Analyse sollten Sie sich für ein Aufgabengebiet entscheiden. Fangen Sie nicht mehrere Geschäfte auf einmal an. Konzentrieren Sie sich auf eine Zielgruppe. Versuchen Sie nicht, gleichzeitig alten Generälen Verlagsverträge mit Selbstkostenzuschüssen für ihre Memoiren und jungen Chorsängern überteuerte Privatstunden anzudrehen. Entscheiden Sie sich für eine bestimmte Zielgruppe und analysieren Sie dann deren Wünsche und Grade der Dummheit.

Bei der Gelegenheit fällt mir ein, daß ich vielleicht gar nicht dieses Buch hätte schreiben, sondern eine Beratungsfirma (»Lug & Trug GmbH«) gründen sollen. Dann hätte ich viel mehr Geld verdienen und viel qualifizierter arbeiten können. Statt allgemein die Inhalte von Management-Seminaren hier an Beispielen zu vermitteln, hätte ich individuell einzelne Gauner im Hinblick auf ihre speziellen Karrieren und Projekte beraten können. Zu spät. Jetzt ist das Buch fertig.

Wenn Sie Ihre Zielgruppe und deren Ansprüche und finanziellen Möglichkeiten genau kennen, dann sollten Sie Ihre Geschäftsstrategie entwickeln. Planen Sie danach alles genau durch. Bedenken Sie von der Gründung Ihres Unternehmens über die Vermarktung Ihrer Dienstleistungen bis zur Abwehr von enttäuschten Nörglern alles. Überlegen Sie, ob Sie Stamm- oder Laufkundschaft haben wollen, ob Sie völlig kriminell oder halb legal arbeiten wollen. Es gibt viele Gauner, die absurde Geschäfte führen und ihre Einkünfte ordentlich versteuern. Es kann sein, daß es durchaus legal ist, verdünnten Honig, in Flaschen abgefüllt, zukünftigen Schlagersängern als Wundermittel für die Stimme zu verkaufen. Ich kenne mich da nicht so aus. Wenn Sie einen ähnlichen Handel planen (z. B. Wunderstrümpfe für das tägliche Lauftraining von Models), dann sollten Sie unbedingt feststellen, was erlaubt und was verboten ist. Die sichersten Gaunereien sind die, die von unseren Gesetzen nicht verboten sind.

Den ersten Kriminellen, der sich die Geldträume anderer Menschen zunutze machte, lernte ich durch Zufall kennen. Ich saß als Beraterin im Großraumbüro einer Versicherung und hatte – wie es bei Unternehmensberatern gelegentlich vorkommt – nichts zu tun. In vielen Versicherungen geht es ähnlich zu wie in Behörden. Die Mitarbeiter müssen zwar eine bestimmte Stundenanzahl durch Anwesenheit erfüllen, wissen jedoch nicht immer, womit sie die Zeit verbringen sollen. Wenn die Führungskräfte dann noch externe Berater einkaufen, die von Betriebs- und Personalräten lahmgelegt werden, macht das die Sache nicht besser.

Müßiggang ist aller Laster Anfang, sagt der Volksmund und hat recht damit. Ich saß also tatenlos, aber gut bezahlt in diesem Großraumbüro und hatte Muße, die Angestellten bei ihrem Zeitvertreib zu beobachten. Da gab es einen, der verkaufte im Nebenjob (aber vom Telefon des Arbeitgebers aus) Versicherungen. Ein anderer schleppte täglich seinen Laptop an und programmierte Computerspiele, die seine Frau in ihrem PC-Laden verkaufte. Wieder ein anderer entwickelte Zeichnungen für Schiffsmodelle zum Selberbauen. Und wieder ein anderer verbrachte die Arbeitstage damit, in Schwarzarbeit Übersetzungen anzufertigen. Und wieder ein anderer war mit einer Steuerberaterin verheiratet, deren Unterlagen er im Büro bearbeitete.

Ein Angestellter fiel mir dadurch auf, daß er besonders diskret bei seinen Aktivitäten vorging. Er benutzte nicht einmal das Bürotelefon, sondern telefonierte stets auf eigene Kosten mit dem Handy. Das interessierte mich. Ich schnüffelte (es ist mir zwar peinlich, aber ich kann es oft nicht lassen).

Dieser Mann gab Anzeigen auf, in denen er tolle Jobs in Saudi-Arabien, den USA, Kanada etc. anbot. Die Anzeigen richteten sich an Monteure, Maschinenbauer, Kfz-Mechaniker, Bauhandwerker etc. und somit an Menschen, die sich oft schwertun mit Bürokratismus, Fremdsprachen und Behördengängen. Der Gauner (oder: Versicherungsangestellte) machte seinen »Kunden« glaubhaft, daß Topgehälter im Ausland auf sie warteten, und daß diese Gehälter von Deutschland aus nicht geschmälert werden konnten. Das bedeutete: Steuern, Unterhaltsverpflichtungen gegenüber Geschiedenen und Kindern können nicht zwangsweise eingetrieben, bestehende Schulden davon nicht zwangsweise beglichen werden.

Somit war die spezielle Zielgruppenorientierung des Gauners: Menschen mit gewisser intellektueller Hilflosigkeit und Schulden oder teuren Scheidungen am Hals.

Diese Leute unterschrieben Verträge für Dienstleistungen im Hinblick auf Arbeitsvermittlung (keine Erfolgsgarantie!). Mit der Unterschrift unter den Vertrag waren sofort dreihundert bis achthundert Mark zu bezahlen und Kopien von Zeugnissen einzureichen. Nach einiger Zeit stellte sich dann leider heraus, daß für diese Person mit genau diesen Qualifikationen im Moment weder in Saudi-Arabien noch anderswo ein freier Job war. Das eingezahlte Geld war natürlich weg. Man habe schließlich die Dienstleistung des Vermittlungsversuchs in Anspruch genommen. Je nach Dummheit und finanziellen Möglichkeiten schaffte der Gauner es auch, manchen seiner Kunden zum zweiten und zum dritten Mal Geld für neue Vermittlungsversuche aus der Tasche zu ziehen.

Nicht unähnlich arbeiten etliche »Literaturagenturen« oder »Autorenbetreuer« oder »Verlage«. Hier kann man sogar feststellen, daß auch hochgebildete Leute – zum Beispiel Gedichte schreibende Studienräte – durchaus auf Trickbetrüger hereinfallen. Die Betrüger inserieren in Literaturzeitschriften oder in Zeitungen des gehobenen Bildungsstandes. Angeblich suche ein Verlag dringend Autoren, angeblich soll ein Buch mit zeitgenössischen Gedichten oder Kurzgeschichten herausgegeben werden, angeblich können unbekannte Autoren an namhafte Verlage vermittelt werden .... Man solle doch seine Werke unverbindlich zur Ansicht einschicken.

Sie ahnen nicht, in wievielen Schubladen zwischen Aurich und Cottbus Gedichte, Kurzgeschichten, Reiseberichte, Tagebücher und Erinnerungen ruhen, deren Autoren überzeugt sind, wunderbare Literatur und erhaltenswerte Lebensgeschichten formuliert zu haben. In ihrer Eitelkeit und Verblendung sind sie bereit, irre Summen zu bezahlen, wenn man ihre Werke dafür druckt. Sie schicken also das Manuskript ein und erhalten einen Brief mit der Information, daß ihr Text tatsächlich hervorragend sei und für nur fünfhundert oder eintausend Mark »verlagsreif« lektoriert werden sollte. So wandert die erste Summe zum Gauner. Nach einiger Zeit kommt das Manuskript an den Schreiber zurück mit einigen Randnotizen wie ein korrigierter Schulaufsatz. Der Autor möge doch die Änderungsvorschläge einarbeiten und das überarbeitete Manuskript wieder einschicken. Dadurch entsteht der Eindruck: Die tun wirklich etwas für mein Geld.

Nach Einsenden der korrigierten Version kommt wieder ein Brief von der Agentur oder dem Verlag. Jetzt werden dem Autor die Möglichkeiten geschildert:

1. Er kann sein Manuskript wieder in der eigenen Schublade verschwinden lassen und dadurch der deutschen Literaturlandschaft einen wichtigen Beitrag entziehen.
2. Er kann selbst viele Kopien anfertigen und sein Werk an alle deutschen Verlage schicken. Hierbei sei der Mißerfolg garantiert, weil die großen Verlage nie die eingeschickten Manuskripte von unbekannten Autoren lesen.
3. Er kann achtzehntausendsechshundert Mark (oder eine ähnlich krumme, aber hohe Summe) überweisen und wird für diesen »Druckkostenzuschuß« sein Werk als gebundenes Buch mit geschmackvollem Titelbild erhalten.

Fast alle Autoren sehen sich zu diesem Zeitpunkt schon als angehende Berühmtheiten, deren Werke in Zeitungen und Fernsehen bewundernd aufgenommen werden. Den Betrag von ein paar zehntausend Mark hat ein alternder Studienrat immer auf der hohen Kante liegen. Ihm leuchtet auch ein, was die Agentur oder der Verlag ihm vorgerechnet hat: Für den oben erwähnten Betrag wird das Buch in zweitausend Exemplaren (nur die Erstauflage, später wird man sich um das Werk in hunderttausend Exemplaren reißen) gedruckt. Der Ladenpreis ist auf achtunddreißig Mark kalkuliert. Der Autor erhält fünf Exemplare kostenlos. Er kann in beliebiger Menge weitere Exemplare zum halben Preis erwerben. Der Verlag oder die Agentur wird sich bemühen (!), durch Werbekampagnen das Buch publik zu machen.

Sie werden es nicht glauben, trotzdem ist es wahr, daß sich viele Autoren (Studienräte etc.!) derartige Summen abschwatzen lassen für die Eitelkeit, ein gedrucktes Buch geschrieben zu haben. Die Bücher kauft natürlich niemand. Irgendwann erhält der Autor einen Brief mit der Information, daß der Markt wohl noch nicht reif sei für sein Werk. Man habe nur sechs Exemplare verkaufen können. Leider könne die Agentur oder der Verlag aus Platzgründen die vielen Restexemplare nicht mehr lagern. Man werde alles zum Altpapier geben müssen. Das sei jedoch sehr schade, denn für die Zukunft sei damit zu rechnen, daß das Werk doch noch ein Erfolg wird. Man empfehle deshalb dem Autor, seine Bücher für den im Vertrag vereinbarten halben Preis selbst zu kaufen, zu lagern und über heimische Buchhändler an die Leser zu bringen. Das tun die meisten Möchtegern-Schriftsteller dann auch. Wieder überweisen sie einige tausend Mark und erhalten dafür eine schwere Kiste mit Büchern. Natürlich wollen die örtlichen Buchhändler kein Exemplar davon in ihre Regale stellen. Also bleibt dem Autor nichts anderes übrig, als im Laufe der kommenden Jahre seine gesamte Verwandt- und Bekanntschaft bei jeder Gelegenheit mit dem Werk zu beschenken.

Nach diesem Agentur-Modell arbeiten auch Gauner, die angeblich Schallplatten von unbekannten Sängern und Musikern produzieren und somit Weltstars »entdecken«.

Stammhirn als Betrüger

Eine ehemalige Kollegin von mir hat eine Agentur für Topmanagement-Berater gegründet. Sie vermittelt angeblich im In- und Ausland Berater oder Coaches zu Traumtagesgagen von zehntausend Mark und mehr. Man kann ihre Dienste allerdings erst in Anspruch nehmen, wenn man bereit ist, für einige tausend Mark ihr selbstentwickeltes Trainings- und Beratungskonzept zu lernen und dafür eine Lizenz zu erwerben. Danach wird man in ihre Kartei aufgenommen und hört auf Anfrage von Zeit zu Zeit, daß leider noch kein Auftraggeber gefunden werden konnte. Diese Frau findet ausreichend viele Opfer. Sie hat sich auf frustrierte Manager in mittleren Führungsebenen spezialisiert, die mit ihren Karrieren am Ende sind, die durch Lean Management wegrationalisiert wurden oder die nach Scheidung und Midlife-Crisis noch einmal das abenteuerliche Leben eines hochbezahlten Freiberuflers genießen möchten.

Lukrativ sind auch Gaunereien im Bereich »Finanzberatung«, »Anlagevermittlung« und Steuerflucht. Auf diesem Gebiet sollen sich, was man so in der Presse liest, ja auch die seriösen Banken bereits verdient machen, was sie aber heftig abstreiten. Ob es nun gute Gründe dafür gibt, daß Fahnder zunehmend die Akten von Geldinstituten durchforsten oder nicht, will ich hier gar nicht beurteilen. Auf jeden Fall wächst die Sorge vieler Menschen, die mehr Geld haben, als sie versteuern wollen, daß ihre Geheimnisse bei normalen Banken nicht mehr sicher vor dem Finanzamt sind. Man könnte es natürlich in die Polster der Sitzgarnitur einnähen. Aber das bringt nichts ein.

Die Kunst ist es nun, sich zu überlegen, wie man solchen Leuten Konzepte plausibel macht, die darauf hinauslaufen: Gib dein Geld mir, und ich lege es so an, daß es sich rattenartig vermehrt und für das Finanzamt unsichtbar bleibt. So werden »todsichere« Anlagen mit Superrenditen verkauft. Es geht zum Beispiel um nicht an der Börse notierte amerikanische Aktien oder um Warentermingeschäfte etc. Man sollte doch glauben, daß auch diese Tricks in den gehobenen Medien ausreichend beschrieben wurden. Aber nein, es finden sich immer noch intelligente Gutverdiener, die vor lauter Geldgier darauf hereinfallen. Diese Leute kann man auch deshalb getrost übers Ohr hauen, weil sie oft keine Anzeige erstatten können, da sie sonst erklären müßten, woher sie das viele Geld hatten, das sie dem »Anlageberater« in den Rachen schmeißen konnten.

5. Große Bosse, großes Geld

Bei uns selbst, im Bekannten- und Familienkreis, haben wir Kriminalität (wir nennen es dann natürlich nicht so) längst akzeptiert. Wichtig ist nur, daß man uns nicht persönlich bestiehlt, betrügt oder hereinlegt. Wir kündigen dem Schwager nicht die Freundschaft, wenn er uns erzählt, daß das angeblich gestohlene Autoradio noch original verpackt im Schrank liegt. Wir weigern uns nicht, das Büro mit dem Kollegen zu teilen, der während der bezahlten Arbeitszeit interne Unterlagen zusammenstellt, die er dann einem Konkurrenten – gegen eine kleine Prämie – zur Verfügung stellt. Wir respektieren weiterhin den Chef, der von seinen Fernosturlauben Kinderpornos mitbringt und diese bei Wein und Bier (auf Spesen!) seinen Kumpeln nach der Projektsitzung präsentiert.

Warum werden wir aber wütend, wenn wir von kriminellen Machenschaften unserer Politiker und Topmanager erfahren? Warum sollte ein Volk von Gaunern nicht auch von Gaunern geführt werden?

Es sind die Summen, die uns ärgern. Diese Topleute betrügen nicht mal hier und dort um ein paar hundert oder tausend Mark. Die schieben sich Millionenbeträge zu, lassen sich Villen in Naturschutzgebieten bauen, fliegen mit Kind und Kegel auf Spesen in die schönsten Feriengebiete, bunkern ihr schwarzes Vermögen vor der Steuerfahndung sicher im Ausland. Wenn die geschnappt werden, dürfen sie Ehrenerklärungen im Fernsehen abgeben, und wenn diese dann durch Beweise hinfällig werden, bescheinigt ihnen der Arzt, daß sie wegen ihrer Krankheiten leider einen Prozeß oder gar Haft nicht durchstehen können.

Was uns außerdem ärgert, ist der Gedanke, daß wir das alles zum Teil auch noch mit unseren Steuergeldern mitbezahlen müssen. Da richtet sich ein Politiker sein Büro mit Kunst ein, für die er nicht eine Mark aus der eigenen Brieftasche gezogen hat. Und wenn man der Sache nachgeht, dann stellt sich heraus, daß der Künstler, dessen Werke die Wände für Wahnsinnspreise zieren, aus der Familie des Politikers stammt.

Und was uns noch ärgert, sind die Sprüche, die wir uns von der Führungselite anhören müssen. Die »da oben« reden von Solidargemeinschaften, von Gemeinwohl, von unser aller Interesse am Aufschwung.

Wir sollen höhere Steuern und niedrigere Löhne verkraften, um Arbeitsplätze zu erhalten, und die »da oben« treiben es immer bunter.

Sind das nicht Gedanken, die Ihnen auch manchmal durch den Kopf gehen? Haben Sie das nicht auch schon öfter an der Familienkaffeetafel, in der Kneipe oder in der Kantine mit Ihren Bekannten diskutiert? Und dann muß man sich noch als »Stammtischpolitiker« diffamieren lassen! Darüber kann man sich doch erst recht aufregen, nicht wahr?

Aufregung nutzt nichts, Handeln ist gefragt. Wenn Sie ein wirklich erfolgreicher Gauner sein wollen, dann sollten Sie zunächst Ihren Ehrgeiz darein setzen, Politiker oder Manager der Spitzenklasse zu werden. Wenn Sie es selbst vielleicht aus Altersgründen nicht mehr schaffen können, dann helfen Sie wenigstens Ihren Kindern beim Aufstieg. Achten Sie auf eine gute Schulbildung und auf die Förderung von Zwischen- und Stammhirnverhalten (Durchsetzungskraft und Beziehungsfähigkeit). Drohen Sie Ihren Kindern nicht damit (wie es unsere Eltern noch taten), daß sie einmal Straßenfeger werden, wenn sie ihre Hausaufgaben nicht machen. Drohen sie mit dem grauen Leben eines ehrlichen Bürgers und Steuerzahlers, der sich von einer Anschaffung zur nächsten durchsparen muß.

War es Brecht, der gesagt hat, das Ausrauben einer Bank sei gar nichts im Vergleich zur Gründung einer Bank? Heute wissen wir, daß ein guter Gangster nicht in dunklen Abendstunden geparkte Autos knackt, sondern als Autokonzern-Manager mit Aktenköfferchen von Konferenz zu Konferenz fliegt. Das gilt nicht nur für die Autobranche. In Topmanagement-Positionen kommt man nicht ohne gute Zeugnisse. Machen Sie das Ihren Kindern klar.

Wenn Sie sich immer noch Sorgen um die steigende Jugendkriminalität machen, dann sollten Sie mal die Zuwachsraten in der Wirtschaftskriminalität betrachten.

Leider kommen nur wenige von uns in die Positionen, in denen sich Peanuts in Kokosnußgröße ernten lassen. Aber es gibt auch einträgliche Posten, die nicht ganz so hoch sind. Recht gut läuft zum Beispiel der Subventionsschwindel. Da in der Landwirtschaft viel zu viel produziert wird, könnten die Preise instabil werden. Um das zu verhindern, subventioniert die Europäische Union Bauern, die ihre Felder brachliegen lassen oder die ihre Produkte nach der Herstellung vernichten. Der Bauer läßt zum Beispiel liebevoll Tomaten, Oliven, Äpfel, Reben etc. heranreifen, erntet das ganze Zeug (nicht ohne sich über die wetterbedingten Mißernten zu beklagen) und vernichtet anschließend alles. Danach werden die Felder für die nächste Saison gerüstet. Nur selten hat ein Europabeamter Zeit, einmal nachzusehen, ob die vernichteten Mengen und die Größen der Flächen mit dem übereinstimmen, was in den Papieren steht. Noch weniger Zeit hat er, genau zu prüfen, ob die vernichtete Ernte wirklich futsch und unbrauchbar ist. Mancherorts könnte sich herausstellen, daß tonnenweise Tomaten auf handtuchgroßen Flächen gewachsen sein müssen oder daß zubetonierte Parkplätze noch Jahre nach dem Abholzen der Bäume Unmengen an Oliven produzierten. Die besten Reben scheinen manchmal auch dort zu wachsen, wo seit Jahren Golf gespielt wird. Aber solche Wunder kommen so selten ans Licht, daß man sich überlegen sollte, ob man nicht vielleicht auch auf dem Balkon ein paar Blumentöpfe als Tomatenplantage anmelden sollte.

Sollten Sie tatsächlich landwirtschaftliche Flächen haben, dann kann es überlegenswert sein, aus den »vernichteten« Tomaten Ketchup oder aus »vernichteten« Äpfeln Most zu machen. Neu ist die Idee jedenfalls nicht. Fleischexport soll sich auch lohnen. In den EU-Ländern gibt es zu viel Fleisch, also wird die Ausfuhr in Nicht-EU-Länder subventioniert. Man exportiert angeblich bestes Fleisch mit entsprechend hohen Subventionszahlungen, belädt jedoch die Kühltransporte mit Schlachtabfällen.

Das Problem mit Subventionsbetrug ist leider, daß die Mafia heftig dabei mitmischt. Die sollte man sich meines Erachtens noch dringender vom Hals halten als unbestechliche Beamte.

Wegen der Mafia sollte man auch konsequent den Mund halten, wenn man einmal konkret etwas von solchen Gaunerstückchen erfährt. Man ärgert sich natürlich, daß die Subventionen von uns allen bezahlt werden, aber man sollte diesen Ärger als Antrieb nutzen, sich selbst in eine Machtposition hochzuarbeiten.

6. Der Koch, der Arzt und die Verkäuferin

In fast jedem Beruf gibt es eine »berufsbedingte« Kriminalität. Das fängt beim Bleistiftklau im Büro an, geht über Tierquälerei im Labor bis zu Körperverletzung oder fahrlässiger Tötung durch Medikamente oder medizinische Eingriffe. Die meisten Gaunereien beruhen auf Geldgier, für die sich heute niemand mehr schämt. Erfolg wird mittlerweile mit Reichtum gleichgesetzt. Also gelten Menschen, die sich möglichst viel Geld verschaffen können, als besonders erfolgreich. Für Erfolg braucht man sich nicht zu schämen. Im Gegenteil: »Haste was, biste was.« Dieser Spruch gilt immer noch.

Ich habe während der Monate, in denen ich dieses Buch schrieb, eine Liste von Gaunereien angefertigt, von denen man in meiner Gegenwart offen berichtete. Dabei handelte es sich keineswegs um »Geständnisse«, sondern eher um stolze Darstellungen der eigenen Intelligenz und Kreativität.

Unter anderem bekam ich zu hören:

- Der Koch eines großen Hamburger Hotels schleppt seit Jahren Lebensmittel weg, die sein Bruder im eigenen Restaurant auf die Speisekarte setzt.
- Fachleute in der Datenverarbeitung kopieren Programme und verkaufen sie unter der Hand im eigenen PC-Shop.
- Ein Arzt läßt sich von Pharmafirmen kleine Anerkennungen dafür gefallen, daß Medikamente und medizinische Hilfsmittel auch vom richtigen Hersteller stammen.
- Ein anderer Arzt verwandelt kostenlose Proben von Medikamenten in Geld.
- Ein Zahnarzt rechnete vor, wieviel er nebenher durch die Verwendung von billigem Zahnersatz aus Fernost verdient, die er in den Rechnungen als deutsche Wertarbeit deklariert.
- Die Rezeptionistin eines Hotels betrügt ihren Arbeitgeber durch Devisenunterschlagung. Sie wechselt den ausländischen Gästen aus eigener Tasche zu höheren Hotelgebühren das Geld, wechselt die Fremdwährungen dann ihrerseits zu günstigeren Konditionen bei der Bank. Zu diesem Zweck hat sie mehrere tausend Mark stets bei sich am Arbeitsplatz.

- Eine Kosmetikerin füllt billige Cremes und Tinkturen in die Flaschen und Tigel teurer Produkte um und behandelt damit die Kunden.
- Die Wirtin eines Sexclubs füllt die Flaschen teurer Marken mit Fusel auf.
- Ein Klempner hat sich mit Kollegen vom Bau zu einem Feierabendclub zusammengetan. Material und Werkzeuge für die Schwarzarbeit holen sie von den Baustellen ihrer offiziellen Arbeitgeber.
- Der Mitarbeiter einer Niederlassung eines Kfz-Herstellers beliefert mit angeblich eingebauten Ersatzteilen einen Freund, der eine »alternative« Werkstatt betreibt.
- Die Sekretärin einer Beratungsfirma bestellt die Blumensträuße für Managerschreibtische und für Konferenzräume dort, wo sie für ihre saftigen Aufträge kleine Anerkennungen erhält.
- Ein Gebrauchtwagenhändler hatte gleich nach dem Fall der Mauer den klugen Einfall, uralte Kisten aufzukaufen und zu absurden Preisen im Osten zu verscherbeln. Er machte sich die Tatsache zunutze, daß die Menschen in der ehemaligen DDR keine blasse Ahnung von westdeutschen Autopreisen hatten. Sie kannten nur das Trabbiphänomen, daß alte Autos sehr wohl teurer sein können als neue, wie es bei guten Weinen ja auch die Regel ist.
- Die Verkäuferin eines Kaufhauses klaut nicht nur für den Eigenbedarf (das sei dort üblich, das täten die Manager auch), sie klaut so viel, daß eine Freundin damit weitgehend ihren Warenbedarf für ihre »Secondhand«-Boutique decken kann.
- Der Leiter der Abteilung »Weiterbildung« einer Versicherung fährt regelmäßig mit seiner Frau zu kostenlosen Wochenendtrips in die Hotels, in denen er die Trainingsveranstaltungen für seine Managerkollegen stattfinden läßt. Bei den Hotels handelt es sich stets um attraktive Golfertreffs. Wie schön, wenn man Beruf und Hobby so bequem verbinden kann.

Beispiele, die ich im Buch bereits angebracht habe, möchte ich hier nicht wiederholen. Ich möchte auch nicht auf die alltäglichen Minigaunereien wie Ladendiebstähle, Schwarzfahren etc. kommen. Von einem Mann erfuhr ich sogar, daß er sich nicht mal scheut, das Geld von unbeaufsichtigten Tellerchen der Toilettenfrauen an den Autobahnraststätten in die Tasche zu kippen. Zu dieser Heldentat hat der Mann deshalb so oft Gelegenheit, weil er ständig mit dem Dienstwagen unterwegs ist. Der kennt zwischen Flensburg und Stuttgart jedes relevante Klo und weiß, wo sich das »Müssen« bezahlt macht.

Obwohl der Werteverfall in unserer Gesellschaft heftig beklagt wird, mehren sich andererseits Stimmen, daß man vieles »entkriminalisieren« sollte. Das läßt hoffen. Ladendiebstahl unter fünfzig Mark soll »entkriminalisiert« werden. Das gleiche gilt für Schwarzfahren. Das sind natürlich nur die Anfänge. Als nächstes werden Schwarzsehen beim eigenen Fernseher und dann auch in Kino und Theater »entkriminalisiert«. Mit steigender Inflation muß die erlaubte Klausumme erhöht werden. Für fünfzig Mark bekommt man doch heute nichts mehr!

Um so mehr jeder von uns stiehlt und betrügt, desto stärker bürgern sich diese Taten ein, desto dringender werden sich Politiker für die »Entkriminalisierung« einsetzen. Gute Aussichten für uns alle!

7. Beraten und verraten

Ein Unternehmensberater, der sich in seiner bürgerlichen Karriere auf DV-Beratung im Bankenbereich spezialisiert – und damit auch nicht schlecht verdient – hat, bereitet sich zur Zeit auf eine kriminelle Laufbahn für die zweite Berufsphase vor. Als Profi hat er seit Jahren Zugang zu sensiblen Daten und Unterlagen der von ihm beratenen Banken und von deren Kunden. Kein Berater kann es immer verhindern, daß er Dinge und Zusammenhänge bemerkt, die ein Außenstehender eigentlich nicht bemerken sollte. Wer sich jedoch die Mühe macht und richtig hinschaut, der sieht noch mehr.

Dieser Berater weiß, daß er als DV-Spezialist mit zunehmendem Alter an Marktwert verliert. In der Datenverarbeitung gilt Lebenserfahrung nichts. Gefragt sind junge, belastbare Menschen, die mit den neuesten Techniken vertraut sind und noch vergleichsweise bescheidene Gagen verlangen.

Was macht ein DV-Profi nach dem vierzigsten Geburtstag? Er vergammelt irgendwo als schrulliger Programmmierer und erzählt von CPUs, die noch mit Dampf betrieben wurden, oder er vertrödelt den Rest seines Arbeitslebens als Leiter der Anwendungsentwicklung oder als Rechenzentrumsleiter mit Messebesuchen, Produktdemos und Geschäftsessen mit Anbietern von Hard-, Soft- und Denkware.

Eine solche Zukunft erscheint unserem Berater als zu trostlos. Nach reiflicher Überlegung (Orientierungs- und Analysephase seines Projektes) kam er zu dem Schluß, daß er sein Wissen eines Tages vermarkten sollte. Nun kopiert er eifrig, notiert, dokumentiert und archiviert, was er bei seinen Kunden unter die Finger bekommt. Er sammelt Unterlagen über Kontenbewegungen, Geschäftsbeziehungen, Eigentumsverhältnisse und Summentransfers. Er kopiert alles, was einmal nachweisen könnte, welcher Banker welchem Kunden welche Hilfen zwecks steuersparender Geldverschiebungen geleistet hat. Die Tatsache, daß zunehmend Staatsanwaltschaften die Akten von Geldinstituten durchforsten, mache die Leute zwar vorsichtiger, meint er, der Bedarf an diskreten Auslandsverbindungen bestehe jedoch weiter und werde auch befriedigt. Wohlhabende Leute wollen ihr Geld ins Ausland transferieren, und wohlmeinende Kundenbetreuer ermöglichen diese Vorgänge. Da beide Parteien sich strafbar machen, sorgt dieser Berater dafür, daß er über beide Parteien und deren Beteiligungen an den Vorgängen für später ausreichend Unterlagen hat.

Was er genau mit diesen Unterlagen einmal anfangen will, wisse er noch nicht. Er könne Schweigegeld erpressen oder auch sich selbst eine Position als Mittler zwischen Geldbesitzer und Geldversteck erarbeiten. Auf jeden Fall sammelt er fleißig an dem, was er seine »Altersversorgung« nennt.

Gesammelt wird in Beraterkreisen generell eine ganze Menge: Infos über illegale Ausfuhren von technischen Materialien oder von Knowhow, Infos über Personen, Geschäftsbeziehungen, Privatbeziehungen zwischen Geschäftsleuten, Infos über technische Entwicklungen und strategische Konzepte. Manches wird gesammelt, damit man als Berater auch in Zukunft stets die Nase vorn hat und die besten Aufträge abkassieren kann. Anderes wird gesammelt, weil man nie weiß, wozu man es einmal gebrauchen kann.

In diesem Umfeld der Sammelleidenschaften macht sich kaum jemand

Gedanken um Datenschutzbestimmungen. Selbst die offiziell in Unternehmen geführten Vertriebssysteme sind prall gefüllt mit Daten, die kein Fremder sehen dürfte. Da wird munter mitgeschrieben, was man aus potentiellen und gewonnenen Kunden und Gesprächspartnern alles herausgeholt hat. Das braucht man schließlich, um in zukünftigen Verkaufsgesprächen den richtigen Ton, die richtigen Inhalte und die richtigen Manipulationstechniken zu finden.

Vor einiger Zeit hatte ich Einblick in eines der Vertriebssysteme einer Softwarefirma. Da diese Firma ungefähr die gleichen Unternehmen zu ihren Kunden zählte wie mein eigener damaliger Arbeitgeber, interessierte mich der Inhalt der Datenbank brennend. Ich las dort über Personen, die mit Namen und vollen Dienst- und Privatadressen abgespeichert waren, alles mögliche zu:

- Alter, Ausbildung, Laufbahn, aktuelle Position, Gehalt
- firmeninterne »Macht«, vermutete Aufstiegschancen
- fachliche und nichtfachliche Gesprächsthemen
- Familie, Kinder, sexuelle Beziehungen
- Zugehörigkeiten zu Verbänden, Clubs, religiösen Gemeinden, Gewerkschaften, Berufsverbänden, Parteien
- Hobbys, Urlaubsvorlieben, Verhalten bei Geschäftsessen (z. B. im Hinblick auf Alkohol)
- allgemeine Infos zu: Auto, Kleidung, Aussehen, persönliche Ausstattung des Arbeitsplatzes etc.

  Zu all dem gab es psychologische Interpretationen nach dem auch in diesem Buch beschriebenen Modell der Hirndominanz und nach Motivationsstufen laut Maslow.

Kann das noch legal sein?
Unüblich ist es jedenfalls nicht. Ähnliche Daten über einzelne Menschen finden sich in sehr vielen Vertriebssystemen. Was üblich ist, wird meist gar nicht mehr durchdacht. Deshalb fiel es auch vor einigen Jahren meinen Kollegen und mir zunächst nicht auf, daß wir als Trainer zu ahnungslosen Handlangern einer kriminell arbeitenden Sekte gemacht werden sollten.

Das verlief so:

Wir bekamen einen neuen Chef, der die Absicht hatte, den Schulungsbereich so schnell wie möglich zu vergrößern. Wir Trainer sollten alle mithelfen, möglichst viele Kunden zu akquirieren. Damit auch wirklich passende Schulungsangebote erstellt werden konnten, sollten wir aus jedem Seminar möglichst viele Informationen mitbringen, die wir in den Pausen und abends an der Hotelbar aus den Teilnehmern (Führungskräfte verschiedener Unternehmen) herausfragen sollten. Unser Chef hatte sogar ein Formular zur Dokumentation der Informationen entwickelt. Wenn wir zum Beispiel ein Kommunikationstraining mit Managern des Konzerns XY machten, dann sollten wir uns abends mit den Leuten zusammensetzen, Wein und Bier spendieren und für gute Stimmung sorgen. Wenn sich dann die Zungen lösten, sollten wir hinhören: Wer hat welche Meinungen, Ziele, Probleme? Wer lebt in Scheidung? Wem sind die Schulden über den Kopf gewachsen? Wer züchtet Schäferhunde? Wer ist gegen Asylanten? Wer findet auch, daß die Todesstrafe wieder eingeführt und die Promillegrenze abgeschafft werden sollte? Wessen Tochter ist ein Sorgenkind? Wer verträgt sich mit welchen Kollegen nicht oder doch? Wer steht wie zur Politik? Einen Wust an wichtigen und unwichtigen, dienstlichen und privaten, Ratsch- und Tratschdetails notierten wir auf den Formularen pro Seminarteilnehmer und dachten, es sei doch üblich, daß Vertriebssysteme gefüllt werden und daß unser Chef halt ein besonders eifriger Mensch sei. Uns wurde die Sache jedoch bald verdächtig, als wir bemerkten, daß unsere mühselig ausgefüllten Formulare gar nicht für die Vertriebsdatenbank genutzt wurden. Außerdem hatten die meisten von uns keine Lust, nach anstrengendem Seminartag noch mit den Teilnehmern gruppendynamische Bierabende in der Hotelbar zu verbringen. Aus Frust forschte ein Kollege nach und fand heraus, daß unser Chef zu einer Sekte gehörte, die damals gerade anfing, die deutsche Wirtschaft zu unterwandern, und heute schon recht weit damit fortgeschritten ist.

Jahrelang dachte ich nicht mehr an diese Geschichte. Kürzlich sprach mich in einem Hotel ein Mann an, der im Nebenraum ebenfalls ein Führungskräftetraining im Auftrag einer anderen Firma durchführte. Wir plauderten ein wenig, schließlich erhielt ich das Angebot, doch für gutes Geld in Zukunft über meine Seminarteilnehmer Infos zu sammeln und ihm zu schicken. Nein, er gehöre nicht zu einer Sekte. Er brauche solche Daten als freier Trainer, um neue Aufträge an Land zu ziehen. Er werde auch immer an mich denken, sollte er mal bei einer Firma Trainingsbedarf entdecken, der zu meinen Themen passe. Haha.

Wenn Sie gelegentlich an Trainings teilnehmen, so kann ich Ihnen nur raten: Mund zu. Denken Sie vor allem daran, wenn der Trainer abends auf ein Gläschen mit der Gruppe zusammensitzen möchte. Kann sein, daß er dann gerade seinem Nebenjob nachgeht.

8. Kleine und große Geschäfte

Geldwäsche bedeutet, daß schmutziges Geld aus zumeist organisierter Kriminalität weißgewaschen wird. Es muß in den offiziellen Geldkreislauf gebracht werden. Die Besitzer brauchen saubere Herkunftsquellen ihres Reichtums. Geldwäsche passiert im wesentlichen über Banken und über Lebensversicherungen. Die angeblichen Gewinne in Spielkasinos reichen da nicht aus, um die notwendigen Summen zu erklären. Nun gibt es jedoch, wie in jedem ordentlichen Haushalt, bei besonders starkem Schmutz die »Vorwäsche«. Schmutzige Gelder können in Kneipen, Boutiquen, Antiquitätenläden, Friseursalons, Sonnenstudios, Schneidereien, Imbißbuden, Kiosken etc. vorgewaschen werden. Vielleicht kennen Sie solche merkwürdigen Läden, bei denen sich nur selten die Schaufensterdekoration ändert, die Öffnungszeiten extrem begrenzt sind und in denen man nie Kunden sieht. Das kann ein privates Steuersparschwein sein, wenn ein Gutverdiener dort seine Ehefrau deponiert, die nur Verluste, aber hohe Werbungskosten und Spesenbeträge produziert. Das kann aber auch eine Geldwaschmaschine sein.

In Hamburg betrat ich einmal eine Edelboutique, weil mir ein Pulli im Schaufenster gefallen hatte. Die beiden Damen, die die Ware bewachten und plaudernd zwei weiße Hunde kraulten, verjagten mich geradezu aus ihrem Verkaufsraum. Nein, der Pulli passe mir bestimmt nicht, und auch sonst hätten sie nichts in meiner Größe. Es lohne sich auf keinen Fall, etwas anzuschauen oder gar anzuprobieren. Inzwischen weiß ich, zu wem der Laden gehört. Kein Wunder, daß es den Damen zu mühselig war, sich mit einer echten Kundin abzugeben.

Kennen Sie solche Geschäfte? Vielleicht glauben Sie dann, auf unfähige Verkäufer getroffen zu sein, die ihren Laden in den sicheren Ruin treiben. Dem ist nicht so. Diese Leute leben nicht vom Verkauf ihrer Ware, sondern vom Gehalt, das man ihnen dafür zahlt, im Scheingeschäft anwesend zu sein.

Echte Geschäftsleute erkennt man daran, daß sie sich zwar einen gepflegten Lebensstil leisten können, jedoch nur rote Zahlen produzieren und deshalb stets alle Steuern vom Finanzamt erstattet bekommen müssen. In Geldwäschegeschäften wird hingegen auch ohne Kunden enorm viel verdient. Und das erklärt den Reichtum der Besitzer.

Ich habe eine Bekannte, mit der ich nie wieder zum Trabrennen oder zum St. Pauli-Bummel gehe. In ihrer Begleitung grüßt einen wirklich jeder Zuhälter. Diese Frau brauchte nach ihrer Scheidung einen Job. Sie wurde Geschäftsführerin eines Fitneßstudios. Obwohl tatsächlich hin und wieder ein paar Leute kommen und an den Apparaten turnen, ist es völlig unerklärlich, wieso der Laden so viel Geld abwirft. Auf Empfehlung meiner Bekannten bin ich der Sache aber nicht weiter nachgegangen.

Da die Arbeit in einer Geldwaschmaschine wenig hektisch ist, hatte die Frau Zeit, in öden Stunden zwischen Reck- und Streckgeräten nachzu-

Betrügerischer Handel mit Wundermitteln

denken. Völlig unbelastet von hanseatischem Kaufmannsgeist, entwickelte sie – nach den Regeln des Projektmanagements – ein Konzept für einen Versandhandel. Unter verschiedenen Firmennamen bietet sie heute an: Naturpflegemittel wie Matschprodukte aus dem Toten Meer, Bachblütencremes und Kräutersalben; konventionelle Wundermittel wie: geweihte Andachtsbilder mit gepreßten Blumen aus dem Heiligen Land, Wasser aus dem Jordan und der Quelle von Lourdes, Olivenholzrosenkränze mit Sandkrümeln vom Ölberg; exotische Wundermittel wie: heilende Mineralien und Kiesel, indianische Beutel mit Knochenresten, indische Meditationsfarbpulver, keltische Grabperlen.

Sie können sich sicher denken, daß die Matsche vom Toten Meer dem eigenen Garten und die Knochenreste dem Hähnchengrill entstammen. Hätten Sie auch vermutet, daß die Frau heute mit dem Versandhandel mehr verdient als mit dem Absitzen ihrer Dienstzeit im Fitneßstudio?

9. Dummheit und Not sind des Gauners Brot

Daß dumme und gutgläubige Menschen leicht zu betrügen sind, ist bekannt. Aber auch Not kann die Bereitschaft, sich hereinlegen zu lassen, fördern. In München kassierte ein Gauner munter bei Wohnungssuchenden ab. Er führte den Interessenten Häuser vor, die angeblich bald zur Vermietung frei standen. Tatsächlich waren die Bewohner gerade auf Urlaub und hatten einen Wachdienst (Freund des Gauners) beauftragt, das Eigentum im Auge zu behalten. Die Wohnungssuchenden klammerten sich verzweifelt an die Zusage des angeblichen Maklers, ihnen den Mietvertrag zu schicken. Dafür waren sie bereit, sofort bei der Besichtigung die Maklergebühr und die Kaution bar zu bezahlen. Das Geld hatten sie dabei, weil der Gauner das bei der telefonischen Terminvereinbarung empfohlen hatte. Damit alles korrekt ablief, erhielt jedes der Opfer eine seriös aussehende Quittung mit Firmenkopf, Unterschrift und Stempel.

Als Außenstehender mag man sich fragen: Wie konnten die Leute nur so dumm sein, Bargeld zu geben?

Haben Sie mal eine Wohnung in München gesucht? Die Leute dort sind so verzweifelt, daß sie noch zu ganz anderen Dingen bereit wären, bekämen sie dafür eine bezahlbare Unterkunft.

Die Not von Wohnungssuchenden machen sich diverse Banden zunutze. Sie gründen Beratungsfirmen zur Wohnraumfindung, Vereine für Mieter und Vermittlungsagenturen. Man läßt die Leute »Mitgliedsbeiträge«, »Vorabkautionen«, »Schutzgebühren«, »Infopauschalen«, »Beratungshonorare«, »Aboprämien« und »Kostenzuschüsse« zahlen. Was bekommt der Geprellte dafür? Manchmal gibt es Kopien von Zeitungsseiten, manchmal geht man mit einer Liste von Maklerbüros davon, manchmal erfährt man auch heiße Tips wie: »Stellen Sie sich dem Vermieter als nichtrauchender Beamter ohne Kinder vor.«

Nach dem gleichen Modell arbeiten ein privater Arbeitsvermittler in Bremen, eine Ehevermittlerin speziell für kleine Männer in Köln und ein angeblicher Drogenberater für Eltern von abhängigen Jugendlichen in Berlin. Sie wecken Hoffnungen, bieten ihre Dienste an, versprechen sichere Erfolge, kassieren ab und schicken die Leute mit wertlosen Papieren und nutzlosen Verhaltensempfehlungen wieder heim.

Es gibt Menschen, denen die Schulden so über den Kopf gewachsen sind, daß man meinen sollte, sie hätten gar keinen Pfennig mehr übrig für die Tricks von Gaunern. Man sollte meinen, daß sie sich zu offiziellen Schuldenberatern begeben und sich dort helfen lassen. Das tun sie jedoch oft nicht. Statt dessen suchen sie sich in Zeitungen Inserate mit Kreditangeboten (»schnell, diskret, sofort, auch ohne Sicherheiten«) heraus. Es ist, als seien diese Leute förmlich getrieben von der Gier, noch tiefer in Probleme zu versinken.

Von dieser Neigung macht ein Mitarbeiter eines Möbelkaufhauses Gebrauch. Er hat in der Firma Zugang zu Daten über Kunden, die ihre Möbel auf Kredit kaufen. Von ihnen sucht er sich diejenigen heraus, die jung verheiratet sind. Ganz richtig geht er davon aus, daß junge Leute, die ihre Ehe mit Möbelschulden beginnen, auch an anderen Stellen wild gekauft haben. Da haben die Eheringe und die Hochzeitsreise zu viel gekostet. Da wurden edle Gardinen, riesige Gefrierschränke und modernste Unterhaltungselektronik angeschafft. Wenn dann noch ein Kind unterwegs ist, kann man sich darauf verlassen, daß vom Kinderbett über die Wickelkommode bis zum Fläschchen nicht ein Teil gebraucht übernommen, sondern alles neu gekauft wurde.

Diese Leute, die in ihren Wohnungen nur brandneue Dinge herumstehen haben, aber nicht schlafen können aus Angst vor der nächsten Mahnung, die besucht unser Gangster aus dem Möbelkaufhaus. Er rechnet ihnen vor, daß ihre Lage hoffnungslos ist und bald überall der Kuckuck klebt, daß Gehaltspfändungen und öffentliche Versteigerungen ins Haus stehen . . .

Allerdings gibt es eine letzte Chance vor dem Untergang: Umschuldung.

Es folgt eine komplizierte Rechenoperation, die ich ebensowenig verstehe wie die Opfer des »Helfers in der Not«. Das Ergebnis ist jedoch ein wahrer Trost: Für nur eine vergleichsweise geringe Gebühr (sofort und in bar) und eine kleine Unterschrift werden alle Probleme ab sofort zentral vom »Helfer« gebündelt und gelöst. Er wird ab sofort die Schulden verwalten und persönlich mit den Gläubigern über Aufschübe verhandeln. Das erklärt er den Leuten, und das glauben sie ihm auch. Er macht nämlich einen sehr netten Eindruck (Stammhirn) und wirkt so seriös (auch Stammhirn). Leider sehen sie ihn nach der »Umschuldung« nie wieder. Dafür schickt er auch keine Mahnungen, weil er »sein« Geld gleich mitgenommen hat.

10. Die sollen büßen!

Nicht immer ist Geldgier der Auslöser für eine kriminelle Laufbahn. Eine Frau aus Frankfurt ließ sich vom Haß inspirieren. Sie ärgerte sich sehr über deutsche Männer, die eigens nach Asien fahren, um Kinder zu mißbrauchen. Obwohl offiziell dieses Vergehen inzwischen auch in Deutschland bestraft werden soll, passiert natürlich nichts. Nie steht eine Polizeitruppe auf dem Flughafen, um die Frischinfizierten aus den Tripperklippern gleich abzuführen.

Besagte Frankfurterin reiste eines Tages mit ihrer Kamera nach Manila. Dort fotografierte sie Täter und Opfer. Bei ihrer Rückkehr mußte sie erfahren, daß es gesetzlich nicht erlaubt ist, die Fotos so zu veröffentlichen, daß man die Gesichter der Täter erkennt. Für die Gesichter der

Opfer gilt das übrigens nicht. Nun wurde die Frau noch wütender. Wut, die nicht zum Handeln führt, ist vergeudete Energie und vermiest einem nur die Lebensfreude. Die Frau wollte handeln und plante nach den Regeln des Projektmanagements. In einer ersten Phase der Überlegung und Analyse ging sie der Frage nach: Welche Möglichkeiten gibt es, die Männer »beim ... zu packen«?

Wie nicht anders zu erwarten, kam auch sie zu dem Ergebnis, daß die meisten Menschen sich lieber von ihren Ohren trennen als von ihrem Geld. Wer andere so richtig quälen will, der muß sie gegen ihren Willen um ihr Geld erleichtern.

Die nächste Frage war: Wie kommt man an das Geld von deutschen Kinderschändern in Asien heran, und zwar so, daß es denen weh tut?

An dieser Stelle erkannte die Frau, daß sie die Zusammenarbeit mit Einheimischen brauchte, die vom gleichen Haß beseelt waren wie sie selbst. Es gibt auf den Philippinen reichlich Menschen, denen es absolut zuwider ist, daß ihr Staat als Massenbordell für Deutsche (und Japaner etc.) herhalten soll.

Heute lebt die Frau in einem eleganten Vorort von Manila. Das Geschäft funktioniert so: Ihre einheimischen Kollegen führen Kennmarken und Ausweise mit sich, die denen der Polizei recht ähnlich sind. Sie streifen durch die Straßen der Stadt und greifen deutsche Väter auf. Es folgt eine ordentliche Verhaftung. In Handschellen abgeführt, werden die Typen in einen präparierten Kellerraum – möbliert mit Glühbirne, Wolldecke und Eimer – gebracht.

Man erläutert ihnen unmißverständlich, daß sie sich schwer strafbar gemacht haben. Das sehen diese zwar nicht ein, weil die Reise schließlich offiziell in Deutschland gebucht wurde und auch als Sexreise im Katalog kenntlich gemacht war, aber die »doofen Einheimischen« begreifen das nicht. Alles Rufen und Schreien nach dem deutschen Botschafter führt zu nichts. Jahre der Haft stehen bevor, und das nicht in einem resozialisierungsorientierten deutschen Knast mit psychologischer Betreuung etc., sondern in einer asiatischen Massenzelle!

Manchmal findet sich überdies bei der Person des Eingelochten Rauschgift. Nun droht die Todesstrafe. Dabei ist ganz egal, ob der Mann das Päckchen mit dem Beweismaterial jemals zuvor gesehen hat oder nicht, ob er tobt und schreit, die Polizisten hätten es ihm in die Tasche gesteckt. Es ist aus mit ihm.

In der Nacht schläft keiner der Männer. Am nächsten Tag kommt ein einheimischer Rechtsanwalt. Mit Hilfe seiner deutschen Übersetzerin (aus Frankfurt) wird dem Verzweifelten klar gemacht, was er schon vermutet hat: Die hiesigen Polizisten und Juristen sind alle bestechlich.

Die Männer haben ihr Bumstaschengeld meistens in baren Scheinen mit in den Urlaub genommen. Das sind sie auf der Stelle los, notfalls holt es der Anwalt auch gern persönlich aus dem Hotel. Wenn die Summe nicht hoch genug ist, muß weiteres Geld aus Deutschland herbeigeschafft werden. Die Inhaftierten erhalten die Möglichkeit, daheim die Gattin anzurufen und den Transfer zu veranlassen. Das tut weh.

Man könnte vermuten, daß diese Männer sich gleich nach ihrer Entlassung bei der deutschen Vertretung im Land melden. Das tun sie nicht. Sie haben nämlich von der »Übersetzerin« auch die Belehrung erhalten, daß Mißbrauch von Kindern inzwischen in Deutschland auch dann strafbar ist, wenn die Tat im Ausland begangen wurde. Unter diesen Umständen sind sie dann doch froh, letztlich nicht in der Todeszelle gelandet zu sein, und verzichten auf weiteren Wirbel.

11. Vorsicht! Sperrgebiet!

Es gibt Bereiche der Kriminalität, in denen einem das beste Projektmanagement und das gründlichste Wissen um psychologische Phänomene nicht helfen. Das sind Bereiche, von denen man besser die Finger läßt, es sei denn, man gehört durch familiäre Beziehungen oder das Herkunftsmilieu praktisch »von Natur aus« dazu.

Die wichtigsten Bereiche sind:

- Handel mit gestohlenen Autos

Autoschieberringe sind fest organisiert, und die Täter gehören bestimmten Nationalitäten an. Als Fremder kommt man innerhalb der Organisationen nie zu lukrativen Positionen. Wie in jeder bürgerlichen Firma, so gibt es auch bei den Autoschiebern klare Hierarchien mit gut bezahlten Toppositionen und schlecht bezahlten Jobs in der unteren Ebene. Über das Knacken und Abliefern kommt man da nicht hinaus. Dabei verdient man das wenigste Geld und geht das höchste Risiko ein.

Man kann auch keinen eigenen Ring gründen, weil die Reviere bereits fest abgesteckt sind. Wie bei bürgerlichen Firmen auch, gibt es Marktanteile, um die hart gekämpft wird. Wo bürgerliche Firmen sich mit Werbekampagnen und Betriebsspionage bekriegen, da gehen Gangsterbanden mit Mord und Totschlag aufeinander los.

Das einzige, was bleibt, ist der einmalige Kleinverdienst, wenn man das eigene Auto als gestohlen meldet, die Versicherungsprämie kassiert und sich von den angeblichen Autodieben eine Anerkennung zahlen läßt.

Aber auch davon ist inzwischen abzuraten. Der Schwindel ist den Versicherern bereits bekannt, außerdem macht man sich zum Erpressungsopfer der Mitwisser. Schlecht bezahlte Mittelsmänner in diesem Geschäft sind heute so gemein, daß sie biederen Bürgern, die durch angeblichen Autoklau etwas verdienen wollten, nach der Tat die Pistole auf die Brust setzen. Gar mancher Schlaumeier mußte nach dem Abkassieren der Versicherungsprämie das Geld gleich wieder bei den Autodieben abliefern. Die hätten ihm schließlich die ganze Existenz zerstören können. Man darf zwar heute im Kollegenkreis stolz von seinen Versicherungsbetrügereien berichten, aber man darf auf keinen Fall damit vor Gericht kommen. Was wollen Sie tun, wenn dann einer kommt und sagt, er könne nachweisen, wie das mit dem Autodiebstahl wirklich war? Da würden Sie doch auch lieber zahlen und innerlich beschließen, nie wieder mit Gaunern Geschäfte zu machen.

Zu dem Entschluß sollten Sie heute schon kommen. Auch wer sich positiv zur eigenen Kriminalität bekennt, sollte niemals mit anderen Kriminellen gemeinsame Sache machen. Anstand ist in den Kreisen noch weniger üblich als unter anständigen Menschen.

- Schutzgelderpressung

Auch hier sind ausreichend Organisationen am Werk, die zumeist nach Nationalitäten gegliedert sind. Als Anfänger kann man heute nicht mehr in eine Imbißbude gehen und Geld dafür verlangen, daß man den Laden nicht abfackelt. Die meisten Lokale, Reinigungen und Servicebetriebe zahlen bereits Schutzgelder. Egal, ob Sie in Emsteck oder in Bochum versuchen, einen Wirt zu erschrecken, Sie werden ganz sicher auf einen Menschen treffen, der bereits in der Unterwelt gegen solche wie Sie versichert ist. Wahrscheinlich wissen Sie nicht einmal, an welchen Wanddekorationen, Aquariumausstattungen oder Blumentöpfen die Eingeweihten erkennen, durch welche Organisation der Laden geschützt ist.

- Rauschgifthandel, Handel mit unverzollten Zigaretten etc.

Auch hier sind bestimmte Nationalitäten fest im Geschäft. Da kann man höchstens auf unterster Ebene noch mitmischen. Wollen Sie hinterm Bahnhof mit Drogen handeln? Da sehen Sie bald genauso aus wie Ihre Kundschaft. Den großen Reibach machen nur sehr wenige. Die sitzen allerdings recht behaglich in großen Villen irgendwo am Strand und pflegen ausschließlich mit Prominenten Kontakt.

Ich kenne eine Frau, die mit gefälschten Markenjeans aus dem Osten die Wochenmärkte deutscher Städte bereiste. Für eine gewisse Zeit hat sie nicht schlecht dabei verdient. Jetzt muß sie irre Summen dafür bezahlen, daß konkurrierende Banden des illegalen Jeanshandels ihr nicht die Ware abbrennen. Auch da zeichnet sich ab, daß nicht nur das Herstellen, sondern auch das Verkaufen der Jeans bald nur noch von Banden bestimmter Nationalitäten erledigt wird.

- Prostitution

In diesem Gewerbe sollte man grundsätzlich nicht zur arbeitenden, sondern zur managenden Schicht gehören. Wenn es Ihnen liegt, mit Goldkettchen, eingeschlagener Nase und tätowiertem Bauch schmuddelige Stadtteile abzuschreiten, dann können Sie es damit versuchen. Ein reicher Zuhälter mit weißem Mercedes und Dreißigtausendmarkuhr werden Sie vermutlich nicht. Auch dieser Markt ist da, wo man wirklich gut verdienen kann, längst eingeteilt und wiederum nach Nationalitäten organisiert. Außerdem ist das Zuhältergewerbe viel zu eng verzahnt mit Drogenhandel einerseits und mit Machtpositionen in Behörden und Politikerkreisen andererseits. Ich würde keinen Puff eröffnen und damit Konkurrentin eines Oberbürgermeisters oder Stadtdirektors werden wollen, dessen Immobilien in ähnlicher Weise (selbstverständlich von ihm ungeahnt) genutzt werden. Außerdem kommen immer wieder in diversen Städten verblüffend gute Beziehungen zwischen Kriminellen des Rotlichtgewerbes und Kriminalisten ans Tageslicht. Und wo solche Leute sich zusammentun, da haben Neulinge keinen Platz.

- High-Tech

 Hierzu gehören der Schmuggel von Plutonium oder auch der illegale Handel mit Computerchips. Das erfordert Fachwissen. Wer das nicht hat, kann maximal als Trottel mit Koffer für Kurierdienste eingesetzt werden. Wenn Sie jedoch über das spezielle Wissen und die richtigen Verbindungen verfügen, soll es noch möglich sein, mit Computerchips gutes Geld zu verdienen. Das erzählte mir zumindest ein ehemaliger Kollege, der heute vor Geld schier stinkt.

 Von Plutonium sollte man jedoch die Finger lassen. Die Verbindungen zwischen Gaunern, Behörden, Regierungen und Geheimdiensten sind dabei wirklich zu undurchsichtig. Handeln Sie erst dann mit solchen Materialien, wenn Sie Präsident von Bananacountry sind.

- Menschenhandel

 Menschen werden komplett oder in Einzelteilen gehandelt. Die Ware kann sein: Mädchen und zunehmend auch Jungen für Bordelle, Frauen für deutsche Männer, die – aus welchen Gründen auch immer – hier an der Partnersuche scheitern, Babys für Kinderlose, illegale Einwanderer, Lohnsklaven für Baustellen oder andere personalintensive Betriebe, Leichenteile für Organempfänger, Embryonen für illegale Jungbrunnenkuren etc.

 Glauben Sie bitte nicht an diese Geschichte von dem Mann, der eines Tages mit Narbe auf dem Bauch in seinem Auto vor dem Aldi aufwachte und eine Niere geklaut bekommen hatte. Diese Gruselstory gehört zu den modernen Märchen. Ich kenne sie vom Ikea-Parkplatz in Schnelsen, vom Famila-Parkplatz in Cloppenburg und vom Schützenfest in Aurich.

 Sie müssen auch nicht befürchten, daß diebische Ärzte (obwohl man von der Branche inzwischen auch schon über die Presse eine Menge unglaublicher Gaunereien erfahren kann) bei Blinddarmoperationen gleich die Leber, Milz oder Galle mitgehen lassen und secondhand verscherbeln.

Organe werden aus Leichen geklaut und wiederverwendet. Dazu muß ich allerdings sagen, daß ich es für übertriebenen Geiz halte, wenn Menschen nicht einmal nach dem Tod bereit sind, Organe zu spenden. Das wäre nach einem Leben voller Schlechtigkeit doch wenigstens noch eine gute Tat, zumal es weder weh tut noch die eigene Lage verschlimmert. Aber lassen wir das Thema an dieser Stelle.

Menschenhandel ist deshalb für Nachwuchsgauner schwer zu bewerkstelligen, weil auch hier fast alles schon in fester Hand ist. Etliche der Geschäftsbereiche sind nur für Angehörige bestimmter Nationalitäten offen. Zum Teil kann man noch Agenturen für illegale Adoptionen gründen. Aber auch das ist keine gute Idee (und wir wollen hier nicht über Moral nachdenken). Ich kenne ein Ehepaar, das Ende der sechziger Jahre, als schwarze Kinder bei progressiven Leuten »in« waren, sich in Holland ein angeblich kenianisches Baby gekauft hat. Der knopfäugige Liebling hat sich inzwischen zu einem kaltherzigen, ellenbogenorientierten Jungmanager gemausert. Außerdem wählt er die falsche Partei! Er ist mit jedem Tag seinen linksalternativen Vollkorn-Eltern ein Dorn im Auge. Wenn die Alten wüßten, wo sich der Babyhändler heute aufhält, würden sie ihn glatt verklagen.

Nun stellen Sie sich mal vor, Sie hätten so eine Babyagentur. Das geht doch nur ein paar Jahre gut. Dann kommen der Reihe nach die Kunden wieder und bringen die Ware zurück. Vielen Menschen ist das nämlich gar nicht bewußt, daß sich niedliche adoptierte Babys aus Entwicklungsländern spätestens in der Pubertät zu genau den gleichen Problembündeln entwickeln wie rechts und links die Nachbarn sie – selbstgemacht – auch im Hause haben.

Gerade im Zusammenhang mit Menschenhandel gibt es viele Gauner, die sich einreden, eigentlich gute Werke zu tun. Angeblich helfen sie armen Leuten, ins westliche Paradies zu kommen, um hier heiraten und arbeiten zu dürfen. Wenn man betrachtet, wieviel Erpressung, Mord und fahrlässige Tötung es speziell in diesem Bereich gibt, dann kann es sich hierbei unmöglich um gute Taten handeln. Lassen Sie die Finger davon. Hier sind bereits so gefährliche Banden am Werk, daß Sie als Neuling kaum eine Chance haben.

- Show-Taten

Zu den Show-Taten gehört alles, was in der Presse hochgewirbelt wird. Solche Taten gelingen nie. Denken Sie an den Tunnel-Coup in Berlin. Die Presse hat den Tätern zugejubelt. Psychologen durften sich mit Fotos in Zeitungen darstellen und ihre Ansichten über die emotionale Situation von Geiselopfern breittreten oder die intellektuelle Entwicklung von Kriminellen analysieren. Kommentatoren gaben zynische Bemerkungen zur Hilflosigkeit der Polizei zum besten. Reporter befragten Passanten, was sie denn dazu sagen möchten. Tolle Show. Und jetzt? Wo sind die Gauner? Möchten Sie noch in deren Haut stecken?

Je mehr Wirbel um eine kriminelle Tat gemacht wird, desto sicherer wird sie scheitern. Verspottete Polizisten können einen ungeahnten Eifer entwickeln. Das ist für jeden Gauner grundsätzlich schädlich.

Wenn Sie sich nun an die Arbeit machen und nach den Regeln des Projektmanagements Ihre kriminelle Energie in Aktionen umsetzen wollen, dann sollten Sie im Rahmen der Analysen auch überlegen: Mit welcher Gaunerei falle ich am wenigsten auf? Sie sollten weder der Presse noch den Ermittlungsbehörden, noch bereits aktiven Kriminellen auffallen. Überlegen Sie in aller Ruhe, welche Geldströme möglichst diskret in Ihre Richtung fließen könnten.

Sollten Sie durch die Lektüre dieses Buches den Mut verloren haben kriminell zu werden, dann wenden Sie die Regeln des Projektmanagements für den Aufbau einer bürgerlichen Karriere an. Auch damit kann man Geld verdienen. Und man schläft ruhiger.

12. Wird es denn immer schlimmer?

Wenn man einmal darauf achtet, dann kennt fast jeder von uns einen Kriminellen. Dabei handelt es sich meistens um »anständige« Bürger: Die Freundin betrügt ihre Versicherung, der Arbeitskollege klaut in der Firma, die Schwägerin feilt an Omas letztem Willen herum, der Schwager verschiebt Geld ins Ausland, die Tante verkocht gammelige Lebensmittel in ihrer Kneipenküche, die Kegelfreunde verdienen Schwarzgeld nach Feierabend, der Nachbar beschäftigt illegale Einwanderer, der Chef kopiert und verkauft Pornovideos . . .

Viele von uns haben Angst, Opfer von Kriminellen zu werden: Steht morgens das Auto noch auf dem Parkplatz? Wird heute in die eigene Wohnung eingebrochen? Reißt einem jemand die Handtasche weg? Muß man auf dem Heimweg mit einem Überfall rechnen? Wird mich der Kollege um meine Vertriebsprämie prellen? . . .

Uns wird von anderen Kriminalität unterstellt: Spesenabrechnungen werden in Stichproben kontrolliert. Am Firmentor muß man den Kofferraum öffnen. Die Steuerfahndung steht vor der Tür und will das Arbeitszimmer sehen. Im Kaufhaus werden wir durch versteckte Spiegel und Kameras beobachtet. Am Zoll wird der Koffer durchsucht . . .

Und manchmal tun wir Dinge, die man kriminell nennen könnte, hätte man sie nicht selbst begangen: Nebeneinkünfte werden bei der Steuererklärung vergessen. Schäden verdoppeln sich, wenn man die Formulare der Versicherung ausfüllt. Aus der gefundenen Brieftasche entfernt man die Scheine, bevor man sie zum Fundbüro bringt. Zuviel gezahltes Wechselgeld wird nicht zurückgegeben, sondern als Glücksfall betrachtet. Die Handtücher des Hotels begleiten im Koffer die eigene Kleidung heim . . . Aber was man selbst tut, ist nie so schlimm wie die Schandtaten der anderen.

Schlagen Sie die Zeitungen auf: Mord, Raub, Korruption. Schalten Sie den Fernseher ein: Totschlag, Überfall, Einbruch. Außerdem hört man von Ärzten, die Blutkonserven panschen und aus Geldgier unnötige Operationen durchführen. Man hört von Politikern, die sich gegenseitig zwecks Erpressung bespitzeln. Man liest von Pfarrern, die sich an Meßdienern vergreifen und dafür vom Bischof an eine lukrativere Stelle befördert werden.

Wo leben wir eigentlich?

Für uns wird die Welt täglich gefährlicher, und für die Reichen und Mächtigen tun sich ständig neue Chancen auf, schmutziges Geld zu verdienen. Wenn die dann damit auf die Nase fallen, entkommen sie an exotische Orte und geben von schicken Hotels aus Interviews. Und falls sie dennoch einmal in die Hände der Justiz fallen, verfügen sie über ausreichend Verbindungen und mächtige Hintermänner, so daß sie erstens aus gesundheitlichen Gründen nicht vor Gericht erscheinen, zweitens wegen mangelnder Fluchtgefahr nicht festgesetzt werden und drittens wegen irgendwelcher juristischer Spitzfindigkeiten ohne Bewährung nicht bestraft werden können. Da muß uns normalen Sterblichen doch die Wut packen!

Wird die Welt immer schlechter? Hat es das früher nicht gegeben? Nein, es war wohl schon immer so. Lesen Sie in der Bibel den Psalm 73, Vers 3 bis 12: »Denn ich ereiferte mich über die Ruhmredigen, als ich sah, daß es den Gottlosen so gut ging. Denn für sie gibt es keine Qualen, gesund und feist ist ihr Leib.

Sie sind nicht in Mühsal wie sonst die Leute und werden nicht wie andere Menschen geplagt. Darum prangen sie in Hoffart und hüllen sich in Frevel.

Sie brüsten sich wie ein fetter Wanst, sie tun, was ihnen einfällt.

Sie achten alles für nichts und reden böse, sie reden und lästern hoch her.

Was sie reden, das soll vom Himmel herab geredet sein; was sie sagen, das soll gelten auf Erden. Darum fällt ihnen der Pöbel zu und läuft ihnen zu in Haufen wie Wasser.

Sie sprechen: Wie sollte Gott es wissen? Wie sollte der Höchste etwas merken?

Siehe, das sind die Gottlosen; die sind glücklich in der Welt und werden reich.«

Wenn ich das lese, denke ich: Entweder die Zeiten waren früher auch nicht besser, oder der Text ist eine Prophezeiung und beschreibt unsere Politiker, Manager, Kirchenfürsten, Nachbarn, Verwandten und Bekannten und womöglich gar uns selbst.

Schrecklich.